湖北省人文社科重点研究基地三峡大学区域社会管理创新与发展研究中心开放基金重大项目"三峡流域城市社会治理研究"资助

三峡流域城市
社会治理研究丛书

丛书主编：谭志松

应用社会学文库

三峡流域城市社会治理法治化研究

骆东平　陈军　黄利红　著

SANXIA LIUYU CHENGSHI SHEHUI ZHILI
FAZHIHUA YANJIU

中国社会科学出版社

图书在版编目（CIP）数据

三峡流域城市社会治理法治化研究/骆东平等著.—北京：中国社会科学出版社，2016.8

（三峡流域城市社会治理研究丛书）

ISBN 978-7-5161-8054-9

Ⅰ.①三… Ⅱ.①骆… Ⅲ.①三峡—城市管理—社会管理—法律—研究 Ⅳ.①D922.104

中国版本图书馆 CIP 数据核字（2016）第 084389 号

出 版 人	赵剑英
责任编辑	张　林
特约编辑	宋英杰
责任校对	张依婧
责任印制	戴　宽
出　　版	中国社会科学出版社
社　　址	北京鼓楼西大街甲 158 号
邮　　编	100720
网　　址	http://www.csspw.cn
发 行 部	010-84083685
门 市 部	010-84029450
经　　销	新华书店及其他书店
印　　刷	北京明恒达印务有限公司
装　　订	廊坊市广阳区广增装订厂
版　　次	2016 年 8 月第 1 版
印　　次	2016 年 8 月第 1 次印刷
开　　本	710×1000　1/16
印　　张	20.5
插　　页	2
字　　数	323 千字
定　　价	76.00 元

凡购买中国社会科学出版社图书，如有质量问题请与本社营销中心联系调换
电话：010-84083683
版权所有　侵权必究

《三峡流域城市社会治理研究丛书》
编辑委员会

主　　　编：谭志松
副 主 编：王　俊　李敏昌　邓莹辉
顾　　　问：李建林（三峡大学党委书记、二级教授、博导）
　　　　　　何伟军（三峡大学校长、二级教授、博导）
主 任 委 员：谭志松（三峡大学原副校长、二级教授、博导）
　　　　　　马学军（中共宜昌市委常委、秘书长）
副主任委员：杨　敏（中央财经大学教授、博导）
　　　　　　张宗益（中共宜昌市委原副秘书长）
　　　　　　胡孝红（三峡大学马克思主义学院院长、教授）
委　　　员：王　俊　李敏昌　唐祖爱　田　强　李卫平
　　　　　　邓莹辉　宋仕平　陈金明　童　潇　黄家亮
　　　　　　骆东平　田世锭　吴正彪　朱祥贵　胡俊修
　　　　　　黎建春　覃美洲　朱　静　梁贤艳　周成刚
　　　　　　宋发新　丁晓艳　胡宜春　李见顺　黄利红
　　　　　　余菲菲　吴　军　郑来春

总　序

　　《三峡流域城市社会治理研究丛书》（以下简称《丛书》）是湖北省人文社科重点研究基地三峡大学区域社会管理创新与发展研究中心（以下简称社管研究中心）开放基金的一项重大研究课题"三峡流域城市社会治理研究"的系列成果。本课题由笔者主持，下设九个子课题，每个子课题用一本专著结题，分别由研究中心部分教授和博士主持完成。经过课题组和编委会近几年的艰苦努力，成果将陆续由中国社会科学出版社出版。

　　本课题研究对象是三峡流域中各大中小城市的社会治理研究。这里涉及两个社会空间概念：一个是大区域概念，即所谓"三峡流域"社会空间，这里指长江三峡段涉及的流域区域和汇入三峡流域段的三江（乌江、清江、沅江）所经流的流域区域共同连片构成的地域的社会空间，它涉及湖北、湖南、重庆、贵州等四个省市的15个地市州区及其94个县市区（其中重庆的12个县为副地级县），国土面积23万平方公里，总人口4607.8万余人。这个区域有四大特点：一是水域和水电特色，举世瞩目的三峡水电工程和葛洲坝水电工程等引起世界关注；二是民族山区特色，这一区域覆盖了武陵山区的大部分地域，土家族、苗族、汉族等30余个民族共居此地，具有独特的民族和地域文化；三是自然风景和民族文化构成了丰富独特的民族旅游资源；四是远距省会之外，处于边缘地带而分属四个省市，且有相当一部分地区还处于需要国家大力扶贫状况。另一个区域概念是三峡流域中的城市社会。第一，按现在划分，这一区域内有一个大城市——宜昌市城区，其余全是中小城市（地市州首府和县市区首府城市）；第二，这些城市都在具有国家发展战略和省市发展战略的四个城市圈、群（武汉"8＋1"城市圈、湖南"长株潭"城市群、重庆城市群和贵阳城市群）之外。第三，在这些城市中有一个被确定为首批 38 个全国城市社会治理的试点——宜昌市，且经过五年的努力，已形成了行之有效的城市社会治理"一本三化"体系和模式。① 因此，笔者认为三峡流域社会是一个值得关注和研究的社会空间，并首次选择了"三峡流域城市社会治理研究"为我们的研究课题。

党的十八届三中全会通过的《中共中央关于全面深化改革若干重大问题的决定》（以下简称《决定》）明确提出："全面深化改革的总目标是完善和发展中国特色社会主义制度，推进国家治理体系和治理能力现代化"，并强调要"创新社会治理的体制"。其现实意义就是维护最广大人民根本利益，最大限度地增加社会和谐因素，增强社会发展活力，提高社会治理水平，确保人民安居乐业、社会安定有序。它体现了我们党对社会发展规律认识和把握的又一次新飞跃，实现了我国社会建设理论和实践的又一次创新。《决定》的精神，提升了《丛书》研撰的重要现实意义。

研究城市社会治理，必然要考虑城市社会空间的特点和社会转型期社会结构变化情况，要以马克思主义社会空间理论为指导，来构建城市社会治理研究的框架和体系。马克思主义社会空间理论源于马克思"土地空间"理论所导出的社会空间思想。20 世纪 70 年代以来，以列斐伏尔、卡斯特尔、哈维、詹姆逊等为代表的新马克思主义者们循着马克思和恩格斯的思想进一步推进了马克思主义的社会空间思想，进而逐步形成了马克思主义社会空间理论。② 马克思主义社会空间思想的核心是"社会空间是人类社会实践活动的产物"。"实践"是马克思主义哲学的立足点也是目的地。马克思指出："从前的一切唯物主义（包括费尔巴哈的唯物主义）的主要缺点是：对对象、现实、感性，只有从客体或者直观的形式去理解，而不是把它们当作感性的人的活动，当作实践去理解。"③由此可见，马克思的"实践"，"不单是指人类的物质生产实践活动，还

---

① 这部分内容的详细论述见笔者著，本《丛书》著作之一：《三峡流域城市社会治理概论》。
② 王晓磊：《社会空间论》，中国社会科学出版社 2014 年版，第 95 页。
③ 《马克思恩格斯选集》第 1 卷，人民出版社 1995 年版，第 54 页。

包括人类的精神生产实践活动、人的生产实践活动和社会交往实践活动"①。也就是说，社会空间是人类物质生产实践、精神生产实践、人的生产实践和社会交往实践等人类的四种实践活动的产物。

从马克思主义社会空间理论去思考，研究城市社会治理必须考虑城市社会与城市自然空间（城市区域位置）和再现的城市空间（政府主导下人们建造的城市空间）的关系；要考虑城市社会与该城市的精神空间的关系；还要考虑城市社会与该城市的人口规模、民族结构和文化的关系；更离不开与该城市的经济发展状况以及治理体制和机制的关系。因此，我们是在这个基本思想的指导下构建的本《丛书》内容体系：

首先，《丛书》第一次提出"三峡流域"的概念，对"三峡流域"概念的界定及其意义的阐释，以及对该区域城市社会治理综合状况的梳理，包括研究区域城市社会的一些基础性理论论述，是整个《丛书》基础性的重要工作。这方面以题为"三峡流域城市社会治理概论"的著作，由谭志松教授完成。

其二，我们选取宜昌市城市社会治理为研究范本，进行全面系统的研究，拟作为三峡流域城市社会治理可以循借的样本，以指导实践和找出规律。这样做的理由有四：一是，宜昌市府城区是三峡流域中规模最大、经济基础较好的城市（现城区人口130余万）。二是，区域位置处该流域中部核心位置，中国水电主要枢纽工程：三峡水电工程和葛洲坝水电工程所在地，有"中国能源的心脏"和"世界水电之都"之称，有重要的社会影响和社会地位；三是，宜昌市已作为全国城市社会管理创新首批38个试点城市之一进行了五年的实践探索，取得了开创性的成果，形成了特色鲜明的社会治理体系："一本三化"城市社会治理模式，并得到了中央和湖北省委的肯定和重视，已经产生了重要影响。这个体系和模式对于三峡流域乃至全国城市社会治理具有重要的示范和推广意义。四是，宜昌城市发展的历史变迁、社会文化结构、经济生活方式与地理生态环境等与三峡流域内城市基本相近，因此，选择宜昌市做样本具有直接指导意义。我们用三本专门著作全面研究宜昌城市社会治理模式和经验：《现代城市社会治理创新"一本三化"模式研究——来自宜昌的中

---

① 王晓磊：《社会空间论》，中国社会科学出版社2014年版，第87页。

国经验》（谭志松教授和王俊教授等编著）、《现代城市政务信息化大统一模式研究——宜昌市电子政务实践与实效》（王俊教授等编著）、《宜昌城市变迁史研究》（李敏昌教授等著）。

其三，围绕城市社会治理涉及的各个方面，结合三峡流域城市社会治理状况，从五个方面作专题研究：

邓莹辉教授的《三峡流域城市社会文化管理创新研究》一书，主要分析了政府行使文化管理职能过程中所面临的困境及其产生的原因，厘清了城市文化管理和管理文化创新的基本思路及有效路径，其间，特别注意到地方文化建设、发展和管理对城市社会治理的影响和作用。

陈金明教授等的《三峡流域城市社会文明教育创新研究》一书，着重分析三峡流域城市社会文明教育的结构体系，从实证研究的角度，总结了三峡流域城市社会文明教育的重要举措及基本经验，同时也对城市文明教育对城市社会治理作用的理论进行一定的探讨。

骆东平教授等的《三峡流域城市社会治理法治化研究》一书，以全国社会管理创新的试点城市——宜昌市的城市社会治理法治化实践为研究对象，重点就宜昌市城市社会治理法治化、社会稳定风险评估与应急管理法治化、特殊人群管理法治化、非政府组织法治化和"智慧城市"建设等几大方面的实践与理论问题进行了研究。以探究当下城市社会治理中本地优势资源的开发与本地社会服务水平提升中的诸多理论与实践问题。意在阐释城市社会治理需将创新社会治理置于法治化的轨道中，需科学规划社会治理立法进程、有序推进公民参与公共决策、积极营造社区法治文化氛围和全面保障社会组织服务民生。

李见顺博士的《三峡流域城市社会社区自治的理论与实践研究》一书，从逻辑的、历史的和现实的三个层面探讨了三峡流域城市社区自治的理论问题和实践模式，对三峡流域社会建设背景下城市社区自治的产生与发展进行理论总结，并提出适应社会建设需要的城市社区自治重构模式和路线图。

朱静博士和梁贤艳副教授等的《三峡流域城市社会安全治理研究》一书，主要选择了我国各地运行较好的城市社会安全治理模式进行比较研究，这些城市包括山东烟台、浙江平阳、辽宁沈阳、江苏淮安、四川遂宁、湖北宜昌等，通过比较研究，归纳出这些城市社会安全治理的特征和经验。

《丛书》的研撰经过了艰辛努力，也得到了多方的帮助和支持。2012年，在宜昌市政协主席、市社会管理创新领导小组办公室（以下简称"市创新办"）主任李亚隆同志的支持下，三峡大学应用社会学研究所与宜昌市社会管理创新办公室联合申报湖北省人文社科重点研究基地三峡大学区域社会管理创新与发展研究中心并获得成功，开始实质性合作研究。我们派出朱静博士等到市创新办挂职工作，学习宜昌市社会管理创新工作，参与市创新办相关工作。多次请市创新办相关领导和工作人员来社管研究中心讲座，介绍宜昌市社会管理创新工作，并一直保持紧密合作关系，进行了政校联合攻关。

2014年8月，笔者率《丛书》编撰人员赴三峡流域中的恩施土家族苗族自治州、利川市、黔江区、涪陵区、湘西土家族苗族自治州、张家界市、怀化市、铜仁市等地区进行了为期20余天的实地调研，2014年10月又在宜昌市、荆州市等调研三周，各书作者还分别进行了专项实地深入调研。其他地方我们也通过其他途径联系获得了需要的资料。各地政府和部门的相关领导和干部都给予了大力支持和热情接待，使我们的调研得以顺利进行，并获得了近两千万字的第一手重要资料。借此，笔者要向以上各地党委政府及其部门的相关领导表示衷心的感谢！

著名社会学家、中国人民大学一级教授郑杭生先生生前是我们社管研究中心名誉主任，他十分关心《丛书》的研撰和出版工作，并对《丛书》框架和各著作的提纲给予了许多具体的指导性意见。我们也以《丛书》的出版表达对郑先生的深切怀念和万分感激之情。

我们还得到中国社会科学出版社副总编辑曹宏举编审的细心指导和大力支持，责任编辑张林主任也给予了大力帮助，在此一并致谢。

《丛书》得以顺利出版，还要特别感谢三峡大学党委书记李建林教授、校长何伟军教授，他们不仅出任编委会顾问，在《丛书》研撰的整体方向上把脉，还给我们全体编撰人员以极大的鼓励和支持。还要感谢三峡大学科技处（社科处）许文年处长、周卫华副处长，马克思主义学院胡孝红院长、胡俊修和黎见春副院长等给予的大力支持。

《丛书》涉及社会学、文化学、民族学、管理学、法学、教育学等多个学科，虽然各著作的负责人属于在相应领域里有较深造诣或者有一定研究特长的专家、教授和博士，但毕竟着眼于一个区域的城市社会治理的研究的知识和经验有限，所以，书中定有不足或不妥之处，还请各位学者、广大读者和三峡流域各地的领导、干部批评指正。

谭志松

于三峡大学云锦花园专家楼

2015 年 3 月 1 日

前　　言

　　党的十八大明确把法治作为治国理政的基本方式，党的十八届四中全会提出全面推进依法治国，习近平同志随后提出了包括"全面推进依法治国"在内的"四个全面"，这些重要的决策指示充分说明了党和国家对法治在治国理政、创新社会治理中的重要作用的深刻认识。这就要求我们把法治作为加强社会治理水平、创新社会治理机制、提升社会治理效益的根本出路，大力提升社会治理的法治化水平，为全面推进平安中国建设，为维护国家安全、确保人民安居乐业、社会安定有序，提供强有力的法治保障。

　　城市社会治理是国家治理的基础和重要部分，在国家治理体系和治理能力现代化中具有特殊地位。创新则是推动城市社会治理现代化的重要动力，因此城市社会治理创新受到了政府和各界的重视与关注。近年来，城市社会治理领域实施了多种形式的创新活动。这些创新给城市社会治理注入了活力，并取得了显著成效。但也需要理性地认识到，在城市社会治理的政府创新过程中，出现了"烟花"现象、"孤岛"现象和"叠加"现象。[①] 这些创新现象的出现，虽是多种因素共同作用的结果，

[①] "烟花"现象，是指一些创新项目开始时轰轰烈烈、光彩夺目，但不久之后便销声匿迹不见踪影，缺乏可持续性，犹如空中的一团烟花，转瞬即逝。"孤岛"现象，是指有些创新项目在创新地似乎取得了重大成功，获得了官方肯定和民众认同，但不能扩散到其他地方，缺乏可复制性。犹如海洋中的一座孤岛，成为美丽的盆景。"叠加"现象，是指众多创新项目在基层社会治理领域同时展开，分别要求设立组织机构、建设办公场所、出台制度规章、提出特别要求、建立专门台账、实施专项考核等。其中相当部分创新项目的内容和形式相互交叉重叠，貌似繁荣，实则重复、错杂，缺乏有序性、系统性。犹如棚架，相互叠加、掣肘。参见卢福营《基层社会治理的政府创新应当法治化》，《浙江社会科学》2014年第12期。

但与基层社会治理政府创新实践中缺乏法治思维和法治方式有着内在联系。尽管如此，依法治国战略的实施仍需要各个地方不断地试错，并在国家整体的法律框架下从中寻找出适合本地的法治路径。因为法治作为一种治理逻辑，并不单纯是建立一套自上而下的国家制度体系，也不仅仅是只能够通过自上而下的国家行为予以实施，作为一种治理逻辑的法治，地方可能是更为重要的法治建设主体，尤其是在地区发展差异如此之大的中国，特定区域的法治实践经验更值得研究，因而我们以三峡流域地区城市社会治理法治化实践中的城市管理、社会矛盾化解机制、特殊人群管理、社会组织管理和城市交通管理等内容作为研究对象，试图对地方法治研究作出一点努力。

在三峡流域城市管理法治化研究中，本书主要分析了城市管理执法机制法治化、执法标准法治化、执法考核法治化和执法监察法治化几大方面的现状、存在的问题及相应的完善建议。力图对三峡流域城市管理法治化工作进行全方位分析评价，并最终用于指导三峡流域各个城市城市管理法治化工作正确实施，实现社会结构合理、利益分配公平、管理科学规范这一现代城市社会治理创新基本目标。

在三峡流域社会矛盾化解机制法治化中，本书以行业性、专业性人民调解为中心进行研究，认为该地区的行业性专业调解为普通百姓构建了一种低成本权利救济机制，也为国家权力重返基层部分领域找到了恰当的切入点，该类型的社会矛盾化解机制适应了本地区城市社会多元化纠纷解决机制构建的需要，更促进了本地区社会矛盾化解机制法治化的需要。当然，该地区行业性专业人民调解也出现了调解组织科层化、调解过程程式化、调解人员老龄化与非专业化、受案范围扩大化、调解中法律问题政治化、调解经费保障临时化等倾向。为适应新形势下社会矛盾化解的需要，该地区的行业性专业人民调解应该不断完善其制度，应该按照"公共财政购买、社会化招聘、契约化管理"的总体思路落实经费保障，逐步构建一支职业化的行业性人民调解队伍，以确保开好"专家门诊"。另外，以行业责任保险制度和风险责任保证金制度的建立和完善为核心加强行业性专业人民调解协议履行保障制度的顶层设计。

在三峡流域城市特殊人群管理法治化研究中，本书以三峡流域地区过去几年刑释解教人员和社区矫正对象两类城市社会的特殊人群管理为例，以宜昌市、恩施土家族苗族自治州和湘西土家族苗族自治州为中心进行研究。研究发现，三峡流域地区各级有关部门对此十分重视，通过对刑释解教人员和社区矫正对象的经济援助法治化、就业支持法治化和完善衔接管理等制度，搭建相应的平台，同时运用现代信息技术建立"司法e通"高科技手段"电子围墙"，对社区服刑人员实现远程监控和智能管理，实现"人防"与"技防"相结合的"全天候、全方位、全覆盖"监管模式。另外，充分调动社会组织等各类力量共同做好刑释解教人员和社区矫正对象的管控帮教工作。这些努力有效地促进了该地区城市特殊人群管理法治化，当然，由于经济社会发展程度的限制，完全实现城市特殊人群管理法治化还有较长的路需要走。

　　社会组织日益成为我国社会经济发展中的一支重要力量。但我国在社会组织自身发展及监督管理的相关法律规范位阶普遍较低，还没有一部法律对社会组织的行为与治理予以全面、明确的规定，有关社会组织的法律分析也不够。不过，三峡流域地区对城市社会组织管理的法治化进行了有益的探索，本书以宜昌市、重庆黔江区、湖南的怀化市和张家界市为例，通过实证数据探寻了该地区在"枢纽型"和"社区型"社会组织建设制度、对社会组织的监管和培育制度、支持社会组织发展资金的制度、社会组织的等级评估制度等方面的法治化实践经验和存在的问题，并就此提出了对策。

　　随着三峡流域城市化进程的加快，汽车使用量急剧增加给交通管理工作带来了一定的压力，部分城市根据自身的特点和条件，在车辆管理、路面管理以及交通事故纠纷处理方面采取了一些管理制度和措施。在车辆管理方面，部分地方通过规范性文件来禁摩和推行电动自行车上牌，取得了一定的积极效果，但这些管理措施并不符合《行政许可法》的相关要求，应充分利用地方立法权来进行民主和科学立法，使得禁摩的权限合法化；在推行公交车经营权改革中应凸显公益性，推行私营转公营化时尊重原车主的合法利益，公营化后注意成本控制和服务质量，采用私营的要明确政府补贴和公司服务的标准；出租车经营权的改革应采用听证方式，该项经营权的获取以服务质量为主要标准，在完善特别许可的同时还可试行一般许可的改革。在规范、严格的路面交通违章管理中，创新排除执法干扰的措施，加强对执法的考核和监督，完全实行罚缴分离，尝试由市民抓拍违章行为作为处罚的依据，重视处罚与教育相结合；在治理交通拥堵中创新警务模式，交通拥堵时段对违章灵活处理，整合全社会力量参与治堵保畅工程。针对交通事故日益增多的情况，多数城市推行的"调处分离"制度、律师提前介入制度、一站式服务平台、损害赔偿联动大调解机制有效地促进了此类矛盾的化解。

就三峡流域城市社会治理法治化的研究而言，本书只是刚刚开始，该地区还有很多领域值得深入研究。值得一提的是，本书可能在理论研究方面存在诸多不足，敬请读者原谅，但本书所展现的大量实证材料却是第一手的，也是真实可靠的，这也是本书一个特别重要的价值，这将为其他学者研究三峡流域提供方便，也希望有更多人来关注三峡流域这一特殊地域空间的社会治理法治化问题，为探索我国地方法治经验作出更大贡献。

目　录

第一章　现代城市社会治理创新的法理分析 ……………… (1)
　第一节　现代城市社会治理创新的法律价值 ……………… (1)
　　一　现代城市社会治理创新概述 ……………………… (2)
　　二　现代城市社会治理创新的意义 …………………… (11)
　　三　从法律层面看城市社会治理创新的基本价值 …… (13)
　第二节　现代城市社会治理创新的法律原则 ……………… (19)
　　一　法律保留原则 ……………………………………… (19)
　　二　参与原则 …………………………………………… (20)
　　三　人权保障原则 ……………………………………… (21)
　　四　比例原则 …………………………………………… (21)
　第三节　现代城市社会治理创新的法律主体 ……………… (22)
　　一　发挥党委政府在社会治理创新中的核心作用 …… (23)
　　二　企业也是社会治理创新重要的法律主体 ………… (23)
　　三　发挥公众在社会治理创新中的监督评价作用 …… (24)
　　四　发挥社会组织在社会治理创新中的主体作用 …… (24)
　第四节　现代城市社会治理创新的基本内容 ……………… (26)
　　一　城市人口管理 ……………………………………… (27)
　　二　城市社区管理 ……………………………………… (29)
　　三　城市社会保障 ……………………………………… (29)
　第五节　现代城市社会治理创新的法律体系 ……………… (32)
　　一　宪法与迁徙自由权 ………………………………… (32)
　　二　社会监管法律体系 ………………………………… (34)
　　三　社会立法法律体系 ………………………………… (34)

四　有关社会治理创新协调机制法律体系…………………（35）
　　五　社区管理与居民自治法律体系…………………………（35）

第二章　三峡流域城市管理执法法治化研究………………（37）
第一节　三峡流域城市管理执法机制法治化……………（38）
　　一　城市管理执法机制的概述………………………………（38）
　　二　三峡流域城市管理执法机制法治化的现状……………（40）
　　三　三峡流域城市管理执法机制法治化
　　　　存在的问题…………………………………………………（44）
　　四　完善三峡流域城市管理执法机制法治化的
　　　　对策…………………………………………………………（50）
第二节　三峡流域城市管理执法标准法治化……………（56）
　　一　城市管理执法标准法治化概述…………………………（56）
　　二　三峡流域城市管理执法标准法治化的现状……………（61）
　　三　三峡流域城市管理执法标准法治化存在的问题………（66）
　　四　完善三峡流域城市管理执法标准法治化的对策………（68）
第三节　三峡流域城市管理执法考核法治化……………（75）
　　一　城市管理执法考核法治化概述…………………………（75）
　　二　三峡流域城市管理执法考核现状………………………（79）
　　三　三峡流域城市管理执法考核法治化存在的问题………（86）
　　四　完善三峡流域城市管理执法考核法治化的对策………（92）
第四节　三峡流域城市管理执法监察法治化……………（99）
　　一　城市管理执法监察法治化概述…………………………（99）
　　二　三峡流域城市管理执法监察法治化的现状……………（102）
　　三　三峡流域城市管理执法监察法治化存在的问题………（115）
　　四　完善三峡流域城市管理执法监察法治化的对策………（121）

第三章　三峡流域城市社会矛盾化解机制法治化研究
　　　　——以宜昌市行业性专业人民调解为中心………………（128）
第一节　行业性专业人民调解的制度依据………………（129）
　　一　行业性专业人民调解的全国性法律制度规定…………（129）

二　三峡流域关于行业性专业人民调解的省级制度规定 …… (130)
　　三　三峡流域关于行业性专业人民调解的省级
　　　　以下制度规定 ………………………………………… (131)
第二节　三峡流域行业性专业人民调解的组织建设 ……… (133)
　　一　三峡流域行业性专业人民调解委员会组织设立情况 …… (133)
　　二　三峡流域各类行业性专业调解委员会的人员构成情况 … (135)
　　三　三峡流域主要行业性专业人民调解委员会专家
　　　　库构成情况 …………………………………………… (140)
第三节　三峡流域行业性专业人民调解的法治化实践 ……… (142)
　　一　三峡流域行业性专业人民调解的运行特点 ………… (142)
　　二　支撑城市行业性专业人民调解的权力网络分析 ……… (156)
第四节　三峡流域行业性专业人民调解法治化实践取得的
　　　　成效与不足 …………………………………………… (159)
　　一　三峡流域行业性专业人民调解法治化实践取得的成效 … (159)
　　二　三峡流域行业性专业人民调解法治化实践中的不足 … (168)
第五节　完善三峡流域行业性专业人民调解法治化的建议 …… (185)
　　一　进一步完善行业性专业人民调解组织网络建设及其
　　　　制度保障 ……………………………………………… (185)
　　二　按照"公共财政购买、社会化招聘、契约化管理"的
　　　　总体思路完善经费保障等制度 ……………………… (186)
　　三　完善行业性专业人民调解协议与司法确认的对接制度 … (191)
　　四　不断完善队伍建设制度，开好"专家门诊" …………… (192)
　　五　以行业责任保险制度和风险责任保证金制度为核心
　　　　加强调解协议履行保障机制的顶层设计 …………… (193)
　　六　完善"三调联动"制度以促进行业性专业人民调解
　　　　作用的发挥 …………………………………………… (193)

第四章　三峡流域城市特殊人群管理法治化研究
　　　　——以刑释解教人员和社区矫正对象为例 …………… (197)
　第一节　三峡流域刑释解教人员和社区矫正对象管控帮教工作的
　　　　法治化实践 …………………………………………… (197)

一　安置帮教和社区矫正工作制度与平台初步建立健全 …… (198)
　　二　刑释解教人员和社区矫正对象管控帮教措施
　　　　法治化的具体实施情况 …………………………………… (203)
　第二节　三峡流域刑释解教人员和社区矫正对象管控帮教
　　　　　工作法治化存在的不足 ………………………………… (213)
　　一　刑释解教人员管控帮教工作法治化存在的不足 ………… (213)
　　二　社区矫正对象管控帮教工作法治化存在的不足 ………… (216)
　第三节　促进三峡流域刑释人员和社区矫正对象管控
　　　　　帮教工作法治化的建议 ………………………………… (218)
　　一　促进三峡流域刑释人员管控帮教工作法治化的建议 …… (218)
　　二　促进三峡流域社区矫正对象管控帮教工作法
　　　　治化的建议 ………………………………………………… (221)

第五章　三峡流域城市社会组织管理法治化研究 …………… (223)
　第一节　现行国家层面的社会组织立法 ……………………… (223)
　　一　社会组织的宪法层面规制 ………………………………… (224)
　　二　社会组织的法律层面规制 ………………………………… (224)
　　三　社会组织的行政法规和行政规章层面规制 ……………… (224)
　第二节　三峡流域城市社会组织管理法治化实践及成效 …… (225)
　　一　湖北宜昌市社会组织管理法治化实践及成效 …………… (225)
　　二　重庆市黔江区社会组织法治化实践及成效 ……………… (232)
　　三　湖南怀化市社会组织法治化实践及成效 ………………… (235)
　　四　湖南张家界市社会组织法治化实践及成效 ……………… (236)
　第三节　三峡流域城市社会组织法治化实践中存在的不足 … (237)
　　一　社会组织登记制度不完善 ………………………………… (237)
　　二　社会组织评估机制不完善 ………………………………… (238)
　　三　社会组织发展的经费支持制度不完善 …………………… (239)
　　四　社会组织的监管制度不完善 ……………………………… (239)
　　五　社会组织法律救济制度的不完善 ………………………… (240)
　第四节　三峡流域城市社会组织管理迈向法治化的建议 …… (241)
　　一　进一步完善社会组织的登记制度和备案制度 …………… (242)

二　建立完善的评估制度 …………………………………………（242）
　　三　完善支持社会组织发展的经费保障制度 …………………（243）
　　四　完善社会组织监管制度 ……………………………………（244）
　　五　完善社会组织法律救济制度 ………………………………（245）

第六章　三峡流域城市交通管理法治化研究 ……………………（247）
第一节　三峡流域城市车辆管理的法治化 ………………………（247）
　　一　私人出行车辆管理制度 ……………………………………（247）
　　二　三峡流域城市公众出行车辆管理的法治化 ………………（266）
第二节　三峡流域城市路面管理法治化 …………………………（277）
　　一　三峡流域城市路面交通违章的管理制度 …………………（277）
　　二　三峡流域城市路面交通拥堵的管理制度 …………………（282）
第三节　三峡流域城市道路交通事故处理法治化 ………………（284）
　　一　交通事故处理"调处分离"制度：职能分离，
　　　　控权制衡 ……………………………………………………（284）
　　二　律师提前介入交通事故处理制度：监督权力，
　　　　保护权利 ……………………………………………………（286）
　　三　交通事故处理一站式服务平台：便民高效 ………………（289）
　　四　创新交通事故损害赔偿调解机制——快速、
　　　　稳妥解决纠纷 ………………………………………………（290）

参考文献 ………………………………………………………………（297）

后记 ……………………………………………………………………（307）

第一章

现代城市社会治理创新的法理分析

　　社会管理是政府、非政府组织和其他社会自治组织对自身事务和活动予以规范、协调和服务的一些活动的总和。为了迎接经济全球化和信息现代化所带来种种机遇和挑战，更好地适应和融入新时代、新变化、新境况，各类社会管理主体应当而且必须进行治理创新。对处于转型期的中国政府而言，现代城市社会治理创新更是势在必行，唯其如此，才能确保人民生活幸福、社会安定有序、国家繁荣富强。当然，现代城市社会治理的创新必须在法治的框架下进行，这也是当前我国全面推进依法治国方略的现实需要，[①] 因而需要对现代城市社会治理创新的有关法理问题进行探讨。

第一节　现代城市社会治理创新的法律价值

　　现代城市社会治理创新是时代发展的必然要求，在践行治理创新的过程中，必须以时代理念为指引、以社会立法为保障，进一步完善以党委、政府、社会和公民为主体的共同治理创新新格局。

[①] 2014年10月，中国共产党第十八届中央委员会第四次全体会议通过了《中共中央关于全面推进依法治国若干重大问题的决定》，对全面推进依法治国作出全面的战略部署。2014年12月，习近平在江苏调研时提出了"四个全面"，即"全面建成小康社会、全面深化改革、全面推进依法治国、全面从严治党"。全面依法治国，本身就是全面建成小康社会的重要内容，同时又为全面建成小康社会提供法治保障，无论是全面深化改革，还是全面从严治党，都需要在法治的轨道上、框架下来进行。

一 现代城市社会治理创新概述

在我国，社会治理是一个多方主体共同行为的过程。在其中，党的领导居于领导地位，社会公众广泛参与以及各级政府和各类社会组织各司其职团结在其周围，共同规范社会行为和协调社会关系，对长期存在的城市社会文化、理念、观点、制度等核心要素进行持久更新和创造，以更适宜城市发展进步、城市居民生活生产，同时将更新的要素予以具体协调和综合，推动社会整体发展。

创新社会治理贯串于社会治理活动的全过程和各个侧面，创新社会治理作为一种新主题，其"新"主要体现在治理理念的创新，也即在原有的治理理念中注入"法治观念"这一新的要素。在新时期应对新问题时，创新的社会治理，可以依靠法治理念为指导，用法治化的制度巩固在新的治理过程中所取得的有益经验，并予以常态化和规范化。只有持续推进社会治理与法治观念的有机结合，才能开创社会治理新格局，才能进一步促进社会治理创新的有效开展。

（一）治理理念的转变是创新社会治理的前提

经济社会的飞速发展，既为社会治理活动带来诸多便利，也同样带来许多新的挑战和问题，传统的社会治理模式正经历着前所未有的考验。面对层出不穷的治理问题和错综复杂的利益关系，唯有创新才能使社会治理主体解决上述问题、走出现有治理困境。

创新社会治理是一项系统工程，创新过程涉及治理的方方面面，必须在维护社会公平正义、安定团结、和谐稳定的大目标下，对现有社会主体间的关系、行为和矛盾予以厘清、规范和解决。此外，创新社会治理必须有法可依，树立法治化理念，走法治化道路，将法治化思想融入创新现代城市社会治理的全过程，这既符合社会现实的需求，又符合对改革开放以来社会治理所取得的有益成果进行切实保障的需要。社会治理法治化主要是治理观念的法治化，这种观念上的确定必须紧密结合时代的特色以及国情的要求，深入到社会政治经济文化的方方面面。法律是规范性的东西，其规范和保障的对象直指我们改革开放已取得的胜利成果，而社会治理创新本身是一种探索性和开放性的事物，两者貌似并无联系。但实际上，如果社会治理创新不走法治化的道路，是容易放弃或漠视法律价值中的秩序要求，进而形成不稳定且无序的发展模式，最终对国家、社会和公民造成极大损害。因此，可以说，社会治理创新法治化观念理念的形成，是其本身事业成败之关键，效能正向之根本。

社会治理区别于传统社会管理的最重要的一个方面就是，前者更加强调"服务"意识，更加重视人民群众的治理主体作用，而非仅仅将人民群众当作传统体制下被动的治理客体来看待。而且，人民群众才是历史的创造者，无论是传统的社会管理活动还是现在的社会治理活动，他们只是历史长河中极其微小的一部分。因而，创新社会治理必须走群众路线，也即在城市社会治理创新过程中，首先，必须树立服务意识和服务理念，以为人民服务为宗旨；其次，充分调动人民群众的创新热情和创新积极性，邀请人民群众参与到创新社会治理的整个过程中，而且要重视人民群众在创新过程中所发挥的积极作用；最后，及时将创新成果与人民群众共享，让他们尽享创新社会治理所带来的诸多便捷，反过来再加强其对城市社会治理创新的关注和参与，进而在城市社会治理创新活动与人民群众之间形成一种良性的互动和循环。我国宪法规定，国家的一切权力属于人民，而行政权只是国家权力的一个组成部分，它理所当然地也归人民所有。国家机关及其工作人员在代替人民行使权力的过程中，必须以最大限度地服务人民为宗旨，想人民所想，急人民所急。社会治理又仅仅是国家行政权力的一个组成部分，其创新过程，同样应该以为人民服务的理念为先导，界定清楚政府与人民之间的关系、减少不必要的工作环节、提高为人民服务的能力和效率，努力建成服务型社会和服务型政府。

创新社会治理要强化公众参与理念，即是利用一切有利条件和可用资源，为公众积极参与到社会治理创新过程中创造条件、营造氛围，让公众充分感受到自身的主人翁地位，同时也为创新社会治理奠定广泛而夯实的群众基础。公众参与的理念源于实践又用于指导实践，然而各地在城市社会治理创新过程中，必须遵循实事求是原则，结合当地实际情况予以丰富、推广、执行。如上海市在践行创新社会治理的公众参与理念时，就实事求是地结合了当地的特色，提出"人民群众是城市铜墙铁壁的理念"，既准确地界定了人民群众在城市社会治理创新中的角色和地位，又有利于最大限度地鼓励、动员人民群众积极主动地参与到城市社会治理创新实践中。公众参与社会治理的土壤在基层、根系在基层，社会治理创新应重视基层社会治理工作，摒弃原有的政府职能界定不清、管得太多、太死，将人民群众仅仅看作被管理、被教化的对象，而非被服务、被请教的对象这一错误认识。应当树立为基层服务的意识、摆正为基层服务的态度、提高为基层服务的能力，才能使得城市社会治理创新工作在基层根深叶茂，得到人民群众的认可、拥护和推广。

最后，城市社会治理创新要树立法治观念，走法治化道路，在不违背相关法律法规的前提下开展。社会治理创新的成果也需要依靠法律予以保障，使得创新活动得以持续推进。

(二) 完善治理格局是创新社会治理的主要内容

随着城市社会治理创新工作逐渐步入"深水区"，新问题层出不穷、深层矛盾也日益凸显，原有的党委、政府、社会和公众四位一体的社会管理格局已经不能应对这些新状况，亟须做出进一步的调整和完善，当然，在创新社会治理新格局的过程中，应当始终坚持党的领导这一前提。

希腊先哲柏拉图曾经将国家社会的建立与发展寄希望于哲人王的领导之下，其实这是承认一个基本的人类社会发展现实，即一项事业的成功与否关键在于有无一个强有力的领导核心对其进行正确领导。而城市社会治理创新工作亦是如此，其成败很大程度上取决于领导集体是否坚强有力、精简高效；领导方向是否正确、光明。中国共产党作为我国的执政党，是经过历史和实践证明和检验了的，是历史的最终选择，也是亿万人民群众的最终选择，因而创新社会治理的主体应当是也只能是中国共产党，此外，作为执政党的中国共产党有能力团结亿万民众，充分调动和利用一切可用的政治、经济、文化和社会资源，在共建美好未来思想的指引下，推动城市社会治理创新工作向纵深层次发展。

综上所述，中国共产党的领导，尤其是党委的领导成为城市社会治理创新格局中不可或缺的关键组成部分，它可以利用其他主体无可比拟的政治和组织优势，指导政府处理社会治理工作、推动城市社会治理创新工作的开展。然而，党委领导也不是完美无缺的，也同样需要进一步优化和完善，使得原有的治理格局更加协调、高效、和谐。当然，完善治理格局中的党委领导不是盲目的、片面的，应当遵循以下原则：第一，在创新社会治理过程中，要始终坚持党对治理创新的政治领导、思想领导和组织领导。也即,城市社会治理创新在政治原则、方向和重大决策方面必须符合相关法律、政策和法规的规定,必须与以中国共产党为代表的最广大人民群众的利益和意志保持一致;城市社会治理创新必须以中国特色社会主义思想为指导,走有中国特色的治理创新道路;城市社会治理创新还要充分重视、凸显各级党组织和党员同志们的模范带头地位和作用,通过先锋党员的影响和带动作用推进城市社会治理创新工作的顺利开展。简而言之,政治领导、组织领导和思想领导这三者的有机结合构成了党对创新社会治理的领导,完善党的领导也即完善这三方面的领导,进而对治理创新格局中的其他主体更好地参与其中并发挥应有的作用,提供示范和指引作用。第二,在社会治理创新过程中,党的领导要始终坚持依法领导原则,走法治化道路。依法治国是我国的基本方略,法治思想必须体现在国家社会事务管理的方方面面,中国共产党作为执政党,在社会治理创新过程中,不仅要发挥其中流砥柱的核心作用,而且要将法治化思想融入治理的全过程,贯彻执行法治和程序原则。第三,在社会治理创新过程中,中国共产党要发扬民主精神,坚持与其他治理机构互谅互助、互相尊重原则。创新社会治理的主体是多元且缺一不可的,为了确保治理创新工作合法、有序、顺利、持续地开展,党必须对政府履职职能予以指导、支持、尊重和帮助。总而言之,在完善社会治理创新格局中,党的领导、政府负责、社会协同、公众参与四者缺一不可,其中,党的领导是前提和保证,后三者是必要的组成部分。

  现代城市社会治理创新还需要增强服务意识和服务理念,完善政府负责的治理格局。建设服务型政府要求政府转变传统的大包大揽、以管为主的治理角色和定位,遵循法治原则,明确自身定位,强化为社会、为人民群众服务的认识,不断提高自身服务水平和服务能力,尽可能多地满足人民日益增长的服务需求,在构建服务型政府的过程中,推进城市社会治理创新工作的有序进行。与此同时,社会治理创新不是一个孤立的过程,它必须充分发挥各个社会主体的协同优势,完善社会协同的治理格局。在创新社会治理的过程中,社会主体本身具有复杂性、广泛性、多样性的特点,各个社会主体之间又具有差异性、不可替代性的特点。因而,完善社会协同,必须在党委的领导下,以创新社会治理为目标,遵循相关的法律法规,相互协调、互相配合、优势互补,发挥合力作用，共同促进社会治理创新向规范、高效、法治、社会化的道路发展。完善社会协同格局，要注意以下两点：第一，转变观念，提高社会组织①也是治理主体的认识。传统治理体制下，社会监督力量缺失，既与政府的精英治理意识有关，又与社会组织自身对其职能界定不清，没有充分意识到自身在社会治理中应有的地位和发挥的作用。加强社会治理创新，就应该充分调动社会组织参与治理的积极性，完善社会组织的自我监管和对政府以及其他组织的社会监管，实现政府与社会组织间的互补优势；第二，以民生为导向，强化完善社会协同格局的民生意识。创新社会治理、完善社会组织的最终目的就是解决人民群众最关心的问题、方便人民群众的生活、维护人民群众的切身利益、让人民群众充分享有社会改革所带来的诸多益处和实惠，因而完善社会协同的每一个过程都应当时刻把人民群众的利益放在制高点，并以此为其行动的准绳。

调动社会公众参与的积极性，完善公众参与的治理格局，是现代城市社会治理创新必须注意的另一个重要方面。人民是国家的主人，国家的立法、司法和行政活动都是围绕着更好地服务于人民、使人民生活幸福而展开的。创新社会治理归根结底也是为了提高广大人民群众生活的幸福指数，一种创新活动的推行是否在真正意义上取得了成功，关键取决于民众对其的认可、支持和参与。公众参与社会治理，不仅是其国家主人翁地位的体现、是其权利的合法合理利用，而且是社会治理创新工作得以顺利开展、持续进行的重要因素。然而，当前民众对社会事务的参与度普遍不高，究其原因，主要有以下三点：一是民众自身的参与意识薄弱甚至缺乏；二是受传统政府治理模式的影响，政府对公众参与的重视和支持力度不够，参与渠道寥寥无几；三是提供民众参与的社会支撑体系和制度平台还不健全、不完善。故今后在创新社会治理、完善公众参与格局的过程中，应当从以上三方面着手，着力打造政府重视、人人参与、人人共享、法治保障的新局面。

（三）完善立法是创新社会治理的根本保障

立法滞后甚至缺失是当前我国社会管理过程中乱象丛生的重要原因。法律是我们行为生活的准绳和标杆，立法的缺失会直接导致社会治理工

---

① 社会组织，顾名思义，是指除政党、政府之外的各类组织的统称。

作无法可依，而法律的滞后会严重阻碍社会经济的发展，也会使得社会治理创新工作的开展受到掣肘。创新社会治理亟须完善立法，具体而言可以分解为以下几个方面。

1. 重视和完善社会立法

改革开放以来，经济立法层出不穷，为经济的飞速发展提供了有利的参照和切实的保障。相比之下，社会立法，无论是在数量上，还是在更新速度上都望尘莫及，两极化现象严重，严重阻碍了社会的健康稳定发展。造成这种失衡现象的原因有很多，最主要的是与我国长期坚持的"以经济建设为中心"的国家政策有关，社会管理工作的重视程度不够，反映在立法层面就是社会立法严重滞后甚至在某些领域是空白。这种经济立法与社会立法两元分立的现象可以从各自的立法数量及其修订次数上得到体现，加快社会管理领域的立法、提高社会立法的数量和质量，既是经济社会协调发展的时代需求，也是为了更好地适应社会管理创新、化解当前社会管理出现的种种问题和矛盾、推动社会管理进一步发展的需要。构建服务型社会，要求当前社会立法的完善，重点应当关注与民生息息相关的社会法律法规的建立健全工作。新形势下社会管理工作的复杂性，要求社会立法的数量和质量都要有所增加和提高。

庆幸的是，近几年，由于中央和各级地方政府对社会立法工作的重视和支持，社会立法和经济立法两极分化的现象有所减弱。此外，各地在推行社会立法工作的同时也注重将其与当地的地方特色相结合，这些举措对社会立法的发展、社会治理创新工作的推进都具有积极的影响。

2. 及时修改、更新原有滞后的社会立法

现阶段，我国已初步制定了如劳动法、职业病防治法、国有土地上房屋征收与补偿条例等与社会管理工作密切相关的法律法规，然而这些法律条文、规定还仅仅停留在原则性层面，还不够细化，不够与时俱进，需要对其进行及时的更新、修改与补充。公权与人权之间关系的准确把握和妥善处理，是修改社会管理相关法律的关键点。尊重和保障人权是法治的追求，在修改社会立法、创新社会治理的过程中，必须以维护社会公平正义为大前提，加大对公共权力的监督和制约、扩大公民权利享有的范围、运用公共权力更好地服务公民权利，而非压制、管控公民权利。

3. 加快推进有关民生方面的社会立法

民生问题，也即与人民群众利益息息相关的生产生活等一系列问题。民生问题在不同的历史阶段都有不同的侧重，随着人民生活水平的逐步提高，民生问题也由过去的解决人民基本需求的温饱问题，变为如今的集就业、收入分配、医疗、教育、养老、社会保障为一体的新型民生问题。改革开放三十多年，我国大力发展经济的主要目的就是着力解决人民群众的吃饱、吃好的问题；现阶段及今后很长一段时间，新型民生问题则是我们重点关注和改善的对象。民生问题是社会治理进程中的重点和难点问题，妥善处理和解决民生问题，是创新社会治理的关键和突破口，也是维护社会稳定有序、确保人民生活幸福的重要因素。因此，加快推进有关民生事项的立法工作，尤其是加快与广大人民群众切身利益息息相关的民生事项（如就业、住房、教育、医疗、社会保障、社会救济等）的立法，显得尤为重要和紧迫。

然而，当前，有关民生方面的立法，无论是在中央还是在地方普遍存在很大问题，要么是中央立法少而泛，要么是地方立法缺失。这种事关民生层面的立法付诸阙如的现象，致使我国的民生问题长期未得到有效保障和切实解决，社会管理工作也长期处于混乱状态。

4. 加快推进社会诚信立法

俗话说"人无信不立，国无信不强"。然而，近几年，我国社会生活中诚信缺失、道德滑坡现象层出不穷：小到随处可见的"考试作弊""虚假广告"，大到食品安全领域的"毒奶粉""毒豆芽""染色馒头"，甚至矛盾冲突严重的"医患纠纷""劳资冲突"等。诚信缺失现象充斥着社会管理活动的方方面面，给社会管理工作带来巨大的压力和挑战。当前，诚信缺失已不仅仅只是一个道德问题，更是一个法制规范问题。因而，在创新社会治理的过程中，必须在相关法律法规提供保障的前提下，建立健全社会诚信制度，在全社会中营造一种讲诚实、守信用的积极氛围。在推行诚信立法的过程中，需要重点关注以下几个方面：

（1）加强公共权力诚信建设。公共权力诚信反映的是国家的诚信度，公共权力诚信建设的程度直接影响着社会诚信体系的成熟度和发展水平，因而它是社会诚信体系建设中的重要组成部分。公共权力诚信建设必须从全局出发，站在全心全意为人民服务的思想高度，以维护社会依法有序运行为准则，以实现社会和谐、人民幸福为最终追求目标。加强公共权力诚信建设的宗旨就是要让政府的一切行为做到公开透明、随时准备接受来自人民群众的监督和检查。

政务公开和司法公开是推行公共权力诚信建设的主要切入点，当前我国在这两方面的诚信建设上虽然推行了一系列举措，如"阳光政府""阳光权力"的推行，但是距离建立公共权力诚信体系的长效机制层面还存在很大差距，仍需要进一步地完善和加强。例如，以政务公开为例，就可以反映我国目前在公共权力诚信建设方面存在一定的不足。首先，政务公开力度不够、流于形式。政务公开的目的是防止腐败、满足公众对相关公共资源使用情况的知情权。然而现行的政务公开仅仅停留在表面，公开程度远远不能满足民众的需求：已经公布的政务信息其真实性颇受微词，尚未公布的政务信息又是民众最希望了解的；其次，民众依法申请政务公开程序烦琐、困难重重。按照政务公开的相关法律条文规定，民众依法享有申请政务公开的权利，然而，在实践中，这些权利往往因申请条件苛刻、审批过程复杂而未真正落到实处；最后，政务公开缺乏相应的配套制度。一项制度的推行必须要有强有力的配套体系作为支撑才能运行良好，否则就会出现"孤掌难鸣"的局面。政务公开制度亦是如此，现行制度本身存在规定宽泛、权责不明的缺陷，加之缺乏相应的配套体系，在实施过程中很容易出现相互推诿、协调不畅的情况。

（2）推进国家层面的征信立法。当前，我国征信立法工作局面混乱的最主要原因是，国家层面的统一的征信立法滞后严重甚至缺失，各个地方建立的征信制度由于没有统一的领导和参照标准，均是仅适用于各个地方自身发展的。为了保证政令统一、加快社会诚信建设的步伐，为全社会的诚信建设工作提供强有力的保障，国家层面的征信立法工作势在必行。

（3）探索诚信立法试点工作。由于各个地方在自然、社会、经济和政策扶持力度上都有所差异，因而在全国范围内建立统一的信用征信系统不切实际。但这并不意味着就放弃信用征信系统的构建工作，诚信系统的构件可以效仿其他改革试验工作，应当鼓励有条件的地区先行在本地区推行信用征信立法工作、构建信用征信系统，等时机和条件成熟后，再向全国范围推广，这种自下而上、由局部到整体的推广，在很大程度上节约了管理成本，值得各地探索实践。

（四）推行地方先行试点是创新社会治理的重要内容

我国有34个省市，各个地区在自然地理、政治、经济、文化各个层面情况都是千差万别的。因而，在创新社会治理的过程中，不能仅仅依靠中央现行的立法制度，而要努力探索适合各个地方自身特色和实际需要的社会管理法规。通过地方法治化的试行，来进一步推动全国范围内的社会治理创新法治化进程。目前，在推行地方法治化先行试点的过程中已涌现出一批典型代表，以湖南省为例，从2008年以来，湖南省在完善公民权益、公共安全管理等社会治理工作方面，以及修改有关社会治理的地方性法规件数方面，都走在全国前列。

从类型上划分，地方法治化社会治理创新试点工作主要有两种类型：第一，重点关注新型社区建设的社会治理创新。以新型社区治理代替传统的街道办事处管理，打破原有条块分割、分级治理的模式，以方便群众为准则，最大限度地为人民群众提供相关便捷的服务，成效显著、特色鲜明，得到人民群众的认可和支持。第二，致力于社会管理服务平台建设的创新。以最大限度地实现资源的优化配置为准则，通过积极构建市、县、镇、村四级社会服务型管理平台，打破了在传统治理模式下，一直为学界和人民所诟病的社会管理部门条块分割、各自为政、人员冗余、资源浪费严重的现象，进而合理整合、充分利用各级行政资源、实现资源优势互补，提高了行政效率、社会治理的能力和为人民服务的水平。此外，在通过推行地方法治化先行试点进而推动社会治理创新过程中，要充分重视和发挥志愿者的作用，积极推动志愿服务地方立法。所谓志愿服务是指无偿地为他人和社会提供服务的公益行为。目前，我国的志愿服务体系尚未成熟，中央层面的立法缺失，整个志愿服务活动处于混乱的状态：如志愿者权责不明、服务规范不统一、服务组织混杂。以上这些问题严重阻碍了志愿服务事业在我国的良性发展，同时也违背了志愿者提供服务的初衷和意愿，故建立健全志愿服务的相关法律法规，弘扬志愿服务精神、推动志愿服务向法治化、规范化的方向发展，不仅是创新社会治理的现实需求，更是时代的要求，是志愿者作为社会治理主体参与社会治理的充分体现和法治保障。

（五）基层自治创新管理需要法治化予以保障

基层是检验社会治理工作成败的试金石，也是创新社会治理工作的重点和难点所在。基层社会矛盾丛生与基层自治组织之间能力薄弱的强烈反差，使得社会治理创新进程中，要把加强基层组织自治能力摆在突出地位。无论是在农村还是在城市，基层自治组织都是最直接地为最广大人民群众提供服务的最基本单位，基层自治组织的地位及其受众性决定了基层组织在创新社会治理的过程中的作用。基层自治功能越完善、公共服务能力越强，则全民的民主素质、创新活力就越高，基层民众对社会的满意度、生活幸福指数就越高，反过来会进一步支持社会治理创新工作、促进社会的安定团结、构建社会主义和谐社会。

随着社会的进步、基层民众自治意识的加强，传统的政府管理模式已经不足以解决不断涌现的基层自治问题，社会治理模式创新应运而生。为了更好地推行社会治理创新，政府要重新定位自己在社会治理的角色，借鉴市场经济中的有益观点，转变观念，适当地简政放权，将基层民众可以自己处理的职能交还于民，并将这种自治权利以法律形式予以保障。具体而言，可以从以下几方面着手：1. 修改现有基层法律。以法律条文的形式，进一步明确基层党组织、居委会、村委会以及基层人民政府四者之间的关系、明确各自的职责划分，形成四者之间的良性互动；2. 充分调动基层民众政治参与的积极性，发挥其在集体决策中的作用，切实保障其在基层享有的各项民主权利；3. 在与法律不抵触的前提下，进一步扩大基层群众的自治范围、内容和渠道，不断提高群众参与自治的能力和水平。基层群众自治工作的顺利推进，离不开各地的村规民约的影响，这些村规民约必须符合宪法和法律的规定和要求，对于有违背后者精神的村规民约应及时纠正。如许多村规民约对我国男女平等思想的漠视，在进行相关权益分割时屡屡侵犯广大妇女应有的权益，这些封建陋习应予以消除和摒弃。

二 现代城市社会治理创新的意义

（一）社会治理创新是解决当前社会矛盾的有力手段

一方面，经济社会的飞速发展对传统治理提出挑战和考验：伴随着经济发展不平衡，各个区域之间、城乡之间、各利益团体之间及其内部由于对经济发展成果共享比例不均、利益分配不均等滋生了各种冲突与矛盾，甚至愈演愈烈。这些纠纷如若得不到合理的化解和及时处理，就会演变为棘手的社会问题，进而阻碍社会的发展进步、影响社会的和谐稳定。另一方面，社会经济变革是一把双刃剑，在给传统社会管理带来挑战的同时也带来了机遇，管理现状的纷繁复杂要求社会管理在原有模式的基础上寻求突破，探索新的、适应当前社会经济发展的社会管理理论和模式，社会治理创新应运而生。

（二）社会治理创新是实现社会公平正义的重要途径

当前我国经济社会发展正处于转型的关键时期，利益主体多元化、各类社会矛盾集中爆发是这一时期的显著特点，坚持公平正义的价值取向是有效解决各类社会纠纷的基本准则。而创新社会治理模式正是通过平衡多元利益主体之间的利益划分、缓和和化解各类冲突主体之间的矛盾纷争，并通过完善的法律条文规定而非单一的行政干预明确各个相关主体之间的权责，进而保障人民群众的切身利益不受侵犯、实现社会的公平正义价值追求。

（三）社会治理创新工作必须走法治化道路

社会治理创新工作是一项系统工程，在长期探索创新的过程中必定会遭遇诸多挫折和挑战，而法律则是一项规范性的准则，用法律条文对社会治理创新工作予以规范，首先，可以确保社会治理创新工作的合法性，为其创新活动的深入开展提供了强有力的法律保障；其次，法律以其规范性的特点弥补和规避了社会治理创新的随意性，为社会治理创新提供了正确的导向，二者优势互补，互推互进；再次，法律以其强制性和普遍约束性，减少了社会治理创新工作的阻力，而后者则丰富和充实了法律的内容；最后，社会治理创新法治化可以使得社会治理服务的主体——人民群众的切身利益受到保护。人民群众积极参与社会治理创新会极大地减少社会治理创新工作的阻碍，使得社会治理创新工作的开展具有科学性和广泛的群众基础，而社会治理创新法治化则以法律的形式将人民群众的参与权落到实处，从而从根本上推动治理创新工作向纵深发展，进而有利于实现社会安定有序和谐发展。

三 从法律层面看城市社会治理创新的基本价值

中国社会治理的现代化是与日益复杂的社会治理问题的出现相伴相生的,快速发展的城镇化是我国改革开放以来社会经济蒸蒸日上、人民生活水平稳步提升的一个缩影,更是城市社会治理创新模式不断完善的动力所在。截至 2014 年,我国的城镇化率已经过半,城镇化在快速推进的过程中也出现了许多前所未有的社会治理问题,如暴力拆迁、农民征地补偿款落实不到位等群体性事件此起彼伏,给城市社会治理工作的顺利开展埋下了诸多不和谐的隐患。因而,创新城市社会治理模式就必须以城镇化过程中爆发的一系列治理不善问题为切入点,对症下药,寻求最佳的且最满足人民群众利益诉求的解决办法。"无规矩不成方圆",为了进一步加快城市社会治理现代化的步伐、推动城镇化建设向健康、有序、稳定、和谐的层面发展,一方面,创新城市社会治理必须要确定一个正确的价值方向、一个以维护最广大人民群众利益为出发点的价值标准。另一方面,创新城市社会治理的价值标准必须符合弘扬社会主义核心价值观的要求、符合构建社会主义和谐社会的要求、符合建设中国特色社会主义社会的要求。

(一) 以人为本是城市社会治理价值取向的首要内容

康德说:"人是我们生活的全部目的"[①],以人为本首先要求在创新城市社会治理的过程中,出发点和立足点必须是维护最广大人民群众的利益,而不能本末倒置,把人民群众当作实现其治理目的的手段和工具。人是目的,也即一切社会治理创新工作的开展,其最终目的都是使人民群众能够充分享受社会主义经济发展所带来的有益成果、享受社会进步给人民群众带来的诸多生活便利、实现自身的全面自由和发展。以人为本还要求在城市社会治理创新过程中,必须把人民群众看作是社会治理的主体,而不仅仅是被动地接受治理结果的客体。人民群众才是社会的主人,政府要充分相信人民群众有参与社会治理的需求,更有参与社会治理的能力,政府只是人民群众意志的代表而不是其本身,不能事事为人民做主、替人民决策,更不能将政府政策的具体实施者与人民群众对

[①] [德] 康德:《道德形上学探本》,唐钺译,商务印书馆 1957 年版,第 43 页。

立开来、区分彼此、激化矛盾。此外，公民依法享有参与社会公共事务的权利，将人民群众当作社会治理的主体亦是公民参与权在社会治理过程中的具体应用和切实体现。最后，以人为本的思想要求我们，以全体人民的利益而不仅仅是以某一些甚至极个别人的私利为创新社会治理工作的出发点和立足点。目前，我国在探索利用人本思想的过程中已初步取得了一些成效、涌现出一批典型：以福建漳州市城市管理行政执法局为例，该局在执法过程中，率先转变原有官民敌对的治理理念，以"依法、亲民、和谐、文明"为新型执法理念，以"亲民管理、亲民执法、亲民服务"为具体的执法原则，改善了长期以来一直为人民群众所诟病的"暴力执法""碰瓷执法"等城管执法中存在的问题，有效地化解了城管与商贩之间的矛盾和纠纷，为构建和谐稳定的城市治理环境奠定了基础，更为其他城市城管执法的理念和方法提供了示范和榜样。

（二）公平治理是城市社会治理价值取向的根本之意

公平正义观念古已有之，圣人孔子曾说过"不患寡而患不均"，古希腊伟大的哲学家、西方第一个系统论述正义的哲学家柏拉图也曾说"理想的国家应该是公正的"。可见，无论是在过去还是在现在，无论是在东方还是在西方国家，公平正义的价值观念是一个国家稳定有序、社会安定团结、人民生活幸福的必备条件。当前，在构建社会主义和谐社会的大背景下，将公平治理融入城市社会治理创新的全过程是十分必要的。治理问题的产生大多是由于在处理具体社会事务的过程中，未能秉持贯彻"公平正义"的治理思想，致使相关利益主体的权益受到伤害，进而导致各个利益主体由于利益分配不均而产生嫌隙，更有甚者会使两者间的矛盾愈演愈烈、激化升级，最终演变成为严重的社会治理问题，成为构建社会主义和谐社会的阻碍。例如近年来，屡屡发生的由于土地征收而引发的群体性上访事件、由于教育资源分配不均而产生的教育不公等现象，都是公平治理思想未得到有效实施的体现。

践行公平治理，一方面，要在城市社会治理过程中，秉持公正思想，坚持权利、规则、效率、分配、社会保障层面的公平，尽量调节由于自然条件千差万别、政策标准不统一带来的社会资源分配不公、两极化态势加剧的状况；另一方面，要在城市社会治理创新过程中，坚持平等原则，也即在不违背现有相关法律条文规定的前提下，平等地对待每一位参与社会治理创新的主体，平等地向他们提供公共服务和产品，杜绝一切超越宪法和法律之上的行为。当前，我国在城市社会公共治理的过程中已经取得了一些成绩和进展。例如，为了进一步缩小贫富差距、减少社会治理过程中由于"仇富"思想所带来的一切社会问题，我国税法在个税起征点的设计上，充分考虑到各个阶层的收入状况，不断提高个人税收的起征点，充分保障了收入较低的市民的生活水平，在一定程度上抑制了贫富差距的进一步扩大。

（三）依法治理是城市公共治理价值取向的根本保障

韩非子曾云："家有常业，虽饥不饿；国有常法，虽危不亡。"[①] 可见通过法律治理国家，对于国家社会生活何其重要。城市社会治理中的依法治理，是指党领导人民在遵循宪法和其他相关法律的前提下，以维护城市社会秩序稳定为目的，处理有关城市生活中的政治、经济、文化、社会等一系列事务的过程。生活在同一城市的不同利益主体，由于对利益的关注点不同、对公正的理解不同，就会形成不同的处事方式和利益诉求。如果每一个利益集团都只专注和顾及本团体的利益，而不从全局出发、以大局为重、照顾绝大多数人民的共同利益，城市社会就会陷入无序和纷争之中，城市的和谐稳定更无从谈起，这就要求在城市社会治理创新过程中必须树立法治思想。坚持依法治理，首先，要坚持党的领导，在创新城市社会治理过程中，其主体是多种多样的，但是党的领导才是核心，政府才是领导主体，唯其如此，才能确保治理过程中各个参与主体的利益达成一致，才能维护城市的稳定和团结的局面；其次，要千方百计地创造条件，鼓励和支持其他治理主体，在现有法制框架下，实现自我调节、自我约束、自我管理、自我监督，进而承担起社会监督的职能。在法律层面上要尽可能多地出台保障公民和规范其他社会组织参与社会管理的法律法规，公民参与时才能做到有法可依、有法可据，而且在参与治理的过程中增强自身的法治意识和法治观念，反过来又促进相关法律法规的施行；再次，要加大对法治观念和法律意识的宣传和推广力度，利用新型媒体经常开展各种形式的法治宣传教育活动，在群众中树立守法、用法、护法的典型，引导市民自觉自愿地遵守相关法律

---

① 《韩非子·饰邪》。

法规的要求，培养市民的法治意识和法治观念，让依法治理成为城市精神文化生活的一部分；最后，要创新法制宣传的方式和方法，丰富普法宣传的活动形式，充分利用新型媒体和其他宣传媒介，最终使整个社会形成依法治理的社会氛围、形成城市社会治理的长效机制。

（四）民主治理是城市社会治理价值取向的基本要求

民主的对立面是专制，封建社会由于其自身地理空间的封闭性、自然经济条件下的自给自足性、以农耕为主的小农意识造就了封建专制的治理思想。无论是哪朝哪代的统治者，都将"愚民政策"作为其维护社会稳定、粉饰太平的法宝，周厉王"弭谤"的故事、秦始皇"焚书坑儒"的暴行都是这方面的典型代表。进入现代社会，随着经济的飞速发展和科学技术的进步，原有的自然界限逐渐被打破，人与人之间沟通与交流手段也进一步多样化，真正意义上的城市开始大量涌现，城市的范围更广，不断涌入的农民也渐渐成为城市市民的组成部分，新时期的公共领域日渐成型。共同的生活领域培养和缔造了共同的文化认同，公共领域范围的进一步扩大，为民主治理的价值取向提供了肥沃的土壤，而自由、平等原则普遍适用，又为市民社会中市民当家做主、管理城市事务的民主意识的觉醒创造了必要条件。现代社会公共领域早已走出了乡间、村社的狭小空间，更不会仅仅局限在传统的沙龙、广场等地方；现代社会人与人之间沟通交流的方式也冲破了传统的报纸、杂志等纸质媒介向网络空间发展，这种人与人空间范围的缩小，对城市社会治理提出了新的要求和挑战。

现代社会的公共领域具有以下功能：首先，强大的公共领域容易形成强有力的公众舆论，进而便于对政府的公共治理活动进行监督，为最终实现善治的社会治理目标奠定舆论基础；其次，合适的公共领域容易使生活在公共领域的市民达成思想共识。长期生活在共同的城市，同呼吸共命运，使得城市居民对居住的这个城市日渐产生相同的文化认同和情感依赖；最后，广阔的交往平台和交流方式为城市社会治理创新注入了新鲜的血液和活力，激发了新型城市治理的创造力和想象力。简而言之，现代社会公共领域的产生和扩展，为进一步践行城市社会治理中的民主治理提供了有利条件。

践行城市社会治理中的民主治理价值观，应当从以下几个方面着手：

第一，民主治理应当走法治化道路，必须以法律形式确保民主治理的合法性和持续性。人民是国家的主人，与之相对应，市民是城市的主人。在城市社会治理创新过程中，必须充分重视和发挥市民的参与作用，让广大市民充分享有作为城市主人所应该享受的权利，当然这些权利必须以法律作为强有力的支持和后盾。唯其如此，市民参与城市社会治理的权利才能落到实处，才能肩负起自我管理、自我监督，进而监管城市治理的重任，才能真正实现城市社会治理中的民主治理。第二，政府有关部门要充分利用现有资源，千方百计地为协商民主，共同治理构建良好的沟通和对话平台。协商民主的范围十分广泛，涵盖了政治、经济、文化和社会的方方面面，因而为了确保民主治理的顺利开展、决策内容的科学性、决策结果的可实施性，必须为市民提供便捷且多样化参与渠道与恰当合理的沟通机制。第三，厘清政社关系、明确二者在城市社会治理过程中的分工、地位和作用。政府应当充分相信和信任社会组织，肯定社会组织在城市社会治理过程中所发挥的积极作用，尽可能地创造有利条件，把适合社会组织去做且社会组织有能力也有实力做好的公共事项交由其处理。这样既妥善调节了政府与社会组织之间的关系，又调动了社会组织参与社会治理的积极性、锻炼了其社会治理的能力，进一步推动了民主治理理念的实行。例如，活跃在各大城市的青年志愿者组织，它们作为公益性社会组织的一部分，极大地推动了城市社会治理工作的顺利展开，也成为民主治理理念广泛推行的最好宣传。

（五）文明治理是城市社会治理价值取向的最终追求

虽然依法治理对城市社会治理十分重要，但是却不能从根本上解决社会矛盾、实现维护社会稳定的目的，而且有可能由于片面强调法律的强制作用，走向"诉讼主义"的困境，出现秦朝二世而亡的局面，因而必须辅之以德治。孔子曾云："为政以德，譬如北辰，居其所而众星拱之。"[①] 所谓德治，就是指在城市社会治理创新的过程中，要充分发挥中国优秀传统文化的积极作用，按照构建社会主义思想道德体系的要求，将历经几千年传承的公序良俗、文明意识融入其中。依法治理是刚性的，是一种外在的强制约束力，它只能以其威慑力和强制执行力震慑违法犯

[①] 《论语·为政》。

罪问题的产生，强制处罚已经发生的违法行为。以德治理是柔性的，是一种内在的自我约束力，它依靠的是人们在长期共同生活中业已形成的礼乐教化，内化于自身的公序良俗和道德意识，依靠自身道德素质的提高，主动自觉地遵循社会治理规范，维护社会公共秩序，最终实现社会的安定团结、和谐稳定。依法治理的实施主体和客体都是人，只有人的道德素质提高了，才会从内心认可法治思想，才会有助于依法治理的顺利推行，而德治正是提高人自身素质的有效手段。依法治理和以德治理都是文明治理的一部分，法律是最低限度的道德，道德是人民内心的法律，只有将两者相互结合，同时并举，才能更好地推动社会治理创新工作的开展。现阶段，文明治理作为创新社会治理的一种价值取向，其身影无处不在。例如，构建社会主义诚信体制，一方面要求在法律层面对违法诚信的行为作出处罚，另一方面要求人们从内心自觉遵守和践行诚信原则，两者的有效结合，才是构建诚信社会的最佳途径和手段。

此外，一个实现善治的城市、一个充满魅力的城市、一个让市民生活幸福的城市，不仅要在物质层面满足城市居民日益增长的各类需求，而且要在精神层面增强市民的社会归属感和认同感，在文化层面调节人们的心理和情感。改革开放三十多年来，人民生活水平大幅度提高，城市发展也发生了翻天覆地的变化，然而精神生活却未得到相应的发展和提升，出现了人民幸福感不升反降的现象。什么是幸福的生活？怎样才能过上这种幸福的生活？不仅仅是哲学家才需要考虑的命题，也是我们的国家、政府、民族以至我们每个人应该认真探讨的命题。市场经济的迅猛发展，使得原有的"熟人社会"转变为"原子化"的个人社会，原有的道德原则也渐渐被市场原则所取代，使得处于转型期的人们，物质生活丰富了，而精神生活匮乏了，幸福指数降低了。就个人而言，生活得好不好，幸不幸福，一方面，取决于基本生活需求是否得到相应的满足；另一方面，也是至关重要的一点，取决于是否明白自己内心的精神需求，是否经常叩问自己的内心深处，经常反省自己的生活，是否有正确的精神信仰。"徒善不足以为政，徒法不足以自行"[①]，如同抛开德治，仅仅依靠法治来创新城市社会管理和提高人民的幸福感是行不通的一样；

---

① 《孟子·离娄上》。

抛开法治，仅仅依靠德治实现好的治理、好的生活同样是不可行的。毕竟"以德治国"，是通过诉诸人们的良心和内心的道德力量来对人们"行为"予以约束和规范，其力度还是很"柔软"，且随意选择性很大，宽泛适用性很强。若在创新城市治理过程中单纯依靠以德治理，而忽视依法治理的规范作用，就会出现治理失衡的现象，而且由于道德标准不一、规范不同、约束力不强，也容易引起城市社会治理的混乱。只有将理性的法律规范和感性的道德力量加以综合利用，把依法治国和以德治国紧密结合起来，才能早日完成社会主义和谐社会的构建，实现城市社会治理创新。

第二节　现代城市社会治理创新的法律原则

依法治国是党领导人民处理政治、经济、文化、社会、环境等各方面事务的基本准则。城市社会治理创新工作作为社会事务的一个板块，想要顺利实施、持久运行，理所当然地必须在宪法及其他相关法律条文的规定下进行，必须走法治化道路。概括来说，城市社会治理创新必须遵循以下几项原则。

一　法律保留原则

建设社会主义法治国家的总目标要求，创新社会治理过程中的一切活动都必须在宪法和法律固有的框架下开展，做到依法治理。具体来说，就是要做到以下三点：第一，创新社会治理必须做到有法可依。在法律层面上必须对创新社会治理的主体、手段、过程和范围予以明确规定，法律对一切社会行为都具有普遍约束力。"法无明文规定不禁止"，针对的是普通公民，"法无明文规定不可为"，针对的则是国家机关。因此，创新社会治理的主体必须合法、守法；创新社会治理的方式方法，必须以法治为理念；创新社会治理的过程和范围必须遵照法律程序，不能超出相关法律法规设定的范围。虽然，创新社会治理是对原有治理体制和模式的重塑与改造，有自身的特殊性，且相关法律条文大多是授权性和裁量性的，但这并不意味其创新活动可以无视法律明文规定，突破法律规定的活动范围。第二，创新社会治理必须做到有法必依。法律的建立并不仅仅只是摆设，创新社会治理虽然是对原有治理的突破，但这并不表示这种"创新"活动可以凌驾于宪法和相关法律规定之上，可以肆意冲破法律法规的限制，而是应当严格遵照这些法规条文进行相关治理活动。例如，《行政处罚法》《行政许可法》都曾规定，法律法规可以授权某些具有管理公共事务职能的组织以自己名义从事部分行政处罚、行政许可等行政行为，而除此之外的其他处罚、许可形式的行政行为，这些组织无权参与。第三，创新社会治理必须做到违法必究。创新社会治理是对原有治理模式下利益主体间的利益进行重新分配和再调整，而这些创新活动必须在法律的监管下从事。如果无视法律，恣意妄为，就会损害一部分利益主体的合法权益，进而为社会和谐进程埋下不稳定因素。因而，必须对这种违反法律法规的创新行为和相关责任人予以追究和处罚。当然，对于违法活动的监督不能仅仅局限于现有权力机关的监督，还必须充分发挥群众和社会组织的力量，加强群众监督和社会监督。

二 参与原则

20世纪70年代以来，随着经济全球化的趋势增长和科技革命的发展，一个全球范围内的民主化浪潮正在兴起，公民的民主意识日渐觉醒，对参与国家社会生活的治理有了进一步的要求和主张。与此同时，现代权力国家也在各项政策的制定、出台、执行以及监督和救济一系列过程中设置了相应的公民参与机制，以确保公民充分而合法地享有此项权利。社会治理创新作为国家治理活动的一部分，也应当充分吸纳人民群众的智慧，为其提供广阔的参与治理的舞台和空间，从而确保在对原有治理模式下的利益格局进行调整时的公平公正和科学合理。新型的社会治理格局要求在社会治理创新的全过程中，必须以公众参与为基础，且将其贯穿始终。在创新社会治理过程中要坚持参与原则就必须做到以下两点：第一，广开言路，让公众参与到创新社会治理的决策过程中。政府和其他治理主体在出台任何一项治理政策之前，都应当最大限度地公开相关信息，广泛地征询民众的意见，尽可能地畅通民意参与渠道、拓宽民意表达的方式和方法，建立健全民意反馈与回应机制，让每一项成型的治理政策都代表了最广大民众的意志和利益诉求，都充分考虑和合理平衡了各个利益主体之间的关系，都是民主的、科学的、合理的。第二，强化社会监督,让公众合法合理地参与到对社会治理创新决策实施的监督过程中。社会公众既是治理政策的参与主体,也是推动政策有效执行的主力军。创新社会治理是对原有治理模式下利益格局的调整和优化,在推行之初肯定会遇到诸多困难和阻碍。如果将社会公众吸收到治理政策实施的队伍中,一方面,可以减少创新过程中遇到的阻力和障碍,另一方面,可以集思广益,推动政策实施手段的多样化。第三,社会公众还可以发挥其强大的社会监督作用,确保治理政策的实施不偏离既有的法制轨道。

三 人权保障原则

所谓人权,是指人之为人而应当享有的各项基本权利。宪法作为国家的根本大法,以明确形式规定"国家尊重和保障人权",可见人权的重要性。奴隶社会和封建社会下民众作为人所享有的基本权利受到了剥削和压榨,受到肆意的践踏和侵犯。进入新时期,随着科技的发展和人民物质生活水平的提高,人权意识逐渐觉醒,各个国家也在不同程度上对人权予以保护。我国作为社会主义国家,以根本大法的形式对人权提供了保障,这就要求我们在开展各项事业时,必须时时刻刻以尊重和保障人权为基本准则,杜绝和禁止一切损害和侵犯人权的行为。创新城市社会治理亦是如此,在探索和构建新的城市治理框架过程中,必须始终以尊重和保障人权作为基本的价值取向和行动原则,也即始终以维护市民的合法权益、保障市民的人格尊严不受侵犯作为创新社会治理的出发点和落脚点,进而更好地维护国家、政府以及其他公共机构的公信力和权威,为社会主义法治国家的构建奠定广泛的群众基础。

四 比例原则

现代城市社会治理往往处于多元主体和价值的冲突与妥协的过程之中,多元、多维、多层次的不同考虑、分析、决断、衡量、取舍、差别、对立和矛盾,贯穿其中且显现表里。可以说,体系是现代城市社会治理必须首先强调重视的问题,而创新是社会治理的必然。从这一点而言,现代城市社会治理创新所要解决的正是社会治理体系中不得不面对的基本问题。现代城市中体现的是多元化的色彩,冲突成为常态,往往表现为不同价值观主体之间的,在面对不同时代、不同国家、群体、个人的社会实践和理论、观念、意识上的冲击与碰撞,哪怕同一时代、同一国家、阶级、群体甚至个人亦会出于各式各样的原因和价值观念,在体系内部构成矛盾和冲突。这种冲突可能是抽象的,即主体自身强烈的逻辑需要或观念创造,构成矛盾与冲突,也可能是具体的,即主体利益在具体时代特色下和主体的结合时自然产生的不适乃至冲突。在这种不可避免的冲突与压力之下,运用比例原则对矛盾、对立和差别进行整合、补益甚至赔偿,也就成为必需。"对冲突的整合势必会在一定程度上、一定时间内牺牲某种价值,但这种整合必须是有最佳效益的,并且这种牺牲得来的收益应有利于对被牺牲的价值的补偿。如,在自由与平等冲突时,应考虑整合的效益,如果要以牺牲一定程度的平等换取自由,则要以自由换取的收益有利于对平等的必要补偿。利益平衡原则是指通过法律的权威协调各方面的冲突因素,使相关各方的利益在共存和相容的基础上达到合理的优化状态。"① 这就意味着,在社会治理创新的过程中,综合考量和协调社会多方主体利益诉求和观念平衡,遵循比例原则,才能最终调整社会结构,实现社会和谐发展。

第三节 现代城市社会治理创新的法律主体

2013年,《中共中央关于全面深化改革若干重大问题的决定》中指出,"坚持系统治理,加强党委领导,发挥政府主导作用,鼓励和支持社会各方面参与,实现政府治理和社会自我调节、居民自治良性互动。"② 这意味着,我国现代社会治理创新应当充分发挥多元主体共同治理的作用,全面推进深化改革。并且,从在法律层面上解读社会治理创新主体的明确,能够使得整个创新过程在合法合理的状态下正确进行。

---

① 参见李龙《法理学》,人民法院出版社、中国社会科学出版社2003年版,第143页。
② 参见《中共中央关于全面深化改革若干重大问题的决定》,http://news.xinhuanet.com/2013-11/15/c_118164235.htm。最后访问时间:2015年8月15日。

一　发挥党委政府在社会治理创新中的核心作用

在全社会开展创新社会治理的过程中，必须在十八大报告精神的指引下，以十八大报告中提出的治理格局为目标，始终坚持党对社会治理的领导，充分发挥党委政府在社会治理创新中的核心作用。社会治理创新要在全社会顺利开展，就必须要有一个强有力的领导核心，而中国共产党是我国的执政党、是领导全国人民开展政治、经济、文化、社会等各项事业的领导核心，因而它有能力也有实力成为创新社会治理的领导核心，社会治理创新的领导核心也必须是中国共产党。

随着我国的经济模式由计划经济转变为市场经济，传统治理体制下的"大政府小社会"的治理格局已然不能继续适应经济社会的发展要求，在市场需求多元化的大背景下，构建"小政府大社会"的社会治理新格局成为必然。这一变化要求党委政府在发挥自身在创新社会治理中的核心作用时，转变对自身职能的定位。具体要从以下两个方面着手：一方面要强化政府职责。按照权责匹配的原则，党委政府在创新社会治理过程中发挥核心和主导作用的同时，必须要对涉及公共领域的教育、安全、文化、环境、医疗卫生、社会保障等方方面面的事务提供强有力的监督和管理、充分利用手中的权力规范其他社会组织的行为、保证市场秩序井然、服务高效全面、社会祥和安定，从根本上对社会治理创新的成果予以强化和保障。另一方面要转变政府角色、下放政府权力。管得最多的政府不一定是最好的政府，"小政府大社会"的治理格局要求现行政府在社会治理创新过程中，以社会实际需求为导向，充分重视和发挥地方政府和社会组织的积极作用，尽可能地为其提供良好的治理平台和合作机制，逐步从原有治理模式下"划桨人"的角色走向创新社会治理模式下"掌舵人"的角色。

二　企业也是社会治理创新重要的法律主体

企业是市场经济的主体，是公众参与市场经济活动的载体之一，也是社会致力创新的主体之一。在经济全球化的大背景下，社会为企业的生存和发展提供了稳定的外部环境、宝贵的创业机会、广阔的发展平台以及优良的人才储备，反过来，运转良好的企业也替社会分担了许多社会责任，提供了众多的就业机会，成为推动社会健康发展、和谐稳定的必不可少的中坚力量。

三 发挥公众在社会治理创新中的监督评价作用

公众既是社会治理创新的主体，又是社会治理创新的客体，积极引导公众参与社会治理创新过程，既是对公众作为社会主人翁应享权利的维护，也是为社会治理创新奠定广泛群众基础的要求。积极引导公众和非政府组织参与创新社会治理工作，有利于发挥公众的社会监督作用，加快推进政务公开、提高政府工作效率；有利于推进创新社会治理的民主化进程；有利于丰富公众的政治生活、维护公众组织的健康有序发展。

发挥公众在社会治理创新中的监督评价作用，应该从以下三方面着手：第一，将公众满意度列入评价政府绩效高低的考核标准之中。创新社会治理的最终目的是更好地为公众服务，因而公众对于政府行政的执行效果最具有发言权，其评价结果也最为中肯，从而避免政府自我评价带来的可信度不高等问题。第二，成立和引进专业的评价机构对创新治理主体的相关行为进行专业的评价和监督。为了确保评价的科学准确、真实有效，弥补公众评价的随意性和不稳定，利用专业机构对治理效果进行全面、准确、客观的评价是切实可行且十分必要的。第三，充分利用报纸、杂志、广播、电视、网络等舆论媒介，发挥社会媒体的监督作用。当前，社会媒体以其传播的便捷性和参与主体的广泛性充斥于公众生活的方方面面，通过社会媒介对创新治理主体和相关机构的行为进行定期或不定期的监督，有利于更好地发挥人民群众的集体智慧，更便捷地反映公众的利益诉求，更有效地监督创新治理主体和相关组织机构的工作成效。

四 发挥社会组织在社会治理创新中的主体作用

创新社会治理不仅仅是对以往政府治理模式的变革和调整，也是对原有"单一制"下社会组织治理模式、治理思想以及治理文化的完善和革新。市场经济大背景下，社会公众对公共管理、社会公共服务的需求是多种多样的，这就使得社会组织在为公众提供"多元"管理和服务的同时，要注重对自身结构的完善和调整，在开放、包容、民主性政策的指导下，加大对自治型和参与型公共组织结构的重塑和创新。发挥社会组织在社会治理创新中的主体作用，主要是发挥以下两类社会组织的积极作用：

（一）民营化的公共服务组织

随着市场经济的日臻成熟、人民生活水平的逐步提高，"公共服务"民营化正成为一股不可逆转的世界潮流。引入市场竞争机制、打破政府垄断局面、将公共服务和产品以委托授权和特许经营为主要形式转让给民营组织，进而满足公众多元化、个性化和高品质的需求，是社会组织在创新社会治理过程中寻求变革、发挥作用的重要表现。目前，发达国家和地区在这方面已经积累了丰富的实践经验、形成了比较规范而系统的约束机制，值得我们借鉴和学习。我国在实行公共服务民营化的过程中，应当建立健全有效的公共服务规则体系、完善政府监管机制、推进公共服务民营化的法治建设，为民营组织的发展提供优良的制度环境。当然，我国各级地方政府已经在公路、供水、供气等公共领域积极探索公用事业民营化，并初见成效。以南京市政府为例，1998年南京市打破了国营公交独家垄断的格局，引入了南京市中北等两家社会投资单位参与公交竞争，既减轻了政府的财政负担，又促进了南京公交事业的快速发展。

（二）社区

社区自治组织是指以维护社区居民的共同利益为目的。按照"社区自治"原则，代表社区居民的共同意愿，依法对社区范围内的涉外事务和内部事务进行自我管理、自我服务、自我教育和自我监督的群众性自治组织。当前，社区自治组织的自治功能并未得到充分发挥，关键原因是其治理角色的双重化、功能定位模糊。一方面社区组织是群众性的自治组织，另一方面它被某些政府部门当作下属单位，分派了许多行政工作。怎样才能明确社区自治组织的功能定位，使其从烦琐的行政性工作中分离出来，全力以赴地为社区居民提供更多更好的服务，才是其今后创新和改革的突破点和难点。

社区自治是社区居民民主意识和自治能力日渐成熟的成果，也是政府简政放权、创新社会治理努力的方向之一。社区自治的实现有赖于厘清政府与社区之间的关系及其职能划分，走出原有体制下政社不分、职责不清、关系不明的混乱局面。社区自治的实现应当按照宪法和有关法律法规的规定，明确界定政府和社区各自应该做什么并且能做什么，把属于政府的职责划归政府执行，把属于社区管理的事务交还社区处理。社区是城市居民进行自治的组织，其基本功能就是尽可能地吸引和鼓励城市居民积极参与到创新社会治理的全过程，并最大限度地为城市居民的自主自治行为创造良好的氛围、自由的环境和便捷的服务，而不是机械地、被动地完成政府部门分派的行政任务。

社区作为创新社会治理的主体之一，具有两方面的意义：一方面，可以唤醒和培养社区居民自我管理、自我约束、自我监督的民主自治意识。以社区作为创新社会治理的载体，既可以确保社区居民充分享有和使用民主权利，又可以突出和强化社区自治的功能和地位。另一方面，可以最大限度地整合社区资源，激发社区居民参与社会治理创新的积极性和主动性。政府应当在人力、财力、物力等方面加大对社区组织的投入和管理，在法律层面对社区自治的权利予以充分的保障，进一步加大和完善社区基础设施建设，提高社区服务人员的服务能力和服务水平，通过兴建经济实体和文化实体来丰富社区居民的物质和精神文化生活，提高社区居民的幸福感和满意度，为社区自治的开展创造良好的经济、制度、文化和舆论环境。

第四节　现代城市社会治理创新的基本内容

改革开放以来，随着经济的迅猛发展，人民生活水平的进一步提高，对社会服务也相应提出更高的要求和标准，而原有的社会治理模式已经不能满足人民日益增长的社会服务需求。社会服务与经济发展之间的严重脱节与不平衡，使得新旧社会之间的矛盾激化，甚至有进一步加深的趋势。城市社会治理方式的滞后，不仅阻碍了经济的进一步发展，更加难以应对自身内部日益激增的矛盾和问题，为社会的安定有序、社会主义和谐社会的构建埋下了诸多隐患。城市是一个国家或地区对外宣传、综合实力展现的窗口，城市能否和谐稳定地运行关系到整个社会能否平稳运行、和谐发展，因而创新城市社会治理，优化原有城市社会治理的模式是十分必要且迫在眉睫的。

新时期，城市社会治理创新的成败关系到我国城市化的进程和成效，关系到改革开放以来取得的经济成果能否得到维持。十八大以来，我党的历次会议，都把创新城市治理作为重要议题，并对创新城市治理的内容、地位、作用和方法给出指导性意见，这对我国进一步探索城市社会治理创新模式具有重要的指导意义。城市社会治理就是指，在党委领导下，按照宪法和有关法律法规的要求，以服务城市居民、维护城市稳定、促进城市繁荣为目的，对属于城市公共事务领域内的政治、经济、文化和社会等事务进行治理的活动。城市社会治理主要有以下几层含义：第一，全体市民既是城市社会治理创新的主体，又是城市社会治理创新受益对象，他们在城市社会治理创新过程中扮演者着双重角色；第二，城市社会治理创新的主要内容是维护全体市民的共同利益，提高全体城市居民的物质和精神文化生活水平，为城市居民营造一种安定团结、睦邻友好、安居乐业、祥和宁静的生活氛围；第三，创新城市社会治理的目的是进一步推动城市协调、稳定、有序发展的态势；第四，创新城市社会治理的主要作用是通过合理利用法律手段、行政工具，借鉴市场经济平稳运行的有益方法，广泛听取和采用城市居民的良言美策，满足城市居民的多元化需求；第五，创新社会治理要重点突出和着重强调民众对治理活动全过程的广泛参与，充分发挥城市居民的集体智慧。

一 城市人口管理

城市人口管理是指城市政府对长期或临时居住在城市范围内的人口的数量、质量等层面的预测、监督和管理的过程。城市人口管理主要包括以下四方面内容：第一，对城市常住人口的管理。主要是通过人口普查的方式，在掌握一段时间内城市人口基本状况的基础上，把握和控制常住人口的自然增减变动，进而合理调整和平衡常住人口的结构、布局和规模。对城市常住人口的管理内容主要包括人口普查与预测工作、计划生育管理以及户政管理；第二，城市流动人口的全面把控和综合管理；第三，对城市人口发展现状、规模、水平及未来趋势进行预测，人口预测是以人口普查为基础的，其目的是为城市社会经济的发展提供有益参考；第四，提高城市人口的整体素质和质量。

城市人口管理的最终目的是通过科学管理，提高城市居民自身综合素质以及适应城市、美化城市的能力，进而推动城市的全面发展和进步。城市流动人口的管理是城市人口管理中最棘手和最复杂的问题。随着社会经济的迅猛发展、城市化进程的加快，基于城市自身发展的需要以及人民对更高生活水准的追求，越来越多的流动人口涌入城市，在为城市生活创造便捷、加快经济发展的同时，也为城市的社会治理工作带来了严峻挑战：城市基础设施承载超重、公共服务效率降低、社会不稳定因素激增、人口管理工作更加复杂等。为了推动城市人口管理的健康发展，城市的流动人口管理可以从以下方面着手：1. 建立和健全流动人口管理机制。改变原有流动人口管理办法，建立由人口计划生育、民政、劳动和卫生、工商、公安等相关部门执法人员共同组成，专门从事流动人口管理的部门，独立地负责和处理有关流动人口城市生活的方方面面的事务和问题，将流动人口的管理工作提高到与常住人口平行的新高度。2. 整合信息资源、构建人口流动信息共享和交换平台。人口流出地和人口流入地之间要提高交流与合作意识，加强沟通，互相配合，互相帮助，积极高效地完成流动人口的信息统计、信息更新、信息查询和信息跟踪等一整套的管理工作，构建全面完整的流动人口管理网络。3. 转变管理观念、提高管理者为流动人口服务的意识和能力。流动人口是城市人口的组成部分，他们为城市经济的发展、美好生活的构建做出了极大的贡献，他们应当同常住居民一样分享城市提供的公共服务。作为城市人口的管理者，必须主动关心流动人口的生活状况、帮助他们解决生活困难、尽最大可能丰富他们的城市生活、促进其与常住人口之间的交流互动、增强其对所在城市的认同感和归属感。4. 完善相关法律法规。建设法治型国家，要求城市社会管理者在进行社会管理的过程中，要一切以法律法规的要求来进行。流动人口管理之所以成为城市人口管理工作的重点和难点，关键在于相关法律法规不完善、不明确，无论是现行宪法还是各地的地方性法规，均未对我国公民的迁徙自由权予以恢复和保障，法律层面上的模糊不清直接导致在现实操作层面上，流动人口管理工作错漏百出、局面混乱，不仅影响和损害了我国流动人口的应有权益，而且也阻碍了社会公平正义、安定团结、平稳发展局面的形成。

二 城市社区管理

城市社区管理是指以提高城市社区居民生活水准和幸福指数、推动社区经济和社会平衡发展为目的，在区级政府、街道、居委会、社区组织和社区成员的通力合作下，合理而充分地利用社区资源，对社区范围内的政治、经济、文化、社会等事务进行综合治理和协调发展的过程。在国外，城市社区管理主要表现为以下三种形式：第一种是自治型社区管理，社区内的一切事务由社区组织负责和处理，政府只是在宏观层面上予以指导和帮助；第二种是政府主导型社区管理，政府成立专门部门，领导和负责处理社区内部一切事务，社区居民只负责执行；第三种是混合型社区管理，也即结合前两种社区管理模式，由政府部门和社区相互合作，共同组建社区管理机构来统一处理社区事务。

城市社区管理工作的主要内容有：为社区居民提供更好的公共服务；完成上级行政部门分派的行政性事务；做好社区公共卫生管理工作、美化社区环境；化解社区居民间的矛盾和摩擦，维护社区的安定团结；开展各种丰富社区居民精神文化生活的活动，推进社区文明治理工作。社区居民自治是城市社区管理中的重要内容，在城市社区管理和社区自治进一步发展过程中，社区居民进行自我管理的自治行为，逐渐形成以下两种趋势：一种是社区居委会领导下的社区居民自治行为；一种是业主委员会领导下的社区居民自治行为。

三 城市社会保障

城市社会治理创新的重要内容就是城市社会保障创新，就目前而言，全世界的社会保障模式主要有以下三种类型：第一种是以北欧诸国、英国和英联邦成员国最为代表的"国家福利型"社会保障模式。在这种模式下，国家以其公共支出作为社会保障资金的来源，向全体公民提供普遍而平等的社会保障待遇，公民无须缴费便可享受这种保障待遇；第二种是以美国、德国最为代表的"社会共济性"的社会保障模式。在这种模式中，企业与劳动者个人以其自身财力作为社会保障资金的来源。他们享受社会保障的前提是必须进行缴费。而政府只是在法律层面上对相关投保行为进行规范、调控和监督，或者仅仅象征性地对企业或个人的投保提供很少的财政补贴；第三种是以新加坡、马来西亚、印度尼西亚等东南亚一些国家为代表的"个人储蓄型"的社会保障模式。也即采用公积金制度模式，以个人储蓄作为社会保障资金的主要来源，所谓公积金制度是指，企业和企业职工按照法律规定的比例缴纳公积金，将本金和应得利息一并存入公积金会员的专项账户，以公积金账户里的资金作为其社会保障资金的来源。在这种模式下，政府并不承担社会保障资金，而只是在宏观层面上进行立法、监管和调节。

我国仍处在并将长期处于社会主义初级阶段的基本国情，决定了我国的经济发展水平和经济实力还是有限的，因而我国不可能像英国、英联邦成员国以及北欧诸国那样采取"国家福利型"的社会保障模式，而应当从我国的实际国情出发，采用结合当前治理实际而又兼具中国特色的治理模式。在当前和今后一段时间内，我们应当继续坚持社会统筹和社会保障相结合的治理模式，拓宽社会保障制度的覆盖范围，进一步健全和完善与社会保障制度相关的法律法规，进一步扩展社保资金来源的渠道，切实提高相关管理人员的管理素质和服务水平，加大对社保基金的监管力度，确保投保者的合法权益得到切实而有效的保护。

(一) 城市社会保险制度

城市社会保险制度是指劳动者按照法律的规定，向国家有关部门缴纳一定的费用，从而可以在其生育、失业、患病、工伤、年老等特殊情况下，从国家、社会或有关部门获得帮助和补偿的一种有偿保障制度，在这种制度下，劳动者的权利和义务是对等的。

城市社会保险制度又具体细分为生育保险制度、失业保险制度、医疗保险制度、工伤保险制度、养老保险制度五项内容。养老保险制度的服务对象是企业职工、国家公务人员、城市自由职业者以及从事其他职业的群体。基本养老保险是一种强制性保险制度，是城镇所有企业和职工必须履行的义务，因而基本养老保险的覆盖面十分广，当前我国实行社会统筹与个人账户相结合的基本养老保险模式。医疗保险制度主要是指公务员医疗补助制度、城镇职工基本医疗保险制度以及大额医疗费用互助制度，此外，经济较好的企业还为企业职工建立了企业补充医疗保险制度。所谓失业保险制度，主要是指失业困难补助、专业培训补助以及失业津贴等。随着我国社会经济的飞速发展，国家综合实力的进一步提升，失业保险的覆盖范围和保障对象都在不断扩大和增加。工伤保险的缴费主体是企业而非职工个人。工伤保险的缴费金额是根据费率以及企业浮动费率来计算的，具体计算方法是，根据不同行业发生工伤事故的概率以及职业本身的危害程度计算出不同行业的费率，在此基础上，根据某一企业上一年度工伤事故发生情况和工伤保险基金支出情况来确定该企业本年度应当缴纳工伤保险的费率标准。生育保险缴纳的主体也是企业而非职工个人，主要包括报销职工因生育而发生的医疗费用以及在职工产假期间按月发放生育津贴等，我国《企业职工生育保险试行办法》对生育保险制度的相关内容进行了明确规定。

（二）城市社会互助制度

"一方有难，八方支援"是中华民族的传统美德，城市社会互助制度就是将这种邻里互助的传统美德上升到法律层面，形成制度规范，鼓励政府、机关团体、企事业单位依法有序地通过开展各种形式的帮扶活动，为贫困户提供帮助和服务，帮助他们早日脱贫致富。

（三）城市灾害救助制度

由于地理环境等因素，我国境内自然灾害发生的概率和频率都比较大，给人民的生产和生活都带来了严重的影响。为了应对自然灾害、保障人民的基本生活，我国出台了《中华人民共和国传染病防治法》《中华人民共和国防洪法》《突发公共卫生事件应急条例》等法律法规，建立了专门针对自然灾害预防和处理的城市灾害救助制度，最大限度地降低了灾害对城市人民造成的影响。

（四）城市最低生活保障制度

城市最低生活保障制度是由只针对城市贫困居民的社会救济制度发展而来，1993年改革之后，扩大了社会救助的范围，尝试建立起旨在保障城市所有居民最基本生活的城市最低生活保障制度。我国城市最低生活保障是指由地方人民政府的财政提供资金支持，通过受助人自己申请、经过相关部门的调查核实，针对家庭人均收入在维持城市居民基本生活所必需的费用标准之下的居民，发放家庭人均收入与最低生活保障标准的差额部分作为救助的城市社会保障制度。

（五）城市优抚安置制度

城市优抚安置制度是一种对特殊社会群体给予褒扬或定期定量进行

补偿的社会保障制度,这些特殊群体包括对国家和社会有功劳的牺牲军人家属、革命伤残军人、老复员军人等,优抚安置措施主要包括:定期定量提供生活补助、发放优待金、医疗费用减免、一次性就业安置或一次性经济补助等。国家陆续颁布的《革命烈士褒扬条例》《军人优抚优待条例》和《城市退役士兵安置条例》等法规对优抚安置对象的相关权益进行了明确规定和保障。

（六）城市社会福利制度

我国城市社会福利制度是指按照《中华人民共和国老年人权益保障法》《中华人民共和国残疾人保障法》等相关法律法规的规定,由政府出资,通过集中供养的形式对孤寡老人、残疾人、孤儿等城市特殊困难群体的生活提供帮助的社会保障制度。集中供养主要有两种形式,一种是政府自己出资兴办诸如社会福利院、儿童福利院、敬老院、疗养院等福利机构来对他们的生活提供保障;另一种是政府以多种形式的优惠政策吸引企业投资,兴办社会福利企业,为有能力从事劳动的残疾人员提供更多的就业机会,从而帮助其自食其力,维持自身基本生活需求。

第五节　现代城市社会治理创新的法律体系

"依法治国,建设社会主义法治国家"是党和国家的基本治国方略和奋斗目标,创新城市社会治理也必须在宪法和相关法律法规的框架下进行。然而,与经济领域内法律条文种类繁多、数量庞大的情形相反,社会领域的立法在数量和质量上都显得严重不足,城市社会管理领域的立法就更加缺乏。这种法律层面上的立法缺失或滞后的情形,不但不能满足城市居民日益增长的对社会管理和服务的高标准需求,而且也严重阻碍了我国城市社会的进一步发展,因而建立健全现代社会治理法律体系迫在眉睫。

一　宪法与迁徙自由权

迁徙自由权是现代文明社会的一项基本权利,也是作为现代公民应当享有的一项基本宪法自由权利。1954 年,我国颁布实施的第一部宪法中规定公民享有"迁徙和居住的自由",然而,1975 年宪法正式取消了有关迁徙自由的规定,此后一直没有恢复。放眼世界,当今许多国家在法律层面都对公民迁徙和居住的自由权利予以明确规定,其中美国、日本、意大利、瑞典、德国等国家都将公民的迁徙自由权写入宪法,此外由联合国编制的《公民权利和政治权利国际公约》也将迁徙自由权作为其确认和保护的基本人权之一。随着我国社会经济的进一步发展、公民民主权利意识的进一步提高以及社会管理需求的多元化,恢复1954年宪法中规定的公民依法享有迁徙自由权,具有极其深远的价值和作用。

所谓迁徙自由权,是指根据宪法和相关法律法规的规定,公民依法享有的、基于自身意愿而随时自由地离开原居住地到居住地之外的地方旅行或定居的权利和自由。根据迁徙范围的不同,迁徙自由权具有广义和狭义之分,广义的迁徙自由权是指,公民可以依法在国内或国际间任意旅行或定居,而狭义的迁徙自由权仅指公民在其国籍所在国之内享有的任意旅游和定居的权利。[1]

迁徙自由权主要包括人身自由、政治性权利、就业权等内容,由于其涉及范围广、内容庞杂、性质复杂,目前学术界在其性质归属上并未达成共识,代表观点如下:第一种观点是以朱福慧和李步云教授为主要代表,将迁徙自由划归为人身自由的范畴,认为迁徙自由权是人身自由不可分割、不可或缺的一部分,是公民的基本人权,禁止一切非法干预迁徙自由全的行为[2];第二种观点是以许崇德教授为主要代表,将迁徙自由划归为经济权利的范畴,认为迁徙自由权是为了自由交换和自由贸易的经济自由而产生的衍生权利[3];第三种观点是以刘武俊教授为主要代表,将迁徙自由划归为政治的范畴,认为迁徙自由权是公民权利和政治权利的一种表现形式[4];第四种观点是将迁徙自由划归为综合性的权利,认为迁徙自由权兼具人身自由权和社会经济权的特性[5]。在这里,本书将迁徙自由权归为综合性权利的范畴,兼具人身自由权和社会经济权的特性,二者不可分割、不可替代。因而从法律上保障公民的迁徙自由权,

---

[1] 朱福惠:《论迁徙自由》,《四川师范大学学报》(社会科学版)2001年第2期。
[2] 同上。
[3] 许崇德:《宪法学(外国部分)》,高等教育出版社2000年版,第245—277页。
[4] 刘武俊:《迁徙,是用脚投票》,《宪法行政法学》1999年第6期。
[5] 杜承铭:《论迁徙自由权》,《武汉大学学报》(社会科学版)2001年第4期。

既是对公民人身自由权的合法保护，又是对其相应的经济自由权的保障。

我国现行法律还未对迁徙自由权予以明确规定，因而建立健全以保障迁徙自由权为主要内容的法律体系，具有重要意义。建立健全迁徙自由权的法律体系、实现和保障公民的迁徙自由权，必须首先从国家宪法上恢复对自由迁徙权利的保护，其次要充分借鉴西方先进国家的相关法规进行制度设计，最后结合我国社会治理的实际情况，并附之以配套的法规体系。

二　社会监管法律体系

全能型政府的治理模式下，政府的权力得到前所未有的膨胀，权力腐败和滥用现象屡禁不止。虽然我国宪法和相关法律都对政府权力监督予以明确规定，即政府权力应受到宪法和相关法律的监督、内部分权的约束、上级领导部门的监督以及专门国家机关的监督，然而在实践中，由于缺乏相应配套的监管机制，这些上位的法律规定往往易流于形式，没有充分发挥应有的作用。所以，为了抑制权力腐败和滥用，有必要创新社会治理模式，建立健全社会监管法律体系。所谓建立健全社会监管法律体系，就是要在原有的监管体系中加入人民群众和社会组织这些新鲜力量，以人民满意度作为衡量创新社会治理成果的重要指标，充分调动和发挥人民群众的创造性、积极性和民主性，确保社会治理在"阳光下"健康、高效、和谐、有序地发展。

三　社会立法法律体系

社会立法是指以维护社会群体的合法权益为主要内容，以行政干预为手段，以解决社会性问题为主要目的、兼具公法和私法特性的新型法律门类和法律学科。社会立法对于维护社会的公平正义、促进社会的健康发展具有重要作用。

当前，我国的社会立法无论在数量上还是在质量上，都与经济立法相去甚远，这是我国在长期的社会实践中，坚持把经济发展作为衡量社会进步的最重要指标的错误导向在立法领域的映射。经济立法固然重要，然而社会立法也不容忽视。现阶段各类社会矛盾此起彼伏，社会问题日益复杂，人民对社会管理和服务的要求越来越高，这一切都迫切要求我们首先在立法领域加快相关社会法的出台。虽然，我国已经出台了包括《环境保护法》《公益事业捐赠法》《未成年人保护法》等社会法，但距离当今现实情况对社会法的需求还有较大差距，今后我们应当加大在社会福利、社会救助等社会保障领域的立法力度。

建立健全社会立法必须遵循以下两个基本原则：一是要坚持公平正义原则。公平正义是社会进步的一种价值取向，而社会法则是社会管理过程据以行动的准则，坚持社会立法中的公平正义，就是要重点保护弱势群体、弱势力量的权益。二是要坚持以人为本的原则。人民群众是社会立法的主体和保护对象，因而在社会立法过程中必须时时刻刻以保护人民群众的利益、最大限度地为人民群众提供服务、增加人民的幸福感为出发点和立足点。

四 有关社会治理创新协调机制法律体系

创新城市社会治理不仅仅要求将城市治理的自治权力从传统的行政部门分离出来，更加要求各个城市治理主体之间要打破传统体制下条块分割、信息不畅、资源分配不均、地方保护主义思想严重、各地内耗严重的格局，逐渐开创资源共享、协调创新、合作共赢的新型治理局面。建立健全统一的社会治理创新机制有助于这种局面的开创，有助于实现治理资源的优化配置，有助于城市的繁荣和发展，避免由于各地内部纷争而带来的资源浪费、恶性竞争、市场分割、治理效率低下等问题。

建立健全社会治理创新协调机制，有利于整合各个城市之间的治理资源、汇集各个城市民众的集体智慧，对于单个城市出现的比较棘手的社会问题，通过群策群力、信息共享、互通有无、及时反应、迅速决策，将问题解决于萌芽状态，从而避免社会矛盾的激化、升级。另外，建立健全社会治理创新协调机制，还有利于治理主体以最佳的方式应对城市社会治理过程中出现的突发问题，提高城市社会治理主体的应急能力和应急水平，确保城市社会生活的安定有序。

五 社区管理与居民自治法律体系

城市社区管理和建设的重要载体就是社区居民委员会，社区居委会应该是由社区全体居民或其代表选举产生的进行自我管理、自我教育、自我服务的群众性自治组织。然而，从现行的《中华人民共和国居委会组织法》的相关规定可以看出，社区居民委员会在其角色定位上带有浓重的行政色彩，而其作为居民参与城市社会管理的自治性组织的功能地位比较弱化，这既违背了基本法律的规定，又使城市居民自治名存实亡，削弱了城市居民作为治理主体应当发挥的自治作用。

在"大政府小社会"的传统社会管理模式下，政府被看作是全能的，大包大揽地处理社会生活中的一切事务，而公众的自治权利没有受到应有的保护和施展。随着社会生活的多元化发展，旧有的政府"单一制"的管理体制和管理方式已经不能适应错综复杂的社会问题，推行社区居民自治正当其时。

为了更好地推行社区居民自治制度、发挥群众的自治能力，必须要先做好以下两个方面的工作：第一是建立健全社区自治的立法体制，充分保障社区居民在社区治理工作中的参与权和表达权。通过立法的形式，明确区分政府与社区之间的关系、职责和功能，确立社区居民参与社区自治的方式方法、内容和程序，确保社区居民的自治行为在法治化轨道上进行。第二是建立健全社区居委会监督机制，从法律层面赋予社区居民委员会及其他社会自治组织监督政府行为的权力，充分调动和发挥社会自治组织的强大力量，防止腐败行为的发生，进一步保障社区居民的合法权益。

第二章

三峡流域城市管理执法法治化研究

在党的十八大报告中，胡锦涛同志明确指出，"加强社会建设是社会和谐稳定的重要保证。必须从维护最广大人民根本利益的高度，加快健全基本公共服务体系，加强和创新社会管理，推动社会主义和谐社会建设。"[1] 城市管理执法作为现代城市社会治理体系中的重要一环，面对的是错综复杂的工作环境，针对的是民生民计的工作内容。可以说，将城市管理执法工作做好，关系到城市建设与发展成败的根本。与此同时，在当前中国特色社会主义法治国家建设要求之下，城市管理执法法治化工作必然成为党和政府以及社会关注的热点和焦点。近几年来，随着三峡流域各个城市市容市貌的改善、市民生活水平的提高以及美好家园的日益形成，越发体现三峡流域城市管理法治化建设在规范化、科学化和精细化的要求之下，取得了较为显著的进步和发展。因此，深入领会十八届四中全会提出的"全面推进依法治国，加快建设社会主义法治国家"重要精神，积极研究三峡流域城市管理执法法治化，从执法机制、标准、考核和监察等方面进行成效彰显、问题反思和对策建议，是新形势下全面推进三峡流域城市社会经济文化健康发展的重要课题。[2]

---

[1] 参见《坚定不移沿着中国特色社会主义道路前进 为全面建成小康社会而奋斗——在中国共产党第十八次全国代表大会上的报告》，http：//www.xj.xinhuanet.com/2012－11/19/c_113722546.htm。最后访问时间：2015年8月1日。

[2] 本章所借鉴的文件、数据、图表和指标均来源于湖北省人文社科重点研究基地、三峡大学区域社会管理创新与发展研究中心"三峡流域城市社会治理研究"2014—2015年课题调研。

第一节　三峡流域城市管理执法机制法治化

目前，三峡流域城市管理执法工作已经形成了"两级政府、三级管理、四级网络"的城区城市管理体系，在市容环境卫生、城市公共设施建设和公共服务等领域起着重要的作用。在深化改革、全面推进社会治理创新的任务要求之下，三峡流域各个城市也在积极进行城市管理执法机制创新，用以推动城市管理工作向更高水平更高标准前进，最终实现城乡发展一体化和新型城镇化的发展目标。

一　城市管理执法机制的概述

美国现代哲学家路易斯·芒福德说过："城市是一种特殊的构造，这种构造致密而紧凑，专门用来流传人类文明的成果。"[①] 而西方诸多文字中的"文明"一词，都源自拉丁文的"Civitas"（意为"城市"），这绝非偶然。因此，城市具有兼收并蓄、包罗万象、不断更新的特性，它促进了人类社会秩序的自我完善。自2010年上海世博会以来，城市管理日益上升到关系到广大群众切身利益和幸福的法治保障层面来解读来思考。同时，伴随着城市化进程的不断加快，提高城市管理水平的要求也愈显迫切。这就体现了城市管理行政执法的积极作用，一方面，有效地治理整顿城市市容市貌秩序；另一方面，在其完善和发展过程中，不仅使严格执法、执政为民具有可能，还对居民利益保障以及社会长治久安起到不容小觑的作用。

在老百姓的眼中，城市管理往往代表着"不随地吐痰""禁止乱写乱画""流动摊贩的治理"等内容。而实质上，城市管理却有广义和狭义之分。狭义的城市管理即"小城管"，亦称市政公共管理，主要是指城市政府对城市辖区内公共事业和公共事务规划和建设的控制、指导，其中涉及城市规划管理、城市基础设施管理、城市环境和卫生管理、城市治安和公共秩序管理、城市市容市貌管理以及城市绿化管理等诸多方面。而

[①] 刘春成：《城市的崛起——城市系统学与中国城市化》，中央文献出版社2012年版，第390页。

广义的城市管理除了狭义的城市管理内容之外，还从宏观领域对城市政治、经济、文化等事务进行管理，例如科学有效控制指导城市经济活动、计划控制城市人口增长、指导管理城市精神文明建设以及指导管理城市科技文化艺术活动等方面。

目前，我国的城市管理学逐渐将城市管理以"大城管"为主要研究方向，强调"大城管"下的城市管理，作为其研究的热点。但必须警惕的一点是，"大城管"毕竟还只是一种理念，属于城市社会治理创新的范畴，其实效性、科学性还有待检验。另外，还应注意的是，"大城管"下的城市管理必须是在"小城管"城市管理体制成熟完备之后，才可能进行的城市管理创新，否则只可能是空中楼阁似的城市管理模式。然而国内学术界城市管理研究的视角总是喜欢从大城管方面进行所谓创新性探索，这其实是一个并不合适的探索路径。因为大城管并不典型，相反典型的或在我国绝大多数城镇中所存在的是一直诟病的小城管。仅仅用战略上的创新就能解决城市管理一直存在的问题，这无疑是比较肤浅的理解。所以，直接将城市管理定位在小城管层面来分析其相关问题，这样更显针对性和现实性。

以宜昌市为例，宜昌城区城管执法最早可追溯到1979年，正式有城管执法队伍始于1986年，至今历经27年，大致分为三个主要阶段：第一阶段，即组建阶段（1986年至2006年）。宜昌市开展城市管理执法工作最早开始于1979年，为适应城市规划建设发展需要，由当时宜昌市城乡建设环境保护委员会设专职人员对城市建设中的违章违法行为开展监督、查处工作。1986年4月，宜昌市正式组建宜昌市城市管理监察大队，隶属市建委，其主要职责是：负责城市规划、市政工程、公用事业、园林绿化、市容环境卫生、建筑施工的监督、检查、管理。在这一时期，宜昌城市管理执法主要解决的是城管执法从无到有以及机构如何组建等基本问题。1996年2—4月，宜昌市西陵区、伍家岗区、猇亭区、点军区相继成立区级城管监察中队。1997年7月，宜昌市城市管理监察大队更名为宜昌市城市管理监察支队，实行综合执法、专业执法、区域执法相结合的方式，各区中队保持原有的管理关系和业务范围不变。市支队下设三个专业大队，专业大队在行政上受支队领导，业务上分别隶属市建委、市规划局、市房管局、市公用事业局、市园林局、市峡口风景区管理局领导。2001年，宜昌成立城市管理局，监察支队划归城市管理局管理。第二阶段，即第一次体制改革阶段（2006年至2013年3月）。2006年，宜昌市委市政府出台《关于加强城市管理若干问题的意见》。通过贯彻落实其主要精神，形成了"两级政府、三级管理、四级网络"的城区城市管理体系，城市管理局加挂城市管理行政执法局、园林绿化管理局牌子。将原来的各区中队和专业中队整体收编，统一纳入市城管局城监支队统一管理，在西陵区、伍家岗区、点军区、猇亭区设立了城管执法分局并组建区域城管监察大队。大队党组织关系在各区，中队建在街办，城管执法分局、城管监察大队接受市区双重垂直领导，构建了"一个主体、一支队伍、权力集中、重心下移"的城管执法模式。同年，经湖北省政府批复，宜昌开展相对集中的行政处罚权工作，将环境保护管理、工商行政管理、公安交通管理方面法律法规规章规定的部分行政处罚权和行政强制权集中到城管执法部门行使。第三阶段，即第二次执法体制改革阶段（2013年3月至今）。2013年3月，根据市委市政府《关于创新城区建设管理体制机制的意见》，宜昌市积极改革城市管理执法体制，按照"市级宏观统筹、区级具体实施"的思路，强化区及政府的主体地位和作用，建立"市管全局、区管具体"运转高效的城管执法体制和运行机制。保留市城市管理监察支队和下设的督察大队，将原有的西陵、伍家岗、点军、猇亭4个大队及督察大队的3个专业中队按区域移交给区政府管理。

现阶段，城市管理执法机制仍属研究和探索的阶段，而目前管理城市较为成熟的机制主要包括联动执法机制、公众参与机制以及绩效考核机制等。

二　三峡流域城市管理执法机制法治化的现状

（一）提高城市管理格局，创新现代城市管理联动执法机制

宜昌城管经过了上述历史的沉淀和发展的探索，逐步将城管工作紧紧围绕服务大城建设，以"一流的精神状态、一流的工作标准、一流的工作作风、一流的工作成效"，认真落实全省城管工作重大部署，推进现代城市管理，打造美丽宜昌，统筹城乡一体，增强发展能量，宜昌在全国文明城市公共文明程度测评中争先进位，保障了宜昌现代化特大城市

建设实现良好开局。2011年，宜昌市城市管理执法积极推行执法重心下移，采取多部门城市管理联合执法，共治城市发展中常见的疑难问题。在违法建筑的防控与拆除方面，宜昌市城管部门支持配合各区细化防违控违工作目标、管理要求和奖惩措施，建立了市区查违控违联动机制，组织开展了对执法分局和执法大队的各项考核，在城市环境"百日整治"期间共进行集中拆违行动29次，拆除面积超过四万平方米，有效遏制滨江生态新区、宜昌高新区各园区和市重点工程项目施工区的违建势头。同时，在市政府"百日整治"行动中，发布了关于加强中心城区城市道路停车秩序管理的通告，出台了《市容环境综合整治方案》，建立文明城市创建保证金制度，明确了区级政府城市管理职能职责，充分发挥了各区、街办和社区在城市环境维护中的主导作用。按照疏堵结合的原则，联合各区政府，制订实施临时市场规划及实施方案，文明创建期间在中心城区安排了临时市场8个，调整原有市场9个，全年安置小摊贩近200家，增加就业200余人，探索开辟伍临路夜市、广场路困难群众"跳蚤市场"和环城东路夜市。开展市容环境示范社区评选活动，二马路等10个社区成为宜昌首批市容环境示范社区。制订落实不同类别的市容环境保障方案，重大活动市区联动启动环境卫生、市容秩序等保障工作，成功保障了三十余次全省全市重要会议和活动期间市容环境。

而荆州市城市管理工作则是将城管执法联动机制进行进一步创新，2011年全面建立城管快速反应联动机制。荆州市城市管理执法工作以合理、快速、高效地处置好市民和政府部门的紧密联系为突破口，组织城管、治安、交管、交通、园林五个职能部门建立了城管快速反应联动机制，并与行风热线、市长热线、e线民生、荆州新闻网、城管微博等进行对接，组织专人专班，实行专管专责，利用电子政务平台和网络，及时发现和处置城市环卫、绿化、市容管理、交通秩序、渣土运输等涉及民生民利的各种问题。仅2011年下半年，通过城管快速联动机制，就受理各种投诉和咨询1760多起。对其中1516起问题投诉或咨询进行了圆满的解决或回复。对120多起投诉已转相关部门调查处理。对14起投诉进行了全面耐心细致的解答。城管快速反应联动机制的建立，不仅较好地解决了社会和群众的需求，也成为政府和群众之间连接沟通的桥梁。2013年，荆州市城管执法工作更是在对部门"明权""晰责"的前提下，建立了"市长主抓、区长负责、部门牵头、城管协助、街办配合、公安保障、媒体跟进"的联动机制。结合开展"清洁家园"活动,市爱卫办、文明办、"四城同创"办、城管办四个部门联手,组成四个工作专班,落实工作任务,组织万名干部"周六洁城"活动;结合城市环境整治,公安、交警、城管、建管、运管、街办、社区等10多个部门齐参战,成立了"拆迁控违""渣土整治""禁鞭限鞭"等8个工作专班;结合城市管理项目的实施,荆州区、沙市区、开发区、城投公司、电力电信、网信等20多个部门齐上阵,全力推进"亮化""洗脸""线网入地""城乡生活垃圾处理一体化"等项目实施;结合工作的落实,建立了"纪委坐镇抓拆迁""宣传部门抓引导""组织部门抓绩考""人大政协抓督办"等联动机制。

(二)以人为本,建立城市管理执法公众参与机制

人民城市人民管,只有依靠群众,组织群众参与,城市管理才能达到事半功倍的效果。荆州城管执法工作长期以来一直强调走群众路线,不仅开展了市民体验城管、市民荆州行等活动,而且通过各种形式组织群众参与管理工作,如城管志愿者、城管服务岗、城管劝导员等。为使广大市民了解支持城管工作,更自觉主动地投入城管工作之中。2011年下半年,荆州城管组织开展了"万名市民洁荆州""万名市民游荆州"系列活动,每天组织80名市民到社区参加卫生劳动,80名市民到公园、社区、街道、文化古迹游览参观。全市近半年有4900多人参加了洁荆州活动,5700多人参加了游荆州活动,并且每天有2300多人活跃在城管第一线,被誉为编外清洁工。与此同时,荆州城管还十分注重发挥广大市民的主动性、积极性和创造性,推动城市管理由政府为中心向市民为中心转变。一是强化舆论导向。充分利用报纸、电台、电视和网络等媒体,开辟"城管行动""城管在行动""城管行动进行时""城管快报"等栏目,多角度、全方位、深层次、高密度地跟踪报道城市管理工作动态,宣传正面典型,曝光不文明行为。二是开展城管互动。借助"城管微博""e线民生""市长热线""行风热线""市长信箱"等平台,开展城管与市民对话、沟通,实现了良性互动。其中,"城管微博"就有固定网民800多名,这些固定网民给荆州城管当参谋、提建议,反映市民的各种需求和诉求,成为真正的"城管微博客"。三是打造全民城管。组织居民建

立"社区卫生监督岗""门栋卫生岗""志愿者服务队""老姨妈文明劝导队",每天都有 90 多个社区服务队伍活跃在街头巷尾。组织学校开展"小手拉大手""小小文明劝导员"活动,建立"红领巾"和大学生交通秩序维护岗,每周轮流组织上街维护交通秩序,劝导市民文明出行。

宜昌城管执法工作也非常注意建立健全公众参与机制。2012 年,宜昌城管机关积极引导群众参与各类活动。组织开展"干干净净迎新年"和"万人洁城绿城"活动,建立周末环境卫生日和举报违法建设行为奖励制度,评选最美社区和市容环境示范社区,推行市容环卫责任区制度,群众参与城市管理积极性和主动性明显增强,先后 2 万余人次群众参与城市环境治理,清理卫生死角 3600 余处。通过新闻媒体、政务公开、聘请 100 名义务监督员等方式,把城市管理置于社会监督下,确保了工作健康开展。认真办理人大建议、政协提案、社情民意、市长信箱、网上投诉,办结率达到 100%。

(三)奖惩分明,绩效管理

城市管理,只有责任明确,考核到位,奖惩兑现才能激励各部门形成合力,才能达到共建共管的目的。2011 年,宜昌市政府出台了《宜昌市城市管理作业综合质量考核办法》,成立考核中心,对全市各级城管部门实施作业质量考核,将日常作业考核成绩与市对区目标管理责任书中单设 10 分的城市管理考核分值挂钩、与年底县市城市管理工作排名挂钩,做到公开考核、公平竞争。强化对县市城市管理工作的指导考核,与直属单位及县(市)区三级城管部门签订《城市管理工作目标责任书》,以《城市环境综合整治考评办法》为基础,制定了《宜昌市城市综合管理考评办法(试行)》,组建了综合质量考核中心,全市城市管理基本形成了年度责任目标考核、综合作业质量考核、城市管理考核评比三个不同任务的考核体系,实现了管理主体明晰化、目标责任具体化、工作指标定量化,大幅提升城管部门执行力。通过每月开展城市管理综合质量考核排名,组织媒体记者和志愿者参加城市管理作业质量模拟检查,定期公布排名得分,通过常态化巡查监督城市管理工作,定期回复群众投诉办理情况,把城市管理工作及奖惩置于阳光下。通过明确社区网格管理员、城市管理监督指挥中心、各处置中心三个环节的职能职责,建立了包括信息收集、案件建立、任务派遣、任务处理、处理反馈、核查结案和考核评价 7 个环节的业务流程。通过将专政、环卫、绿化、城管执法四大行业的巡查职能集中到城监支队督察大队行使,为巡查员配发专用自行车,统一着装,配备社区 E 通,结合网格划分加载相应软件模块,对接城市管理综合信息平台,实现了城管问题实时上报。2011 年,宜昌城管在绩效考核制度初步建立的情况下,先后完成了与公安视频监控系统以及网格管理员的工作对接,全年共收集社区网格管理员上报案件 1434 件,办结 1277 件,办结率 89.05%,取得了城市管理问题举报在网格,解决在初始萌芽状态的良好效果。全年综治维稳工作成效显著,办结群众来信来访 223 件、人大建议及政协提案 41 件,办结率、满意率均达 100%,推动了城市管理工作长效监督考核机制建设。2013 年,宜昌城管重建考评体系,再造方式方法,强化结果运用,提升城管工作考评水平。涵盖市、县市区、部分街办(乡镇)的城管工作层级考评格局基本形成,"即时考核、专项考核、综合考核"相结合的城区城管工作考评体系基本建立。引入人大代表、政协委员、新闻记者、群众代表,积极推行第三方考评,并首次设立 1400 万元的城区城管工作考评资金,建立城管与媒体联动机制,考评结果通过报纸、电视、网站对外公布。

同样在 2011 年,荆州市住建委、城管局、交通局、交管局、市政园林局和荆州区、沙市区、荆州开发区等部门经过反复酝酿,多次论证,起草了《荆州市长效管理考核评比办法》(以下简称《办法》)和《标准》,《办法》将城区市容、道路、环境卫生、绿化、车辆停放秩序、散流体物质运输等管理内容全部纳入考评奖惩内容。2012 年,《荆州市长效管理考核评比办法》和《标准》正式颁布实施。荆州市城市管理执法绩效考核机制主要是在具体办法上采取暗查、明检、月评的方法进行百分制计分,依据考评分数的高低,逐月对排名前 3 名进行重奖,排名后 2 名进行重罚;根据不同的管理内容、管理等级和管理规范,逐项细化,逐条考核;建立考评监督机制,建立每月排名媒体发布制度,市领导定期检查制度,市委、市政府督查制度和"两代表一委员"监督制度。

三 三峡流域城市管理执法机制法治化存在的问题

城市管理出现的相关问题,从现象上看,是管理工作力度不够造成的，城市管理的各个环节都还有改进的地方，但从大范围看，比较普遍和集中的是管理体制问题。城市管理体制机制跟不上城市发展的形势，城市管理的方式方法滞后于现代城市的管理需求。近年来，特别是成立城市管理局后，三峡流域城市管理打开了新的局面，各项工作迈上了新的台阶，但是受机制影响，城市管理也还存在一些问题。

（一）城市管理执法机制总体不够完善

1. 公众参与机制有待加强

公众参与城市管理等公共管理事务的程度，是现代城市社会文明程度、健全水平和活力效率的综合反映。近年来，公众参与已得到越来越多的人的接受与支持，形成了前所未有的全新格局，但纵观三峡流域城市管理执法公众参与机制的实行，发现其存在总体水平较低，层次较低，广度和深度不够，与城市管理的发展、构建和谐社会的客观需要不相适应等问题。

第一，传统城市管理理念的束缚依然严重。城市管理最终决策权并不在公众，而依然集中在行政主管部门手中。因此，公众参与过程有时往往流于形式，管理的过程中出现对"大""空""虚"政绩形式的追求，而公众也并未有主动参与的趋势，如此一来难以真正发挥公众参与的应用效果。

第二，公众参与意识依然比较薄弱。目前，真正出于自主意识自愿参与的公众参与行为比较少，具有随大流的从众性。实践中，相当一部分市民的公众参与意识仍然比较薄弱，"与我无关"的思想认识根深蒂固，缺乏参与的责任感，不能认识到自身的城市管理主体地位。同时，公众参与的内容缺乏深度和广度，导致参与效果十分有限。

第三，公众参与的制度保障体系尚未建立。城市管理领域的公众参与制度化渠道不够畅通，随意性较强，尤其是缺乏可操作的程序规范。中央关于城市管理执法公众参与机制的相关精神为公众参与提供了根本保证，但关于规划参与行为、畅通参与渠道、保证参与实施的制度却不够健全，致使许多公众参与以非制度化的形式出现，缺乏有效的组织管理。

第四，社会舆论导向尚未形成，公众参与缺乏引导。舆论的负面性相当大程度地制约了公众参与的认知性和成熟度。据目前部分研究调查表明，2006年1月至2008年3月，全国媒体对城管执法问题的报道以消极、偏消极为主的约占百分之六十，属于媒体曝光频发的部门之一，城管执法形象有待进一步提升。正面报道较少，特别是引导群众参与城市管理的相关报道更是少之又少，这一点在三峡流域城市管理网络宣传报道中也有所体现。

2. 奖惩机制不够成熟

近几年，三峡流域城管工作考评方式可行性力度薄弱，而市容、规划、市政设施执法以及队容风纪工作并未作出具体考评项目，屏蔽"各区上缴、财政补贴"等方式。并未设置合理的考评奖惩资金。虽然每月依据考评排名结果，实施经济奖罚，但结果也未通过报纸、电视、电台、网站等媒介向社会公布。

(二) 城市管理规划执法不足

1. 专业规划滞后

调研中发现，三峡流域很多城市的城市管理规划仍然比较滞后。其具体表现为：一是专业规划编制滞后。很多县城新的规划只有大纲，还谈不上形成绿地系统、环境卫生、专业市场、交通组织系统等专业规划，而省级卫生城市评比标准中明确规定应有省建设厅备案的环境卫生专业规划。二是修建性专业规划滞后。环卫、给排水、供气、绿化、排污、电力、通信等都是采取"边设计边建设"的办法进行，根本谈不上建设性规划。三是专业规划管理滞后。在城市建设中，绿化建设许可、排水设施使用许可、建筑垃圾处理审核、环卫设施建设核准等工作均未开展，致使不少单位不仅违规，而且贻害自身。在城市管理工作中，市民反映最多的就是城区道路反复"开膛破肚"，今天埋设天然气管道就开几条口子，明天走通信光缆又挖几个大坑，频繁地修修补补，影响了市民正常生活。

2. 综合执法上位法缺失

纵观三峡流域城市管理执法依据，多为城市管理执法某一领域的地方性法规或关于城管执法地方规范性文件，并没有整体性宏观层面的城市管理执法地方性法规，用以明确城市管理执法具体范围，使得各个地方各自为政，城管执法在各自行政区域内名其美曰"7+X"执法模式。这种模式虽然体现了各地方的执法特色，但也极易形成执法混乱、执法地方保护等问题。具体表现为：第一，三峡流域城管执法缺乏统揽全局的法律依据。三峡流域城市管理执法工作在湖北省隶属于住房和城乡建设厅，而在县一级则分散于各个县直部门。城市管理工作涉及部门众多，综合执法缺少一部独立完备的城市管理法律法规。第二，综合执法主体责权不对等。目前，由于城管执法权分散，造成管理部门多，职能交叉，功过不明，出现了棘手问题，该管的不管，能管的又不主动，城管部门常常冲锋在前，孤军作战，缺乏权威性。第三，综合执法总体水平不高。在城市管理执法过程中，常用的是突击式管理，大部队执法，造成决策与执行上不同程度的脱节，执法效率低下，城市管理总体处于低层次状态。

3. 联动执法机制不到位

近年来，三峡流域城市管理执法机关主要集中在某一行政区域内、局限在某一行业内的管理联动机制，无法实现相关区域和部门信息的高度共享以及资源的有效整合，与实现"以最有效的方法，在最短的时间内"控制事态发展这一目标，尚有一定差距。具体说来，主要有以下几方面的问题困扰其有效运转：（1）各个部门之间联动协调力与资源整合力不足。三峡流域的各个城市在长期"条块分割"指导思想下形成的管理体制缺乏整体性，在面对跨区域公共危机的复杂局面时，由于不同区域政府之间存在的地域分割，造成应急联动协作障碍。基于部门职能分工基础上形成的职能领域，也往往演变成管理壁垒，阻碍部门协作，加之滞后的资源调配与配置方式、不够科学的管理机制。因此，在突发事件发生后，各机构、各区域往往各自为政，相互间没有进行很好的配合与协调，造成大量资源的闲置、浪费以及重复配置，协调力与资源整合力严重不足。（2）跨区管理综合应急方案空缺。2013年国务院制定颁布的《突发事件应急预案管理办法》规定，"联合应急方案侧重明确相邻、相近地方人民政府及其部门间信息通报、处置措施衔接、应急资源共享等应急联动机制"。[①] 但是就目前而言，三峡流域各地区、各部门所建立的应急方案大多数是各自独立的，没有编制专门的跨域应急管理制度，

[①] 参见《国务院办公厅发布突发事件应急预案管理办法》，http：//news.china.com/news100/11038989/20131108/18135839.html。最后访问时间：2015年8月24日。

尚未形成一个有机的整体，且有些应急管理方案内容过于笼统，重原则轻操作，这就严重影响了城市管理联动机制所涉及的各地区、各部门共同应对管理的积极性，不利于对跨部门、跨区域进行应急联动管理。

（三）城市管理主体缺陷较多

1. 城市管理执法人事制度需要优化

城市管理效率的高低在很大程度上取决于管理队伍的素质及其努力程度。从城市管理工作职能要求及城市经济发展要求来看，城市管理队伍必须具备良好的职业道德和较强的工作能力。由于现如今城管队伍人员的成分复杂，文化水平参差不齐，城市管理理念与城市发展要求不相符，知识结构不合理，部分城管人员工作方法简单粗暴，直接导致了这支队伍整体素质偏低，影响城市管理的效率。市民形容城市行政执法管理部门是"上管天下管地、中间还要管空气"，"满街都是大盖帽，事没办完都跑了"。以宜昌市城市管理执法队伍建设为例，2012年，宜昌市城市管理执法人事管理工作中就存在这样的普遍问题：第一，人事工作存在一般化的现象。一般化的思路、一般化的行为、一般化的作风的问题，存在于宜昌城管执法人事管理工作中，直接影响了人事管理制度化、规范化、科学化的发展。第二，人才队伍建设需要加强。人才断层，后继乏人的问题没有得到根本性转变。"人数不少，能干事的不多"的现象普遍存在，特别是高层次专业人才和综合人才缺乏，在引进人才和培养上要有新的突破。第三，人事干部的素质和能力有待提高。人事干部政策水平和解决复杂问题的能力普遍存在不足，在加强能力建设上要有新提升。第四，对事业单位人事制度改革深入思考不够。在事业单位分配制度上没有充分进行改革，在事业单位适应市场化要求方面还有待加强。虽然宜昌市城管执法人事管理工作在其后进行了大幅度的改革和创新，但仍然不能充分彰显整个三峡流域城管执法人事制度已经形成了较为优化的态势。

2. 城管暴力执法常有发生

从1997年开始在城市管理领域试行相对集中行政处罚权至今，城管行政执法工作发展已近16年。虽说城管行政执法最初设立的主要目的是充分治理城市流动摊贩随意摆摊设点以及违章建筑与处罚违章停车等行为，使得城市向现代、文明、和谐的方向发展，但是不得不承认，城管暴力执法还是相当突出，这导致人民群众越来越不满意城管行政执法工作。在调研中，调研组发现三峡流域各地方城管暴力执法还是在一定范围内存在，例如 2011 年张家界市城管执法局就承认"城管体制矛盾没有很好解决，城管执法保障不力，暴力抗法事件还时有发生"。2013 年荆州城管开展专项整治行动中，荆州区城管局执法人员与一名男子起了冲突，并导致该男子受伤住院。① 暴力执法虽然只是执法方式方法上的不妥或不当，但是其带来的后果却是非常严重。首先，城管暴力执法导致法律权威的逐步丧失。《行政处罚法》第 16 条规定，"国务院或者经国务院授权的省、自治区、直辖市人民政府可以决定一个行政机关行使有关行政机关的行政处罚权，但限制人身自由的行政处罚权只能由公安机关行使"。城市管理行政执法最终落脚点应当是尊重和保护人权，城市文明和谐的目的在于人们权益的保护和尊重。而城管行政执法人员通过暴力的方式来进行城市管理执法，直接损害的是人民群众的权益，更深层次的是广大人民群众对被执行的法律的不信任和深度怀疑，这样就使得法律权威不断地丧失。其次，城管暴力执法还使得政府形象和公信力逐步降低。城市管理行政执法部门属于政府职能部门，代表了政府的形象，其具体执法活动应当在语言、态度、方式等各个方面都体现文明执法的基本要求，只有这样才能使人民群众相信其是为了提升城市生活的文明程度，其所代表的政府是真正为人民服务的政府，这样才能提升政府的形象和公信力。最后，城管暴力执法使得社会不稳定因素增加。

3. 城管执法被暴力

在国务院颁布《全面推进依法行政实施纲要》之后，文明执法被提到行政执法的根本地位上来，各地方在反思城管暴力执法的社会恶劣效果之后，纷纷对自己的城市管理行政执法进行规范和制约，出现了很多很有意思的城管执法创新，例如"卖萌执法""围观执法""鲜花执法""眼神执法""微笑执法"等。虽然这些创新已很大程度上遏制了城管暴力执法，挽回了城管行政执法部门一定的负面形象，但是我国城市管理行政执法又面临了一个新的困境，将好不容易在公众面前挣得的印象分

---

① 参见《湖北荆州"城管打人"事件追踪》，http：//news.xinhuanet.com/local/2013 - 12/11/c_ 118519896.htm。最后访问时间：2015 年 6 月 24 日。

又急剧降低，这个困境就是城管执法被暴力。

城管执法被暴力其实也就是城管执法相对人对城管执法人员的暴力抗法，只不过这种暴力抗法已由最早的非暴力不合作过渡到暴力抵抗的形式，少数执法人员缺乏依法执法的自觉意识，不尊重行政相对人的人格尊严，滥用强制措施，越权办案，造成执法过程中与执法对象产生激烈冲突，造成城管执法人员伤亡，影响城市管理行政执法的权威性和公正性。例如，2009年5月16日，沈阳小摊贩夏俊峰因故与城管执法人员发生争执，致使城管执法人员死亡。2011年，宜昌市伍家乡旭光村九组村民违法建筑由于存在时间长，历史原因复杂，当事人屡次暴力抗法，导致组织多次强拆未能成功。2007年3月以来，怀化市在维护市容秩序和"禁摩"工作中，先后发生了多起管理相对人殴打执法队员的暴力抗法事件。由于公安城管大队的积极投入、有关执法队员的密切配合，都严格依法对暴力抗法事件进行了妥善处置，治安拘留多人，平稳了事态，没有造成不稳定影响，维护了全局稳定和谐。其实各地都不同程度出现了城管行政执法人员在执法活动中因公负伤、因公殉职等情况，屡见不鲜，这直接导致各地方城市管理行政执法人员生存情况越来越多为社会所关注，城管执法被暴力业已成为各区域城市管理行政执法面临的新型社会问题。

（四）城市管理行政执法缺乏有力监督

城管执法部门手中的权力集中，地位高，相对内外监督制约机制不够完善，权力和灰色金钱的黑洞无限扩大，屡禁不止。缺乏应有的监督机制的独立性，监督工作未做到经常性、制度化，一味地搞突击检查，事后依然如故。执法监督制度力度不够，往往监督不力、心有余而力不足、造成许多空当，使执法监督机制过于形式化。此外，群众监督难以受到重视，因而逐渐丧失民主监督的积极性，这也使其监督让人诟病。

四 完善三峡流域城市管理执法机制法治化的对策

（一）进一步完善公众参与机制

三峡流域城市管理执法机制法治化要想建立健全，公众参与机制的完善将会扮演举足轻重的角色。可以说，公众参与是城市管理机制创新的重要方向，既具有深厚的理论基础，又符合时代的要求。分析三峡流域城市管理中公众参与机制完善的问题，有助于推动城市社会治理创新的发展与进步。

1. 冲出传统城市管理理念的束缚，破茧成蝶

由于我国的城市管理长期以来受到传统的计划经济、单位制等因素的影响，以政府为中心的领导根深蒂固，从而忽略广大人民群众的建议，严重制约我国城市整体健康发展。随着市民的利益诉求多元共存，公民的参与意识日益增强，传统的管理模式已经不适用城市发展的新形势和新要求。创新公众参与机制，成为当前我国城市管理机制创新的重要方向。调研过程中发现，荆州市在城市管理公众参与机制的推进进程中，其经验值得三峡流域其他城市学习。荆州市则按照疏堵结合、源头管理的原则，巩固城区"网格化"管理模式，使城区主要地段呈现整洁有序的市容面貌，打造洁净、畅通、亮丽的精品路段。且不断完善"门前三包"责任制。不断深化环卫公司化运行体制的改革。按照"责任全覆盖、保洁全天候，管理无缝隙"的总体要求，做到"城市建设到哪里，环卫作业就管到哪里"。这些都为当地公众参与城市管理提供了保障，使得三峡流域城市管理主体日益多元化，既维护和实现了公民政治和社会参与的权利，也有效地保障了政府决策的科学和规范。这些探索及其经验成果对于我国城市管理机制创新来说无疑是有益和积极的。

2. 提高公众参与意识

公众的参与意识可以从一定的角度上，反映当地居民的法治化程度以及当地政府的法制宣传的效果。随着公民意识的增强，公众参与城市公共事务管理的愿望和热情也日益高涨，他们希望在城市管理参与中实现自身的利益诉求。培养公民参与能力，一方面需要教育，另一方面需要实践，公民在参与实践中的锻炼对于其参与能力的提升具有关键性意义。在参与过程中重点培养公民的公共精神，以利于化解个体利益、部分利益与整体利益、社会利益的矛盾与冲突，以达到社会和谐的目的。同时加强社会建设，特别是加强非政府性、非营利性社会组织建设，这既需要有完善的社团立法，也需要有提升社会组织参与功能的有效机制，为公众参与城市管理创造首要前提。在此方面，利川市就做了很好的示范工作，如下：利川市城管局有效地将文明与城市管理两者有机结合，使城市创建活动有序推进。2015年以来，利川市城管局坚持"深化、完

善、巩固、提高"的八字方针，以抓文明单位创建为载体，不断提升城管工作效能。有序开展"五个一"建设，成立了学雷锋志愿服务队，组织机关干部参与清江河保护工程，通过对具体道德模范事迹的宣讲，增强了"道德课堂"的感染力，促进了广大干部职工自觉讲道德、讲文明。认真开展了新一轮"三万"活动。认真开展了以"讲文明树新风、弘扬雷锋精神、参与志愿服务、温暖身边人"为主题的"学雷锋、讲文明、树新风"志愿服务活动和"清明节——网上祭英烈"、组织干部职工以家庭为单位积极参与"向国旗敬礼，做一个有道德的人"网上签名寄语等活动，进一步增强了广大干部职工和未成年人的爱国意识，极大程度地提高了广大公民的参与意识。

3. 建立完善的制度保障体系

建立完善的制度保障体系是公众更好执法的根本。公民参与法治化、制度化是城市管理创新、完善政府决策和执行机制的一项重要任务。公民参与机制法治化应以坚持党的领导和依法行政为原则，以实现广大人民群众的根本利益为宗旨，通过公民全方位参与城市管理的体制和机制的建立健全，促进公民参与的有序和规范，确保公共政策的科学、稳定和高效，推动城市经济、社会全面、协调和可持续发展。

4. 适度增加积极的社会舆论，引导公众参与

公民参与本质上是现代民主的重要表现和实现路径，是民主政治在城市治理中的具体体现，城管执法中公民参与本质就是人民民主、人民主权。对于当下中国的政治发展而言，公众参与在保障我国民主政治建设和社会公平正义方面具有重要意义。公民参与城市管理有助于实现利益诉求和基本权利的同时，也有助于实现政府、市场和社会之间的良性互动。而良好的社会舆论更能激发公众的参与热情。

(二) 加强城管执法建设，提高执法效率与质量

1. 加快推进城市专业规划的法治建设

加快推进城市专业规划的管理建设，逐步建立健全专业规划法律法规，使得城市规划有法可循，有法可依。第一，建立与完善专业规划编制，形成绿地系统、环境卫生、专业市场、交通组织系统等专业规划，使之适应省级卫生城市评比标准中所明确规定的省建设厅备案的环境卫生专业规划；第二，建立"先设计，再审批，后建设"的修建性专业规

划申报程序制度，打破甚至杜绝环卫、给排水、供气、绿化、排污、电力、通信等采取"边设计边建设"办法进行的现象，使之真正成为实质意义上建设性规划；第三，加强对专业规划的管理力度，逐步形成对绿化建设许可、排水设施使用许可、建筑垃圾处理审核、环卫设施建设核准等工作的规划，真正做到对城市建设、对同一对象的一次性建设规划，既节约规划成本，提高工作效率，同时又能降低城市建设给市民带来的不便之处，还市民一个洁净安静的城市。

2. 加强法制建设，制定综合执法上位法

应该由省级立法机关制定一部完整有效的统揽全局的综合执法地方性法规，规范综合执法的权限与责任。城市管理工作所涉及的部门众多，同时综合执法来源不明，导致行政执法体系比较混乱，因此需要通过立法来确定综合执法的权力与责任，在立法上给予足够的支持，从而使得综合执法部门不靠部门规定而依靠法律规定。

3. 完善联合执法机制，加强执法效果

从纵向方面来看，应该建立顺畅的城市管理层级体制。城市执法管理机构不应由中央机关来统一进行硬性规定，而是应该根据城市文化、经济的不同情况，由城市自己来建立相应的执法机构。从横向方面来看，需要建立一种协调的合作机制。城市管理执法涉及集中行政处罚权、行政许可、行政强制等工作，在实际的执法过程中，往往需要与其他部门充分联合执行，才能达到相应的执法效果。这意味着，必须建立完善三峡流域城市管理联合执法机制，才能将城市管理工作做到实处。例如，城市管理执法机关和有关行政管理部门，在行政执法过程中发现应由对方履行职责的，应当及时告知或移送对方处理；发现对方的行政行为违法或不当的，应当及时建议对方予以纠正；各有关行政管理部门作出涉及城市管理的许可审批事项需要城市管理执法机关实施后续监管，凡未公示的应当同时抄送实施监督的城市管理执法机关；城市管理执法机关应当将对行政相对人违法行为的查处情况定期通报相关行政管理部门。因此，城管执法机关需要与其他机关相互协调与配合，探索城管机关与原有行政部门以及其他相应部门机关的行政配合机制，实现城市管理高效执法。另外，还应当由城市管理执法机关建立一个应急方案信息储存库，编制专门的跨域应急联动预案。联合应急预案应当侧重明确相邻、相近地方人民政府及其部门间信息通报、处置措施衔接、应急资源共享等应急联动措施,构建有机整体。

(三) 加强城市管理行政执法队伍建设

1. 规范城市管理行政执法人员录用制度

根据《行政处罚法》第15条、第17条和第18条的规定,行政处罚必须由具有行政处罚权的行政机关或者法律授权的公共事业组织在法定职权或授权范围内执行,不得委托其他组织或个人执行,而《行政强制法》将与城市管理相关的行政强制措施比照相对集中行政处罚权进行具体执法,这意味着城管行政执法人员主体必须为公务员或事业编制人员。面对这种情况,三峡流域城管执法队伍建设必须严格规范各个城市的城市管理行政执法人员录用制度,严格根据《公务员法》的规定,通过法定程序录用执法人员;根据《事业单位岗位设置管理试行办法》和《〈事业单位岗位设置管理试行办法〉实施意见》的相关规定,通过相关程序录用具体执法人员。在具体执法活动中,坚决杜绝不具备执法资格的人员进行具体执法的情况出现;在录用执法人员时还应注意专业性要求,对一线具体执法人员应当要求相应的专业背景(管理类或法学专业等)。①

2. 加强各区域城市管理行政执法人员文明执法力度

建设高素质城市行政执法队伍,一是科学有效地组织培训,下功夫努力提高行政执法人员个人素质。采取不同形式进行培训,在各部门设立专门的培训机构,可以用法律指导部门或政府的法制机构有计划地对行政执法人员进行在职培训;二是科学地安排培训内容,注意对培训人员区分层次,安排不同层次的学习内容;三是培训制度化,即凡是培训的行政执法人员必须按时按地参加。

3. 强化城管队员形象意识

倡导"形象就是旗帜,形象就是环境,形象就是灵魂",要求执法人员像对待眼睛一样珍惜和维护队伍形象。一是塑造队伍的整体形象。作为行政执法机关,文明执法应当成为三峡流域各城市城管队伍形象名片。二是严格队容风纪,规范执法行为。各区域对执法人员颁布有利于行政执法人员和公众关系的"各种禁令"和"城市管理行政执法个人形象督

---

① 刘涛:《论我国城市管理行政执法的完善》,硕士学位论文,湘潭大学,2013年。

查暂行条例",较好地改变老城管队伍执法人员衣着不整,行为不端庄,满嘴脏话、粗话,举止轻浮,蛮横无理的陋习,在老百姓心目中树立新时期城管行政执法队伍的良好形象。三是实施亲民工程。城管队伍在执法中,应当本着树立以人为本的意识,与人民群众培养深厚感情,积极主动开展一系列温情互助活动、城市管理法规教育活动和"城市管理常年志愿者"活动,传递正能量。

4. 提高善于处理各种社会矛盾的能力

城市管理工作涉及面广,面对的小摊小贩,多属弱势群体,且为社会各界重点关注。为了解决城管与流摊之间的矛盾,可以采取下列行而有效的措施:一是推行人性化执法。对那些认错态度诚恳,后果不严重且属偶犯者,能不罚则不罚,实行柔性执法。二是建立执法快速反应机制。城市管理情况复杂,各个区域的每个大队设置一支机动执法力量,一旦发生突发和意外情况,能够快速反应,及时解决问题,避免矛盾和影响进一步扩大。三是运用法律解决问题。在面对常见的违规建设的问题,应充分了解其纷繁复杂的社会背景,学会依靠法律力量,进行依法执法。

(四) 强化我国城市管理行政执法监督机制建设

城管执法需要社会监督,因此可以通过采取聘请城管监督员进行执法监督,并且为其配备一定的通信设备,当发现违法行为时,迅速向城管监管指挥中心或城管执法监督负责人员报告,进行现场治理,实现城管监督的及时性。同时,有必要利用民意调查公司进行执法调查,对社会民意普遍不认同的城管执法队员重点考核,考核不合格的予以转岗或淘汰。另外,借助近年来三峡流域各城市加强城管执法考评机制建立创新的春风,对城市管理执法考核进一步规范化、制度化和精细化,增强执法队伍建设的自我优化。

一个城市要实现日常化的长效管理,不仅有赖于该城市经济社会发展的水平、行政执法管理人员的敬岗敬业态度、各区域内外监督机构的有效结合,还有赖于市民整体素质和文明素养的提高,更要有赖于科学的管理体制和机制的建设。客观地讲,城市管理执法机制法治化是当前三峡流域各城市在日常城市管理工作中所必须实现的目标,旨在摆脱过去管理中"片面管理模式""形式主义至上",或过多依靠传统式、突击性的整治来解决热点、难点问题的管理方式，以求改变不断整治却又反复回潮的尴尬被动局面，进而达到一种相守平衡的可持续管理效果。从实际意义讲，实现城市管理执法机制法治化，不仅是领导的要求、市民的期盼，也是落实科学发展观和构建和谐社会的需要，更是每一个城市管理者的职责追求。

第二节 三峡流域城市管理执法标准法治化

如何实现城市管理文明执法、科学执法、和谐执法，是我国新型城镇化发展所必须面对的问题。实践中，城管执法工作经常面临两难的困局。一边是人人喊打的全民指责，另一边是城市发展的迫切需要，城管执法一出生似乎必然是吃力不讨好的结局。制定执法标准，从观念到操作全面提升城市管理执法水平，是三峡流域城市管理执法法治化建设的破局之路。

一 城市管理执法标准法治化概述

"有法可依，有法必依，执法必严，违法必究"是依法治理城市事务的关键，而这其中，"执法必严"一环占有举足轻重的地位。那么，何为"严"？要达到何种程度才能被认定为"严"或者不"严"？这就涉及一个执法标准的问题。

（一）概念界定

所谓执法标准，是指对执法这一行为所做的统一规定，它以执法科学、执法技术和执法实践经验的综合为基础，在执法机关自由裁量的范围内，经执法与被执法双方协商一致，作为共同遵守的准则和依据。城市管理事务繁杂，涉及方面多、范围广，涵盖了城市规划、市容面貌、环卫作业、城市绿化等关乎市民生活的方方面面。城市管理部门在执法过程中，难免会触碰到各方的利益，而这些利益相互冲突，相互对立，只有坚持执法标准，以立法的形式确立执法标准以及标准的选择，赋予执法标准权威性与稳定性，同时以法律为准绳来衡量各方行为，并以法律为手段，来调节、平衡各方的利益，才能更好地实施城市管理执法。总的来说，城市管理执法标准包括三个方面的标准，即权限标准、行为标准以及救济标准：

1. 权限标准

权限标准，即城管执法必须在法律规定的范围内行使权力，不能越权执法，权责不分，导致执法体系混乱。举例来说，老百姓车辆停放不当，本属于交通安全方面的问题，应该由交警协调处置，如果城管直接介入，拖走车辆，这种情况就是越权执法，这是应当明令禁止的。

2. 行为标准

行为标准，即城管执法必须依法进行，文明执法，合理执法，不能粗暴执法，野蛮执法，更不能进行所谓的"钓鱼"执法，否则会极大破坏党和政府在人民群众心目中的形象，进一步引起干群矛盾，不利于社会和谐。举例来说，湖北省即将出台的《湖北省食品安全条例》中提出"对小餐饮、小作坊、摊贩实行登记管理制度，实施登记不得收取任何费用但需要满足准入条件，包括其采取原料、水、添加剂等需要达到国家有关标准，从事接触直接入口食品生产加工的人员须持有有效的健康证明，从事食品生产经营活动时穿戴清洁的工作衣、帽，保持个人卫生，以及法律、法规规定的其他要求"。[①] 这项规定看似严密，但是其忽视了小摊贩极强的流动性。规定中涉及的"原料、水、添加剂等要达到国家有关标准"，这项标准由谁制定，由谁执行，由谁检查都是问题，此外，就算在检查时上述原料都符合国家标准，但小摊贩完全可以转换场所，在下一个地点使用不符合食品安全标准的原料，如何避免这种情况又是一个难题。因此，城管执法不仅要文明执法，更应该合理执法，不能简单出台一些凭空想出来的政策，却缺乏实际操作的可能性。

3. 救济标准

救济标准，即城管在执法过程中侵犯公民的合法权益时，依法应当对权利被侵害的公民提供相应的申诉路径，主要包含三个方面，一是信访制度保障，二是利用舆论监督，三是提起行政诉讼。信访制度是指公民个人或群体以书信、电子邮件、走访、电话、传真等参与形式与国家的政党、政府、社团、人大、司法、政协、社区、企事业单位负责信访

---

① 参见《湖北最严〈食品安全条例〉征民意 对小摊贩实行登记准入》，http://www.87311111.com/index.php/News/News/id/36256。最后访问时间：2015年8月21日。

工作的机构或人员接触，反映情况，表达自身意见，吁请解决问题，有关信访工作机构或人员采用一定的方式进行处理的一种制度。自 2013 年起，信访制度进行重大变革，有关部门确立了"把矛盾化解在当地"的新思路，由此，利用信访制度对自身受侵害权利进行救济成为可行可靠的方法。信访制度虽然具有主体多方、内容繁杂、牵涉面广的特性，但因其形式灵活，信访的形式不断增多以及运行的程序性使其能够以最小的成本换取最大的成效。舆论监督是指新闻媒体拥有运用舆论的独特力量，帮助公众了解政府事务、社会事务和一切涉及公共利益的事务，并促使其沿着法治和社会生活公共准则的方向运作的一种社会行为的权利。所谓舆论即多数人的意见；而监督，根据《辞海》的解释就是"监察督促"，即监督包含两层意思，一是监察，用于发现问题，二是督促，用于解决问题。利用舆论监督就是通过新闻媒体等揭示现实生活中存在的问题，继而引起大多数人的重视，让大多数人发表意见和见解形成舆论导向，从而对国家、政党、社会团体、公职人员的公务行为以及社会上一切有悖于法律和道德的行为实行制约。舆论监督虽然不具有强制性，但其以强大的精神力量和道德力量使得自身在监督城管执法过程中发挥着不容小觑的作用。提起行政诉讼是当前期维护权利的软态度不起作用时，为维护合法权益必须实施的硬行为。行政诉讼简单来说就是个人、法人或其他组织认为国家机关作出的行政行为侵犯其合法权益，向法院提起的诉讼，纠正违法行政行为，维护自身合法权益。当城管执法侵害到被执法人合法权益时，被执法人可以拿起法律的武器维护自己的权利，这是一种有效的方法。

　　城市管理执法标准法治化是指将执法行为用法律规范起来形成执法标准，继而规范执法。这就要求对执法人员必须予以规定明确的职责，并且加强学习，在执法过程中严守程序，运用科学的运作过程以从程序上规范执法行为；同时细化自由裁量，对自由裁量权予以相对的限制，不能放任权力；另外，完善执法监督体系，如信访制度，舆论监督，部门与部门之间的监督，上下级之间的监督，党内与党外监督，切实把握好横向监督与纵向监督以及内外部监督之间关系，四者并重；运用完善的执法监督体系控制执法偏差，减少违法执法的概率，使城管执法更切合人民的利益而非损害人民的利益。

城市管理执法标准法治化建设是一项长期工程，旨在通过程序法规规范执法行为，用细化的自由裁量权压缩实体法的"弹性空间"，以司法的最终强制力和违法行为的高成本付出来实现长效管理，从而带动执法理念、执法手段、执法方式等整个工作体系向真正意义上法治化的转变，不断深入推进执法标准法治化建设。

（二）城管执法标准法治化的特点

1. 主体特定性

城管执法标准的主体特定性，即城管执法人员与被执法人员双方。城管执法标准是针对执法与被执法双方而言，因而执法标准不仅对执法人员形成约束，同时对被执法人员来讲也是一项评判标准，即判断执法人员对自身的执法行为是否在法律规定权限范围内；执法人员执法方式是否为文明执法，而非粗暴执法、野蛮执法；执法人员的执法是否侵害了自身的合法权益，如果侵害了，该采取何种救济方式来维护自身利益等。

2. 内容法定性

城管执法内容法定性是指执法标准的内容须在法律规定范围内，不能超出法律范围，必须是在合理范围内进行。要实现执法标准法治化，就必须将城管执法中可能涉及的《道路交通安全法》《城乡规划法》等多部法律法规进行整合，梳理出执法依据和细化处罚标准，并出台相关规章制度，以此作为处罚来源即执法标准。

3. 自由裁量性

城管执法过程中执法对象具有复杂性和多变性，而出台的相应的执法标准条文未必能事先预料到各种杂乱的情形并规定好每一种情形相对应的应对方法，因而执法人员必须就受处罚人应承担何种处罚，处罚程度轻重等问题做出决定，在此种情况下，执法人员就拥有了所谓的自由裁量权，其执法标准就具有自由裁量性。

4. 不可或缺性

纵观我国现状，城管执法，已成众多城市的共同困局。一方面无数新闻报道直指城管野蛮粗暴执法，而另一方面依规定执法的城管则满腹委屈，"执法难"是他们工作中的大问题：一边是城市发展的迫切需要，一边是执行实践的尴尬回应，执法者与被执法者之间横亘着一条无法跨越的鸿沟。想要破除这个困局我们就必须依靠一项标准，一项执法标准来规范城管执法，从而使得执法人员能够依法行政，文明执法，缓解干群矛盾。坚持执法标准法治化在这一过程中将发挥不可或缺的作用，占有无可取代的地位。

（三）执法标准法治化须注意的问题

1. 城市管理执法标准法治化，应当实事求是、切合实际

实事求是指从实际对象出发，探求事物的内部联系及其发展的规律性，认识事物的本质。在城市管理的过程中，必须从城市的文化、历史、经济出发，探求城市管理工作与市民之间的内部联系，找出一个平衡点，从而认识城市管理的本质，进而寻求一个符合该城市实际发展状况的标准。这就要求城市管理者们在制定执法标准的过程中，必须充分考虑实际情况，结合当地的发展水平与经济实力，制定一个"接地气"的执法标准。

2. 要实现城市管理执法标准法治化，其执法标准必须具有可行性、可操作性

"高""大""上"的执法标准，看似走的是"国际范儿"，与国际接轨，与时代契合，但未必适用于每一座城市。对于某些城市来说，这一标准给城市管理注入了活力与时尚，同时也赋予了其执法工作的权威性；但在另外一些城市看来，这一标准也只是一纸空文，太过空洞，没有什么可操作性，就不具有什么实际意义了。因而，城市管理执法标准必须结合城市发展状况来制定，既要具有可操作性，能起到管理城市的作用，又要充分突出各自的城市特色，以便该标准在城市管理的过程起到强有力的支撑作用。

3. 城市管理执法标准法治化，应该防止甚至杜绝人治标准

政府对城市管理的难易程度、市民对执法工作的满意程度以及执法工作给市民带来的终极效果，这些都取决于一个城市执法标准的法治化程度。一方面，必须依法制定标准，按法定程序运行其机制，另一方面，必须坚持"法律至上""法律主治""制约权力""保障权利"的价值、原则和精神。只有坚持体现法治的价值、原则和精神的形式意义的法治化标准，以及通过法律的形式化制度和运行机制予以实现的实质意义的法治化标准两者相互结合，才能达到最终执法标准法治化的结果。

4. 城市管理执法标准法治化，应该是以人为本的标准

城市是市民的城市，城市管理应该是为人民管理城市，而不是为城市管理人民。城市管理部门既是执法、监管部门，又是窗口单位、服务行业，直接联系群众，并且服务于群众，因而城管在执法过程中，必须明确"为谁管理城市"这个根本的方向性问题，而不能颠倒是非，更不能本末倒置。坚持人性化的执法标准，就应当坚持"以人为本"的执法原则，通过听取民众的意见与建议，确立人性化的执法标准。制定标准的过程，就应当是一个听取民意、集中民智的过程。每个市民在城市生产、生活和居住，由此构成了城市，可见市民是城市的重要组成因素，没有市民的活动，就没有城市的活力运转，城市管理的每一项工作都与市民的利益紧密相连。因此，无论是城市管理的执法标准，还是更为细致的管理规则，都应该是"官"与"民"的共同意志的协调与体现。这一人性化的执法标准，并不是一味地听从某个市民建议，而是要平衡全体市民的不同利益，保障一个共同利益；当然，更不是官民的独裁意见，是官方和市民协商一致的标准。以人为本，才是执法标准最根本的准则。

二 三峡流域城市管理执法标准法治化的现状

（一）三峡流域城市管理执法行为的实施，有较为明确的执法立案标准，取得了一定成效

城市管理执法过程中的立案主要在于现场执法人员，即针对不同的情况，执法人员可选择作为或不作为，这一工作的顺利开展必须以相应规定的存在为前提，也就是说，影响执法人员做出执法行为的因素就是具体案件的需要。以宜昌为例，宜昌市政府2013年修改了《宜昌市城区城市管理行政执法实施办法》，其中对于执法机关的职责有如下规定："市城市管理执法机关应当履行下列职责：（一）对各区城市管理执法机关及其执法队伍行使监督检查权；（二）对跨区域综合执法工作行使调度权和处置权； （三）对有重大影响的执法案件可行使直接查处权；（四）对管辖权有争议的案件行使指定管辖权；（五）在宜昌高新区区域内行使本办法第6条所规定的各项职权；（六）工商行政管理方面法律、法规、规章规定的对无固定经营场所的无照经营行为的行政处罚权；查封、扣押专门用于无照经营活动的工具、设备、原材料、产品等财物；

(七)公安交通管理方面法律、法规、规章规定的对在人行道上违规停放车辆行为的行政处罚权。对非机动车驾驶人拒绝接受罚款处罚的,可以扣留其非机动车;对机动车驾驶人不在现场或虽在现场但拒绝立即驶离、妨碍行人通行的,可以将该机动车拖移至不妨碍交通的地点或公安交通管理部门指定的地点停放;(八)省、市人民政府规定和有关部门依法委托的其他职责"。[1] 在2014年1—9月,宜昌市城区各区立案查处市容、环卫、市政、绿化等各类违法违规行为150余起,规范占道出店经营行为2.2万余人次。其中,数字城管平台受理市民的诉求共10件,网格员上报274件,考巡发现739件,结案率为92.4%;黔江市则在2013年共受理案件5026件,立案派遣4642件,其中:监督员上报信息4421件,"79312319"市民投诉案件143件,市级12319转办64件,民生"110"8件,网络舆情6件。所有案件责任单位已处置3978件,处置率达85.7%。

(二)城市管理执法实施方式较为规范明确

法律为执法行为的行为方式设定了自由裁量权,法律事先规定了选择具体行为的范围,执法人员根据自己的理解与判断,从中选择最合适的处罚方式。根据我国《中华人民共和国行政处罚法》第8条对于处罚种类的规定,具体的处罚方式包括警告;罚款;没收违法所得、没收非法财物;责令停产停业;暂扣或者吊销许可证、暂扣或者吊销执照;行政拘留;法律、行政法规规定的其他行政处罚。而根据《宜昌市城区城市管理行政执法实施办法》第10条的规定,"城市管理执法机关及其执法人员实施城市管理行政执法活动,必须严格依照《中华人民共和国行政处罚法》和有关城市管理法律、法规、规章规定的程序进行"。第11条至第13条规定,"区城市管理执法机关须提请市规划行政主管部门认定并决定行政处罚种类的,应当报市城市管理执法机关,由市城市管理执法机关统一提交市规划行政主管部门。城市管理执法机关履行本办法第6条第6项规定职责,查封、扣押用于无照经营活动的工具、设备、原材料、产品等财物的,依照国务院《无照经营查处取缔办法》规定的程

---

[1] 参见《宜昌市城区城市管理行政执法实施办法》,http://www.law-lib.com/law/law_view.asp?id=437832。最后访问时间:2015年7月21日。

序进行。城市管理执法机关履行本办法第6条第7项规定职责,对机动车驾驶人实施行政处罚的,应当将处罚决定书抄送公安交通管理部门。公安交通管理部门依据城市管理执法机关作出的行政处罚决定,按规定对机动车驾驶人予以记分。城市管理执法机关履行本办法第6条第7项规定职责,对当事人处以罚款的,当场处罚和当场收缴罚款的限额,依照《中华人民共和国道路交通安全法》的有关规定执行"。[①] 可以看到,宜昌市非常注意对城管执法实施方式的规范明确,并且确实在实践中取得了较好效果。2014年,宜昌市城管执法共拆除违法建设1115处15.51万平方米,其中,拆除新增违建798处7.85万平方米,拆除积存违建317处7.66万平方米。疏堵结合治理占道经营,各区清理乱摆摊点8000余家。宜昌市还制订了夜市规范管理方案,夷陵区甚至投入350万元建成峡江路夜市疏导点。同样,黔江市也是先规范明确了执法方式,继而取得了较好成果。黔江市在制定了《夜市摊点管理办法》等城市管理执法规范之后,整治市容市貌,维护了城市秩序。2013年,黔江市城管执法依法取缔违章设置的摊点700余家,合理规范次干道及背街小巷的固定摊点1000余家,强制暂扣屡教不改的商贩小吃车、三轮车100余辆,其他各类工具1500余件;拆除原武装部、官坝路、县府街、重百后街等多处违章乱搭乱建的亭、棚200余个,面积约6000平方米;整治规范"骑门摊"8000多家,下发限期整改通知书3000余份,依法暂扣屡教不改的商贩300余家,处罚200多人次。依法取缔违章设置的夜市摊点42家,查处35家,处罚28人。

(三) 对城市管理执法人员执法自由裁量较为关注

"情节较轻""情节较严重""情节严重"这些模糊不清的用语表述,经常出现在行政法中。而对于具体的适用,并没有法律来规制,只能依靠执法人员的自由选择。我国的《行政处罚法》在第38条规定:"调查终结,行政机关负责人应当对调查结果进行审查,根据不同情况,分别作出如下决定:确有应受行政处罚的违法行为的,根据情节轻重及具体情况,作出行政处罚决定;违法行为轻微,依法可以不予行政处罚的,

---

[①] 参见《宜昌市城区城市管理行政执法实施办法》,http://www.law-lib.com/law/law_view.asp?id=437832。最后访问时间:2015年7月21日。

不予行政处罚；违法事实不能成立的，不得给予行政处罚；违法行为已构成犯罪的，移送司法机关。对情节复杂或者重大违法行为给予较重的行政处罚，行政机关的负责人应当集体讨论决定。当事人的违法行为可以划分为轻微、一般、严重的，分别适用从轻、一般或从重的行政处罚。"宜昌市城市管理执法工作也注意到了执法自由裁量的问题，制定了《宜昌市城市管理执法局关于违法建设行为行政处罚自由裁量权适用规则》这样的规范性文件，并在其中规定，"当事人的违法行为可以划分为轻微、一般、严重的，分别适用从轻、一般或从重的行政处罚。当事人的违法行为没有从轻、减轻或者从重情节的，应当对其适用一般行政处罚"。[①]

（四）注意城市管理执法的特殊性，原则和灵活相结合

执法应当在合法合理的原则下进行，但这绝不意味着事事时时死抓规定不放，僵硬教条地执行法律。执法程序的适用以及时效标准，执法人员对于何时做出具体的执法行为上应当具备自由选择的余地。以荆州市为例，荆州市城市管理部门设立了限时办结制度，对于程序的选择与时限，有一个较为详细的阐述：一、依照简易行政处罚程序作出的行政处罚决定，由执法人员当场作出；二、依照一般程序作出的行政处罚决定：登记保存物品应于7日内作出处理决定；作出行政处罚决定后，当场将处罚决定书交付当事人，当事人不在场的，在7日内将处罚决定书送达当事人；三、听证：在举行听证的7日前，通知当事人举行听证的时间、地点。四、临时占用街道两侧和公共场地的行政许可：在3个工作日内完成现场勘察，符合条件的，在7个工作日内完成审批，办理占道许可证，不符合条件的，要向当事人解释明白，并给予指导服务。相比之下，宜昌市城管执法机关采取执法行为，也较为注意原则和灵活相结合。以真实案例为例，1998年4月22日，宜昌市伍家乡旭光村九组村民刘先武取得证号为"宜市村建字98第0104号"的宜昌市村民建房许可证，在旭光村九组建设商业用房。许可证载明："建设面积153平方

[①] 参见《宜昌市城市管理执法局关于违法建设行为行政处罚自由裁量权适用规则》，http://xxgk.yichang.gov.cn/gov/jcms_files/jcms1/web30/site/art/2014/6/30/art_27517_490767.html。最后访问时间：2015年7月17日。

米，砖混结构，一层，临时经营用房，使用期限两年，到期或因建设需要应无偿拆除。"刘先武在建设过程中违反规划要求，其所建建筑物外形、建筑面积、建筑层数均与许可要求不符，实际建设二层，面积246.06平方米，且到期后未自行拆除。另外，从1998年至2001年陆续无证违法建设砖木结构房屋117.64平方米、砖混结构地下架空层186.3平方米，合计无证建设建筑面积达303.94平方米，违建总面积达550平方米。2010年10月28日，市城管执法局对刘先武违建一案立案调查。2011年2月10日作出并送达"宜昌市城市管理行政执法局行政处罚决定书"，依据《中华人民共和国城市规划法》第33条、第32条之规定，湖北省实施《中华人民共和国城市规划法》第33条之规定，责令刘先武自行拆除违法建筑物550平方米。当事人逾期未履行我局行政处罚决定，我局于2011年3月31日报请宜昌市人民政府拟采取强制拆除措施。2011年7月18日，刘先武向宜昌市人民政府提出行政复议，市政府于2011年9月1日作出《行政复议决定书》（宜复决字［2011］8号）维持我局决定。2011年12月底，城管局依法强制拆除了上述违法建筑物。在这个案件中，虽然案件时间跨度很大，违法事实存在时间长，当事人抵触情绪高，但是宜昌市城管执法部门仍坚持原则，坚决打击违法建设，并采取灵活的方式方法，最终达到了执法效果。

（五）城市违法行为的性质认定较为准确

一项具体的行为是否违法、是否违反了城市管理法规中的某项具体条例，执法人员在法律规定的范围内享有决定权与判断权。以宜昌市的一个真实案例为例，葛洲坝五公司为解决"半边户"生活困难，于1980年在常刘路卫生所对面无证建设门面，将其分配给葛洲坝职工家属尹望偖使用，砖瓦结构，一层，违建面积31平方米。1997年8月因山洪暴发将上述违法建筑物全部冲毁，尹望偖出资并组织施工队伍重建。宜昌市城管局于2012年3月9日对其立案调查后，并最终于2012年4月作出责令尹望偖限期拆除该违法建筑物决定，要求其在15天内自行拆除上述违法建筑物，尹望偖聘请律师作为其代理人向宜昌市人民政府申请复议，其申请事项和理由为：1.违法建筑物是葛洲坝五公司建设的，违法主体认定错误。2.房屋是葛洲坝五公司1980年建设的，不适用《城市规划法》。3.该建筑物位于道路建设拆迁区域，应当给予搬迁补偿。请求撤销市城管局拆除上述违法建筑物的行政决定。市政府法制办裁定维持城管局决定，宜昌市城管局于2012年7月17日对上述违法建筑物强制拆除。对于本案件，其争议的焦点就在于对事实的认定，即尹望伢的行为是否属于违建行为，该违建房屋的建设人究竟是葛洲坝五公司还是公民尹望伢。城市管理部门的执法人员认为，在该同一地块上建房的建设人有2个，一个是葛洲坝五公司，另一个是尹望伢。葛洲坝五公司违建行为在先，但其违建物被冲毁，标的物灭失，违法后果消除。依据当时的法律，此行为无须再予追究。然当事人尹望伢在前一行为人的违法行为发生并结束的地方，违反已生效7年有余的《城市规划法》，另重新再建新的房屋，其行为后果由其本人承担，故尹望伢应为本案唯一当事人。

三 三峡流域城市管理执法标准法治化存在的问题

（一）立法上法律规定过于简陋操作性不强

在我国，城管执法是政府将各个部门的城市管理权限集中到一个部门，统一进行管理。这当中从法律层面对行政执法作出规定的是《行政处罚法》第16条，但是这一条也是原则性的，立法机关在城管执法的法律支持上显然工作没有做足，很大程度上只是从思想认识、工作纲领、工作要求等方面做原则性的规定，具体的可操作性并不强。这就导致了城管执法在案件的受理与否、案件的处理方式等问题上有很大的操作空间，使得人们对城管执法的标准问题产生疑虑。

由于我国没有城管执法的专门性、统一性法律，其执法依据必须从各部门法律法规章中寻找，这种执法依据过于分散，成为困扰城管执法最大的难题。由于上位法的缺失，每日进行的城管工作都是在各地地方政府出台的规范性文件指导下进行城市管理。以宜昌市为例，宜昌市城管在城市管理的范围上特别广，对跨区域综合执法工作有调度权和处置权，对有重大影响的执法案件有直接查处权，对管辖权有争议的案件可以行使指定管辖权，在工商行政管理、公安交通管理、市容市貌等方面也有着广泛的职权。在这种实际需求之下，宜昌市政府2013年出台了《宜昌市城区城市管理行政执法实施办法》，作为城市管理执法的主要规范性文件。但是，这种情况的存在虽然暂时性解决了城市管理执法规范性依据不足的现实尴尬，但势必也会出现以下两种困境：第一，上位法的制定会带动下位法的修改,导致执法标准出现改变,影响到城管执法人员的执法行为。这也就是说,一旦出现了城管执法的上位法,而已有《宜昌市城区城市管理行政执法实施办法》又与上位法规定不适应,甚至相矛盾相冲突,《宜昌市城区城市管理行政执法实施办法》的效力必然会引起市民的广泛质疑,城管执法人员在执法过程中亦将无所适从;第二,上位法的条文变动也会使得下位法的执法方式受到影响。上位法一旦制定,必然成为所有城管执法工作的发源,这也必然会影响现实中执法队员对以前常用或约定俗成的执法方式方法的改变,这种改变也自然会产生执法的不稳定,最终使得城管执法会出现较为明显的动荡,引起社会的不安。

从目前城管执法面临的困境来看,我国立法,尤其是地方立法,在城市管理的规定上过于简陋、可操作性不强,这也是导致城市管理执法问题百出的另一重要根源。

(二) 执法上城管执法存在任意自由裁量的问题

只要是执法就不可避免涉及自由裁量权的问题,因为法律制定是需要人们去灵活运用的。但是,在城管执法的问题上一般存在两种极端:一是超过范围滥用自由裁量权;二是怠于行使自由裁量。城管执法的这两种任意自由裁量行为,在目前宜昌市城市管理执法过程中或多或少地存在着。如上文所述,目前宜昌市城市管理执法工作,案件的立案权在城管执法者手里,对案件性质的认定、处罚方式的确立也都是城管说了算。而实践中,城管的管理范围相当广泛,具体的城市管理执法可能在程序、执法方式的选择还有案件性质的认定上过于依赖城管执法队员主观判断,而城管执法队员由于现实中的素质参差不齐、执法心态各种各样、执法理解层次不一,这就会造成在具体工作中针对同一类问题做出不同执法结果的情形,而这种不同的出现极易引起市民的误解,引发行政相对人的不满。因此,这种传统的执法体制的直接后果就是自由裁量权的滥用或怠用,由此损害公民、法人等民事主体的利益,激化社会矛盾。

(三) 监督上城管执法存在机制不完善的问题

城管执法机关,行使了几个执法部门的职权,除了相对集中行政处罚权外,在其执法过程中,还行使了社会管理的职权。因此,城管执法必须受到监督，而这一点正是我国目前所欠缺的。我国目前还没有统一的城管立法，各个地方的城市对城管授权也是千差万别。然而，在实际生活中，可以毋庸置疑地说，城管的工作涉及公民生活的方方面面，其行为与老百姓的权利和福利密切相关。因此，必须加大对城管执法的监督，促使其做到权责统一，使其行使权力受到制约和监督。

从目前的实践来看，城管执法过程中在执法监督环节存在着一些问题。例如，人大作为我国政治体系中的权力机关在城管执法滥用职权问责上，对暴力执法、野蛮执法的质询、调查、监督、制裁上没有明确的作为；大众传媒在发挥对城管执法的舆论监督作用时，有时一些个案的报道经过传播后，人们由于同情弱者的心理，加上长久以来对城管执法形成的看法，很容易产生对城市管理执法一边倒的偏见，继而加深对城管执法的误解，加大日后城管执法的成本。

四　完善三峡流域城市管理执法标准法治化的对策

（一）加强行政立法工作，提高立法质量

"有法可依、有法必依、执法必严、违法必究"是我国法制建设的指导方针。在规范城管执法标准问题上，加大立法工作提高立法质量是根本。这其中尤其要加强行政法的立法工作，城管自由裁量权的行使必须符合社会公共利益、维护社会公平、遵循社会发展规律。城管的自由裁量权是立法机关通过立法授予的，立法机关要明确授权目的以达到控制行政机关的自由裁量行为。从行政法的角度考虑，在规范城管执法的问题上可以从以下几个方面进行：

1. 制定统一的流域内城市城管执法标准

在我国目前的法律体系中，法律对城管执法的主体地位和职权并没有明确规定，容易导致人们对城管执法的合法性产生怀疑。目前，各个城市的城管主要是各个政府职能部门将管理城市的权限集中到一个部门进行管理，相应的执法依据也就是部门法中的管理依据，这种粗放的组合使得城管部门在城市执法过程中运用法律和采取行政管理措施的时候容易出现混乱，既不利于城市的治理，又影响了人们对城管执法的信任。

因此，有必要制定一部统一的城市管理法，对其执法行为进行统一的规定，明确执法的范围、权限，明确其违法行为应该受到的处罚做到有法可依。制定统一的城市管理法有利于在执法主体、执法程序、执法范围、法律责任等具体问题上进行具体的规定，为城管执法提供有力的法律依据。使城管人员可以名正言顺地开展执法活动，打消人们心中的疑虑。

2. 为了更好地规范城管执法，必须对现有法律进行清理

城管执法必须有统一的、科学的、稳定的法律体系做法律支撑。如果现行的法律、法规和其他规范性文件之间的规定存在冲突，则会使得城管执法过程中出现适用法律困难的问题，这无疑会拉低行政效率，影响到政府为民众提供公共服务的效率和水平。在对与城管执法密切相关的法律进行清理的时候，可以按照如下思路进行：

首先，法律的制定和修改涉及主体问题。根据我国宪法的规定，人大是我国的权力机关，因此，在考虑关于对现有的有关城市管理立法"立、改、废"问题时必须让拥有立法权的人大参与进来，作为对与城管执法有关的法律法规清理工作的主体。根据我国2015年3月18日生效的新《立法法》第72条的规定："设区的市的人民代表大会及其常务委员会根据本市的具体情况和实际需要，在不同宪法、法律、行政法规和本省、自治区的地方性法规相抵触的前提下，可以对城乡建设与管理、环境保护、历史文化保护等方面的事项制定地方性法规，法律对设区的市制定地方性法规的事项另有规定的，从其规定。设区的市的地方性法规须报省、自治区的人民代表大会常务委员会批准后施行。"如法条所规定的范围，设区的市人民代表大会和常务委员会在城乡建设、环境保护、历史文化保护方面有权制定地方性法规，这些专业问题完全可以聘请专家学者组成专业团队对具体的城管执法问题予以研究以实现民主决策、科学决策，找到合适的法律途径解决城管执法的标准问题。

其次，我国目前的城管执法的法律依据多来自各政府部门的规范性文件，执法依据来源多元，效力等级存在着较大的差异。这种差异带来的麻烦就是城管执法在具体工作中对适用何种依据采用何种处理方式产生困惑。因此，必须加大对现有法律法规的整理工作，制定效力统一、结构清晰的城管执法地方性法规指导具体工作。一方面，如上文所述，必须让相关的专家学者并结合地方高校相关专业老师对现行的法律法规

予以清理，找出其中不适宜的法规和规范性文件，分门别类地采取不同的处理方式，对其中完全不符合现有经济社会条件的法规和规范性文件予以全面废止；另一方面，对其中符合现有经济社会发展的则予以部分修改或保留。同时，必须紧跟时代潮流，借鉴国内外优秀的行政立法经验，结合本地的实际予以借鉴。

最后，法律的修改会带来新法和旧法的适用问题。传统和习惯对人们行为的影响是巨大的。因此，在考虑制定新的法律的同时必须考虑到新法与旧法的适用问题，还要考虑新法是否符合现有的经济社会条件、是否能较好地指导城管执法。在这个问题上，结合其他地方的实践，有两种方式是科学可行的：第一，在立法或制定规范性文件时，公开向社会征求意见稿。法律的调整对象是人的行为，城管执法的主体是城管部门，行政相对人是所在城市不特定的人或者组织。因此，在立法的时候必须广泛征求群众的意见，尽量照顾到更多人，尤其是常见的城管执法行政相对人的意见和利益，充分发挥人民群众的作用，使新的法规或规范性文件符合大多数人的利益；第二，新法制定之后，设定一个生效时间让执法部门和人民群众有学习新法、理解新法的时间和机会，等执法部门充分理解了新的城管执法的原则和规定再实践。

（二）细化城管自由裁量权，规范执法程序

城管执法自由裁量权适用的法律依据，从人大立法的角度来说，既有明确规定了相对集中执法的两部相关法律，即《中华人民共和国行政处罚法》和《中华人民共和国行政强制法》，也包括地方立法，即专门调整城管综合执法的地方性法规和规范市容、城市治理、绿化等公共事务的相关法规；从行政立法角度讲，既有国务院通过并发布的具有普遍约束力的行政命令形成的规范性文件[1]，也有地方人民政府制定的行政命令。以宜昌市为例，在管理市容市貌上面，有宜昌市城市管理局、宜昌市住房和城乡建设委员会以及宜昌市规划局联合发布的《宜昌市城市容貌标准》，为城管执法提供了执法依据。

虽然从立法角度赋予了城管较大的城市管理职权，但是在未理顺部

---

[1] 试行、授权省、自治区、直辖市在本行政区域内进行相对集中处罚，各地市县级人民政府先后组建了专门进行城市管理执法的地方行政机关。

分行政机关职责和职权的划分的前提下，现实生活中还是存在着职权交叉或者空白的地方。在这样的前提下，城管执法就面临着自由裁量权的适用问题。城管积极地使用法律赋予的自由裁量权会产生一系列问题，但是怠于行使其自由裁量权，也会影响到执法的效果。因此，必须从法律角度细化城管的自由裁量权。

在细化城管执法自由裁量权的问题上，可以借鉴北京的经验从而为自由裁量权设定执法标准，北京在城管执法自由裁量权的问题上确立了"执法事项提示制，轻微问题告诫制，突出问题约见制，管理职责建议制，重大案件回访制及典型案例披露制"。① 这六条指导意见为城管执法提供了标准，使行政指导作为维护行政相对人合法权益，改善城管执法机关与行政相对人之间的关系，是一种优化执法环境的方式，还可以通过细化执法依据，将法律规范不明确的地方予以补全。目前的城管执法自由裁量权标准问题之所以存在，还是因为法条规范的不明确，因此将规范不明确的规定予以细化，是解决城管执法自由裁量权的好办法。

（三）加强行政执法队伍建设

我国现行的城管执法标准之所以存在问题，很大程度上与城管执法队伍建设不到位有关。当前，我国经济持续高速发展，城镇化建设也在如火如荼地进行，与之而来的是城市人口规模越来越大、公共服务的需求越来越大、社会治理的要求越来越高。这些都要求有较高水平较高素质的城管执法队伍提供较高水平的管理，来满足这些要求。城管执法人员出色的工作能推进城市发展的步伐，反之，会阻碍城市进步。加强对城管执法队伍的管理和培训，提高其服务水平、服务能力日益成为人们关注的焦点。

当前在三峡流域的各个城市的城管执法队伍中存在着城管执法队伍编制不统一、城管执法队伍法律与政治素质不高、执法队伍执法方式不当、专业化水平低等问题，这些问题的存在迫切要求我们加大对城管执法队伍的建设。在提高执法队伍建设的问题上，有如下科学可行措施可供借鉴：

---

① 参见《北京城管公布行政指导措施 初次违法先予告诫》，http：//news.sina.com.cn/c/l/2007-05-27/235713088160.shtml。最后访问时间：2015 年 7 月 23 日。

1. 加大城管执法队伍培训资金的投入

之所以强调加大城管执法队伍培训资金投入，是因为在目前我国的城管队伍中存在着城管系统培训资金不足的问题，培训资金供给缺乏极大地影响了城管执法各种活动的开展。加大对城管执法队伍培训的经费投入，有利于让城管执法队伍接受更多更优质的培训，使执法队伍的法律素质、技能素质、职业道德等得到大的提升。让他们了解他们的工作性质和职责权限，更好地适用法律解决他们在具体的执法过程中遇到的问题。

2. 细化城管执法机构的工作范围

我国的城管执法机构在对机构工作的介绍说明上，一些城市还存在着较大的问题。而城管执法机构工作范围的确定和明晰，有利于城管执法效率的提高。以宜昌市城管系统为例，该城管系统的内部机构设置上有办公室、计划财务科、综合管理科、业务指导科、政策法规科、户外广告管理科、人事科、监察室8个部门。这其中每个部门分管的工作也只是笼统地进行了规定，在一些具体的问题上例如业务指导科负责县（市）城市管理执法、市政、环卫行业指导工作；指导和督促县（市）重要市政、环卫基础设施建设；负责全系统安全生产工作，但在怎么指导、如何指导该网站上并没有说明。从宜昌市的城管执法部门内部体制来看，目前我国的城管执法体制在内部机构设置上也存在着较大问题，需要完善。城管执法体制的完善必须注意职责职权的明确，必须以职能明晰、专业对路为发展方向，必须以权责统一、精细管理、以人为本为工作目标。这就需要全面收集市民的意见和建议，不断对各部门的工作进行完善，达到人民满意标准。同时加强部门协调，避免出现职能交叉而出现的不作为和部门扯皮现象。

3. 要对录用城管执法人员进行严格把关

当前我国劳动力市场上的总体形势还是劳动力供给大于需求，城管局作为一个行政部门，即使招聘一个普通的临时工，在劳动力市场上也具有相当大的吸引力。然而不得不承认，在当前我国的城管执法队伍中存在着执法人员能力参差不齐的现象，这从根源上要归结到城管执法队伍人员的录用问题上。

因此，为了更好做到城管执法，加大对城管工作人员录用的把关工作必不可少。负责招聘的人员首先要全面了解下辖各区对城管人员的需求程度,重点放在考察各岗位人员需求情况,包括人数、能力层次、法律素质等,发布城管执法人员招录通告。同时,还需要考虑设立试用期,在试用期内如前文所述,加大对录用人员的各方面技能培训,选择出最合适的工作人选,提高执法队伍的整体素质。

(四) 加大对城管执法队伍的监督

城管执法缺乏必要的内部和外部监督机制,也是城管执法之所以存在诸多问题的根源。当前的城市管理过程中,城管执法过多追求效率而忽视公平,将社会群体的利益保护放在执法标准之下,将领导的指示命令凌驾于执法标准之上,这似乎已成为城市管理执法的普遍现象。而这种现象的存在,与城管执法队伍缺乏监督有密不可分的关系。因此,必须开展各种形式的监督,加大对城管执法队伍执法行为的监督,实现城管文明执法严格依法办事。

城管执法的监督必须从内部监督和外部监督两方面开展。第一,在内部监督问题上,可以由相应的法律对执法监督予以明确规定,避免执法过程中存在扯皮和推卸责任的现象。完善执法监督这一机制,加强执法队伍的内部监督,提高城管执法内部监督的可操作性和可行性,使其发挥作用,可以使得城管执法行为达到规范化、制度化的效果。同时,还要从法律上明确城管执法的职权职责,明确各部门的办事领域,从而促使执法人员以积极的态度、灵活的对策和正确的方式去处理城管执法问题。对那些履行职责不力的人员予以行政处分,使其达到内部监督的效果。另外,还要建立健全绩效考核体系。建立该体系的目的在于对执法工作数量、工作质量和工作技能实施考核,提高执法人员在工作时应该做什么、做多少以及做好分内所要求业务技能的掌握程度。建立绩效考核体系的目的,不仅在于要对执法人员的执法行为进行监督,更重要的是将考核结果反馈给考核对象并进行对外公示,不断提高执法队伍的执法水平。第二,在外部监督问题上,主要还是要发挥舆论监督和人民群众监督的作用。在发挥舆论监督的时候,要注意避免情绪化倾向化的监督导向。基于现代社会信息传播的便捷性和人们普遍同情弱者的心理,一起简单的案例可能经过媒体传播后偏离正确的舆论导向,加深城管执法队伍和人民群众的隔阂。舆论监督必须坚持公正客观的原则,实事求是地对城管执法予以舆论监督，促使城管执法朝正确方向发展。在现实生活中，许多尖锐的城管执法人员与行政相对人之间的矛盾，可能并不完全是执法人员的过错，在这种情况下，舆论监督就要坚持客观公正，尊重案件事实和真相，保障城管执法人员的合法权利。发挥人民群众的监督最关键的还是要畅通沟通和举报机制，开设对话渠道。在保障人民群众对城管执法监督权的问题上，宜昌市在"宜昌城管网"上设置了"公众监督"这一模块，给了人民群众监督的渠道和机会。让人民群众了解城市治理的相关法律法规，理解城管执法的依据和合法性，当人民群众的合法权益受到侵犯时，有相应的救济渠道予以补偿。当然，基于权利与义务相统一的原则，人民群众有监督城管执法的权利，也有不造谣不传播虚假信息的义务，如前文所述，基于现代社会信息传播的便捷性与广泛性，许多虚假案例的传播极易引发民愤。因此，在外部监督的问题上，需要加大网络监督对不良信息的监管，严格追究那些传播虚假案例的人的法律责任。当城管执法违背了法律的时候，只有人民群众的举报和监督充分发挥作用，外部监督机制的完善健全，这才能发挥应有的作用，促进城管执法的进步和文明进行。

（五）深化行政管理体制改革

当前我国的城管执法体制，是政府各个职能部门将其社会管理的权限和职责转移给一个统一的部门来行使。在这个过程中，也出现了机构膨胀、编制混乱、人员队伍建设无序和低效等问题。为了解决这些问题，必须进行城管执法行政体制改革和创新。

首先，在人员录用上可以考虑采用合同方式聘用。较之普通公务员与行政机关的关系，采取合同方式聘用这部分人员与行政机关必须明确雇用合同关系，签订的行政合同双方要严格遵守。以合同的方式录用城管人员，双方既要遵守法律法规，又要遵守合同的约定，因此，实行城管执法人员的合同聘用制，可使城市管理、服务行为得到更有效的自我约束，能够更加有效地让执法人员做到忠于职守，有利于促进工作素质、工作效率以及工作热情的提高。另外，合同雇用制可以兼顾城市管理执法制度，推动执法人员开展工作业务竞争，刺激队伍机构以更好的技能去管理城市各项事务。其次，在现有城管执法标准存在问题及城市管理执法存在问题的情况下，现实有种可以借鉴的做法，即城管部分职能进行"物业化"管理模式①，其实质也就是把城管执法功能分解。例如将市政、园林、环卫等领域的非强制性行政事务推向市场，通过社会公开招投标方式进行政府和社会在城市管理领域的合作。这种将公共服务市场化的模式不失为一种城管执法方式创新。当然这种机制创新，应当进行试点试行，若成效较好再进行推广。另外，在这些环节中，需要以招投标的方式将企业投入到公共事务中去，并引入竞争机制，吸引有实力的企业为人们提供良好服务。

第三节 三峡流域城市管理执法考核法治化

行政执法考核制度是对执法工作的基本评价，用以检验行政机关以及执法人员依法执法的重要制度，是完善行政执法责任制的关键。实践证明，城市管理要规范执法，就必须进行严格考核。目前看来，三峡流域各个城市普遍制定了严格的城管执法考核规定，设置专门的执法考核机构，形成了较为完备的城市管理执法考核体系，通过有效奖惩，全面制止了滥用执法权、执法不作为等违法执法现象。

一 城市管理执法考核法治化概述

随着社会主义法制的不断完善和构建社会主义和谐社会的不断深入，妥善处理城市管理工作就显得尤为重要。而要更好地处理城市管理事务，就需要提高对城管行政执法人员的要求。那么，如何实现提高对城管行政执法人员的要求以及如何体现城市管理水平的提高就成为摆在我们面前的问题。为解决这个问题，笔者认为可以引入行政执法评议考核制，使行政执法考核制度法治化，利用这项制度来评判执法人员执法行为是否得当，对执法人员进行考核，优化城管执法队伍，提高行政效率，更好地实施城市管理。

(一) 概念界定

城市管理执法考核，是评价行政执法部门的工作情况，检验行政执

---

① 参见《广州拟推行城管物业化模式 聘请物业公司管小贩》，http://news.sohu.com/20090730/n265586231.shtml。最后访问时间：2015年5月17日。

法部门和行政执法工作人员是否正确行使执法职权和全面履行法定的义务的一种机制，是行政执法责任制中最关键的环节。

目前我国已有相当部分的省、自治区、直辖市和部分大城市制定颁布了行政执法责任制法规规章，这些立法文件中都对城市管理行政执法考核进行了规范。城市管理执法考核的规范依据城市管理工作考核方案要求，通过规范程序、科学组织、明确责任、明晰分工、认真考评、严格奖惩，提高城市管理工作量化考核的可操作性，从而真正调动各部门、各单位参与城市管理工作的积极性和主动性，最终达到和谐共治城市事务的良好局面。

城市管理执法考核主要内容如下：

1. 考核的原则

考核坚持公开、公平、公正的原则，坚持日常考核和年度考核相结合的原则，坚持内部考核和市考核相结合的原则，坚持考核和评议相结合的原则，坚持奖罚并重的原则。

2. 考核的对象

考核对象为：执法人员其执法权限、执法行为以及执法人员绩效。绩效包括两个方面，一是业绩，二是效率。对执法人员执法权限的考核是为了防止执法人员越权执法，权责不分；对执法人员执法行为的考核是为了保证执法人员文明执法，合理执法，做到执法为民；对绩效的考核可以从三个方面来说明：第一，从社会学角度来讲，绩效考核能够体现执法人员在社会中的作用，体现他们生命的价值；第二，从经济学角度来讲，绩效是一个组织对其组织成员的薪酬承诺，而个人所做的努力与薪酬承诺恰好可视为等价交换；第三，从管理学角度来讲，绩效是组织期望达成的结果，个人绩效与组织绩效相照应，完成个人绩效就提高了组织绩效。

3. 考核的方式

充分发挥城市综合管理考核的"镜子"和"指挥棒"作用，每月对中心城区的街道办事处、城市周边的乡镇和相关职能部门进行考核，着力提升城市管理精细化水平。第一，突出考核重点。把示范路创建、洗脸整容、门前三包等作为考核的重要内容，划定硬标准、下达硬任务。第二，创新评分办法。对各区政府和开发区实施综合评分，把街办和乡镇的考核得分作为评分基数,强化各地对城管工作的领导,形成上下联动、部门协作抓城管的良好工作格局。第三,延伸考评触角。将市容市貌、环境卫生、园林绿化、交通秩序等12个内容纳入考核范围。第四,实行"三方"联考。在考评方式上,采取由第三方监理公司考评,组织专班考评,聘请人大代表、政协委员和公众测评相结合的办法,实行"三方"联考,专查"盲点"与"漏点"。通过创新考评机制,反映出执法人员的不足之处,并以此督促改进执法活动;第五,严格考核结账。采取"月初明确重点、月中检查督办、月底评分结账"的方式,结合随机抽查和月度例查,对中心城区各区、各街办、各乡镇和相关部门进行综合评分排名,予以通报。同时,设立考核奖励资金,奖励考核优胜单位。①

(二) 城管执法考核的特点

1. 法定化

城管执法考核制度首先必须要有法律法规作为背景支撑,必须从规章制度层面给这项制度一个容身之处,否则,没有法律法规的明文规定作为施行依据,制度只能是空想,并不能得以实施。因此,城管执法考核必须经过制度设计,通过法律法规的承认认可,具有法定性,城管执法考核制度才能跳出设想的牢笼,获得施行的自由,继而提高城市管理的水平与效率。

2. 主体多元化

城管执法制度能够发挥其作用,助力完善城市管理的另一个原因是参与实施这项制度的主体多元。这项制度的施行不仅包含城管执法人员,还包括聘请的部分人大代表、政协委员和公众参与测评,使得考核不仅仅是在城管部门内部进行,更要紧密联系各界人士都参与考核,找出执法的"盲点""错点""漏点",以此敦促执法人员完善执法行为与执法方式,更好地管理城市事务,为构建和谐美好城市而努力。

3. 公平公开公正性

城管执法考核制度必须公平公正公开。这项制度的实施不仅影响到

---

① 参见《武汉城管改革样本:聘请第三方检查考核》,http://news.sina.com.cn/c/2013-07-02/101927553704.shtml。最后访问时间:2015年8月1日。

城管执法人员的积极性，还关乎提高城市管理水平的大计，因而测评必须保证公平公正公开，而要做到这一点，就需要测评的过程不能只把握在城管部门内部手里或者上级之间，必须把运行过程放在阳光下让所有相关的人都能看得到，都能参与，要切实反映群众的真实意愿，而不能让测评变成上级领导的个人意志。①

(三) 执法考核法治化须注意的问题

1. 不能缺乏科学性

制定执法考核制度时，必须具有科学性、合理性、可操作性。一些制度在设计时标准不清晰明确，制度不健全，不规范，对问题只谈及皮毛，因而；制度在实施的时候就不能发挥其应有的功效，制度的建立与否根本没有区别。另外，根据不同部门，不同职责，不同工作性质应该设立不一样的能够充分体现其工作的考核标准，不能"一刀切"，所有人员使用同一个标准，这样不仅不能充分反映执法人员工作的质量，还会使得考核流于形式。

2. 城管执法考核要有持续性，不能半途而废或者只注重年度考核而忽视平时考核

以现有的一些行政考核现状来看，多数考核都是定期考核，而定期考核一般都在年末，这就使得这些考核往往缺少平时考核，只以年终考核为准，所谓考核只是流于形式。如此一来，定性考核成为其核心，而定量考核的重要性被削弱很多，最终结果就是考核成为领导意志的主观考核，考核制度本身就失去了最初制定时的意义。

3. 城管执法考核要广泛吸纳群众的意见，不能只注重上级考核

一方面，城管执法人员属于基层执法人员，处于我国公务员金字塔的底端，人员数量庞大，与群众日常生活联系紧密，也与群众打交道最多。因而他们的形象直接代表了政府，代表了国家，由群众参与考评，让普通民众拥有对关乎切身利益事情的发言权，提出意见，才是对症下药，才真正地对改进城市管理工作，推进城管执法考核法治化进程有利。另一方面，让群众参与考评有利于使考核标准，考核内容，考核标准向大众公开，使得考核过程公开透明，以便民众监督，同时能够摒弃只注

---

① 于维政：《深化依法行政，推动行政执法标准化》，《中国检验检疫》2013 年第 8 期。

重上级考核,让考核只停留在表面形式的不良作风。

二 三峡流域城市管理执法考核现状

（一）三峡流域城市管理执法考核体系

三峡流域城市管理执法考核已经建立较为齐备的体系,包括考核规范、奖惩、方式等方面,都有明确的规定和具体的执行,既考虑到了城市管理执法的特点,又结合了各个城市不同的发展现状和特色。正如图1所示,三峡流域城市管理执法考核体系与绩效实施、结果应用以及评估改进相结合,充分实现良好的动态发展和循环。

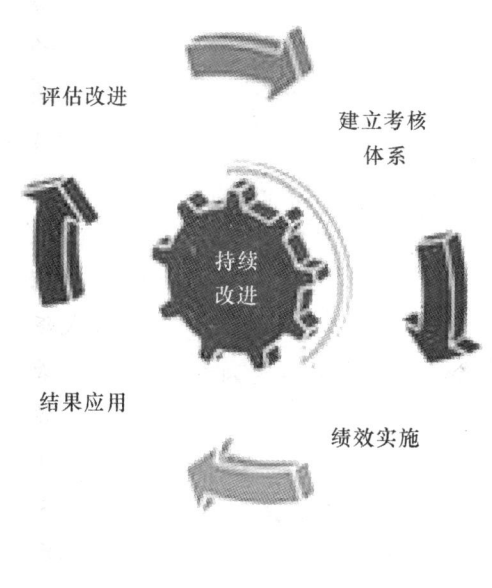

图 1

1. 制定了较为完善的城管执法考评规范

城市管理只有责任明确,考核到位,奖惩兑现才能激励各部门形成合力,才能达到共建共管的目的。在这里,湖北省荆州市在省内率先针对城管执法考评具体标准的确定做出了尝试。2011 年,荆州市住建委、城管局、交通局、交管局、市政园林局和荆州区、沙市区、荆州开发区等部门经过反复酝酿,多次论证,起草了《荆州市长效管理考核评比办法》(以下简称《办法》)和《标准》,《办法》将城区市容、道路、环境卫生、绿化、车辆停放秩序、散流体物质运输等管理内容全部纳入考评奖惩内容。在具体办法上,采取暗查、明检、月评的方法进行百分制计分,依据考评分数的高低,逐月对排名前3名进行重奖,排名后2名进行重罚。《标准》根据不同的管理内容、管理等级和管理规范,逐项细化,逐条考核。同时,建立考评监督机制,建立每月排名媒体发布制度、市领导定期检查制度、市委、市政府督查制度和"两代表一委员"监督制度。目前,该《办法》已广泛征求社会和部门意见,正在报请市政府批准实施。

2. 建立健全长效管理考核评比奖惩制度

结合省内外先进城市的城市管理执法经验和优秀做法,2011年,荆州市实施"大城管"体制改革,在广泛调研、深入研究的基础上,出台了《荆州市中心城区城市综合管理考核暂行办法》,城市管理的科学化、精细化和长效化水平进一步提高。以考促管,管理更加精细。充分发挥城市综合管理考核的"镜子"和"指挥棒"作用,每月对中心城区11个街道办事处、城市周边10个乡镇和6个相关职能部门进行考核,着力提升城市管理精细化水平。一是突出考核重点。把示范路创建、洗脸整容、门前三包等作为考核的重要内容,划定硬标准、下达硬任务。2013年,各街办和各乡镇共划定三包责任区2.4万处,签订责任书9136份。各地强化小广告治理,加大机扫和洒水力度,管理效果明显提升。二是创新评分办法。对各区政府和开发区实施综合评分,把街办和乡镇的考核得分作为评分基数,强化了各地对城管工作的领导,形成了上下联动、部门协作抓城管的良好工作格局。三是严格考核结账。采取"月初明确重点、月中检查督办、月底评分结账"的方式,结合随机抽查和月度例查,对中心城区各区、各街办、各乡镇和相关部门进行综合评分排名,予以通报。同时,设立1100万元考核奖励资金,奖励考核优胜单位。

3. 注意强化考核方式,有效推动城市精细化管理

在调研中,调研组成员发现,三峡流域城市管理执法考核还较为注意采取精细化考核的方式,严格进行日常考核,奖优罚劣、奖勤罚懒。在这种考核方式的采用下,三峡流域各城市的城管执法工作取得了较大

的进步,文明城管、科学城管、法治城管的效果逐步彰显,文明城市、美丽城市、和谐城市的实现指日可待。2010年利川市新的城市管理执法局成立后,市委、市政府进一步深入细致地调研城市管理工作,于5月31日发布了《利川市人民政府关于加强城市管理的通告》,其中对城市管理执法考核方式做出了具体规定。例如,从2010年起,正式员工每月从补助中拿出200元、协管员每月拿出100元作为绩效考评工资,坚决改变"干与不干一个样,干多干少一个样,干好干坏一个样"的思想,做到严格奖惩,严格兑现,奖勤罚懒,奖优罚劣,优胜劣汰。由此增强职工的责任意识、质量意识、服务意识、危机意识和市场竞争意识。

宜昌市2013年颁布并实施的《宜昌市城区城市综合管理考核办法(试行)》第9条规定:"对各区城市综合管理考核采取以下方式进行:日常工作考核采取日检查、周考核、月评价的方式进行。专项工作考核按月组织,采取明察或暗检方式进行。重点工作考核按年组织,每年一次,采取资料审查和现场检查的方式进行。数字城管案件办理考核由数字城管业务应用系统每月自动生成考核结果。暂未接入数字城管业务应用系统的区,该项考核用公共诉求系统考核结果替代。"第10条规定:"对市城管委成员单位,主要通过数字城管系统,对各类案件的办理情况进行月考核。"通过上面的规定,可以看到,宜昌市对城管执法考核予以规范化,并结合多种多样的方式方法,针对城市管理执法进行精细化、科学化、全面化的考核。2013年,宜昌市初步形成了涵盖市、县市区、部分街办(乡镇)的城管工作层级考评格局,"即时考核、专项考核、综合考核"相结合的城区城管工作考评体系基本建立。与此同时,还引入人大代表、政协委员、新闻记者、群众代表,积极推行第三方考评,首次设立1400万元的城区城管工作考评资金,2013年半年累计奖励102万元,处罚46万元。另外,还建立了城管与媒体联动机制,考评结果通过报纸、电视、网站对外公布。

(二)三峡流域城市管理执法考核的运行现状

管理效率高不高,关键在管理模式是否科学。三峡流域城市管理执法坚持把管理模式创新作为改革的重要内容,按照"考评到街办,奖惩要过万"的要求,建立了规范、科学的考评机制。

1. 制定城市管理执法考核的相关制度和实施方案

2012年4月28日,根据城市管理执法考核发展的情况,宜昌市政府制定了《宜昌市城区违法建设行为防控和查处工作考核及责任追究办法》,其中第3条规定如下:"坚持严格考核与严肃追究相结合,将防控和查处违法建设行为工作纳入各区党政干部目标管理和市相关行政执法部门目标管理综合考核范围,严格考核职责履行情况,并依法依纪追究失职、渎职者责任。"① 又如荆门市为建立有效的控违查违工作激励机制,全面提升控违查违工作实效,根据《荆门市中心城区控制和查处违法建设工作方案》(荆办文〔201138〕号)的布置,于2012年1月29日颁布了《荆门市中心城区控制和查处违法建设工作考核奖惩办法》,其中第三条规定:"市中心城区控制和查处违法建设工作领导小组办公室(以下简称市控违办)负责对各区、市直相关单位的控违查违考核工作,并通报考核结果;各区负责对本辖区内街道办事处(镇)、社区(村、场)和区直相关单位的控违查违考核工作,通报考核结果并报市控违办备案。"第4条规定:"各区的考核采取日常检查与集中检查相结合的方式,每月10日前对上月工作进行月度考核,当年12月进行年度考核,每年12月违法建设集中整治行动结束时进行总考核。各区应制订全年拆除存量违法建设计划、处置存量违法建设计划,并逐月分解,于每月28日前提出下月拆除计划、处置计划报市控违办,作为市控违办对该区控违查违工作考核的依据。"② 值得注意的是,荆门城市管理执法考核实行百分制,根据实际工作情况,对工作力度大的责任主体进行加分或减分。同时,荆门市直相关单位还按照《荆门市中心城区控制和查处违法建设工作方案》规定的职责分工,对其履行职责情况进行月度考核,对市城市管理局负责的单位违法建设的控制和查处工作考核参照市直相关单位的考核内容进行考核。年度考核时,以月度考核分值的平均分作为年度考核得分,总考核时,以各年度考核分值的平均分作为总考核得分。同时,张家界

---

① 参见《宜昌市城区违法建设行为防控和查处工作考核及责任追究办法》,http://www.ycxl.gov.cn/art/2012/4/28/art_ 4901_ 95314.html。最后访问时间:2015年7月2日。

② 参见《市人民政府关于印发荆门市中心城区控制和查处违法建设工作考核奖惩办法的通知》(〔荆政发〔2012〕2号〕)。

市政府也根据实际需要，2014年制定了《张家界市城市管理行政执法局工作规则》，其中也提出具体的督察考评奖惩制度，例如第145条规定："下列对象纳入本局督察考评范围：（一）局机关各科室。（二）局属各单位。"第146条规定："本局督察考评内容主要包括以下几个方面：（一）基础管理工作。重点督察考评：岗位职责是否明确；工作规程（流程）是否健全；考勤是否到位；学习是否经常；业务工作是否建立台账，全面做到有计划（方案）、有总结、有请示、有汇报；发现工作失误是否及时追责整改。（二）完成任务情况。重点督察考评：完成本局年度《工作要点》交办的工作任务情况；完成年度政府工作报告相关分解任务的情况；完成本局当年历次工作例会安排部署工作任务情况；完成局党组会、局务会、局长办公会交办的工作任务情况。（三）党风政风建设。重点督察考评：履行党风廉政建设责任制情况；遵纪守法情况（重点是作风建设情况）；依法行政、精细管理、规范服务情况。督察考评方式：（一）由局督察科为主负责，监察室协同配合，按照'一周一督察，半月一通报，一月一讲评'的原则要求，开展高强度、高密度的督察考评工作，具体方式以明察、暗访、抽查、核查、督办、催办为主。（二）考评采取百分制计分法，其中基础管理工作基础分值20分，完成任务情况基础分值60分，党风政风建设基础分值20分。具体扣分、加分细则由局督察科研究提出方案，经局务会议研究审定后执行。（三）各被考评单位按照分级负责原则，组织开展到岗到人的督察考评工作。"第147条规定："督察考评程序。（一）局督察科、监察室每周开展一次督察。（二）每月底局督察科、监察室汇总督察结果，按照加减分细则计算出被督察各单位的本月考评得分，并报分管领导初步核准后，在下一月份工作例会上公示，并及时办理申诉事项复核工作，确定正式考评分值。（三）正式考评分值经分管局领导复核、局长审定后，即可作为奖惩依据。"第148条规定："奖惩规定。（一）各单位督察考评每月得分情况，作为年度绩效评估考核和评先评优、考察任用干部的重要依据。（二）设立城市管理督察考评月度绩效奖励资金，按照局机关科室每月人均600元标准，市环境卫生管理处领导班子、市市政设施维护管理处领导班子、市城管执法支队永定大队和市城管行政执法局开发区分局全体执法人员每月人均1000元标准，奖优罚劣，按考评得分情况折算核发到人。禁止平均发放。

(三）月度绩效考评奖励资金采取从年初财政预算的公用经费中统筹一点、年底财政安排的非税收收入工作经费中提取一点、向市政府专项争取一点的办法，予以保障。"①

2. 制定以经济奖惩为核心的工作考评机制

2013年，宜昌市政府出台了《宜昌城区城管工作考评办法》，将市容、规划、市政设施执法以及队容风纪工作列为考评项目，并采取"各区上缴、财政补贴"等方式，设置1400万元的考评奖惩资金。考核内容包括环境卫生、市容秩序、市政设施、门前三包等日常工作；城郊环境、园林绿化、违法建设、建筑垃圾、广告店招、队容风纪等专项工作；数字化城管；即时考核等。每月依据考评排名结果实施经济奖罚，结果通过报纸、电视、电台、网站等媒介向社会公布。城监支队按照考评办法，每月对各区的违法建设、建筑垃圾、队容风纪的监管情况进行考核（广告店招的考核由局广告科负责，其他内容由监督指挥中心负责），并形成执法专项考核报告，报局考评办。局考评办汇总各区当月的整体考核情况，市城管委公布考评结果。而年度责任目标中"城市管理成效"的最终得分，通过媒体公布城市综合管理考核成绩和排名，并作为评选"城市管理最佳城区""城市管理先进单位"的重要依据。

3. 进行"第三方"联考的城市管理执法考核机制创新

在三峡流域城市管理执法工作中，荆州市率先进行执法考核机制创新，创设了"第三方"联考联评机制。具体而言，荆州城管执法考核在考评方式上，采取由第三方监理公司考评，组织专班考评，聘请人大代表、政协委员和公众测评相结合的办法，实行"三方"联考。荆州市自2011年11月以来，第三方公司上传"盲点"照片共5万余张，专班查找"漏点"2600多处，公众提交问题270多个。充分发挥城市综合管理考核的"镜子"和"指挥棒"作用，每月对中心城区11个街道办事处、城市周边10个乡镇和6个相关职能部门进行考核，着力提升城市管理精细化水平。第一是突出考核重点。把示范路创建、洗脸整

---

① 该资料来源于2014年10月湖北省人文社科重点研究基地、三峡大学区域社会管理创新与发展研究中心"三峡流域城市社会治理研究"课题调研。

容、门前三包等作为考核的重要内容，划定硬标准、下达硬任务。2013年，各街办和各乡镇共划定三包责任区2.4万处，签订责任书9136份。各地强化小广告治理，加大机扫和洒水力度，管理效果明显提升。第二是创新评分办法。对各区政府和开发区实施综合评分，把街办和乡镇的考核得分作为评分基数，强化了各地对城管工作的领导，形成了上下联动、部门协作抓城管的良好工作格局。第三是严格考核结账。采取"月初明确重点、月中检查督办、月底评分结账"的方式，结合随机抽查和月度例查，对中心城区各区、各街办、各乡镇和相关部门进行综合评分排名，予以通报。同时，设立1100万元考核奖励资金，奖励考核优胜单位。

（三）三峡流域城市管理执法考核结果评价

从目前的运行情况来看，三峡流域城市管理执法考核平台处于半运行状态，还没有真正达到精简的考核水平，且各个城市考核运行状况具有一定的差异。例如，同运行较好的地方相比，黔江地区尚处于起步阶段，存在较多问题。在机构设置上，尚没有得到区编办的批复；在考核评议技术上。在考核体系上，对责任单位处置情况的考核基本上是空白，缺乏相应的考核督办制度和执行主体；张家界市于2013年针对已经制定并下发的《张家界市2013年"门前三包"考核办法》具体检查考核标准，组建专门的检查队伍，对"门前三包"执行情况实行检查和通报，督促两区政府加大处罚措施，建立考核台账，严格兑现奖惩。并且着重强调坚持文明执法，建设高效城管，强化考核监督，坚持把城管执法工作置身于社会监督之下，聘请党代表、人大代表、政协委员、老干部、普通市民、媒体记者担任执法监督员，认真听取群众意见和建议，充分调动社会各界关注、参与、监督城管执法工作的积极性；在严格执行行政执法责任制和执法过错责任追究制的基础上，加强对执法人员的评议和考核，相应建立健全末位告诫、淘汰制和轮岗制等考核结果运用制度。

相比之下，宜昌对于管理执法考核采取的措施较为精细，例如全面审核，对照人财物清理表全面审核，岗位身份信息严格按人员花名册反复核对，邀请局法律顾问审核聘用人员合同、作业合同；加大日常监督和月考核力度，巩固户外广告和门店招牌整治成果。在具体工作中，把城市综合考核作为工作的重中之重，一是将户外广告、门店招牌、市容秩序管理纳入日常巡查内容，及时查处随意设置户外广告和门店招牌的违法行为。二是争取广告店招专项考核的权重，按照标准严格评分。三是把一月一次专项考核与日常的及时考核结合起来，推进日常管理的落实。四是加大整治督办的力度，对存在的问题采取书面督办与现场督办相结合、及时督办与跟踪督办相结合，不断创新和深化户外广告、门店招牌的管理。

但是，值得欣慰的是，三峡流域城市管理执法考核基本上建立了相应体系和体制机制。比如，在综合考核系统软件设置上，科目齐全，公平公正；在执行力度上，政令畅通，奖惩分明。考核形式多样化，季度考核、年度考核、综合目标考核等，所占比重较大。同时将各单位主要负责人的工作业绩也纳入考核范围，并定期通过社会主要媒体向公众公示。对考核结果的应用突出激励性，政府拿出专项资金对各单位的执行情况依据考核结果进行以奖代补，这种考核办法鞭策了后进、鼓励了先进，等等。可以说，三峡流域城市管理执法只有依靠强有力的考核体系，各责任部门和单位才能有所"敬畏"，才能避免城市管理执法流于形式，避免城市管理是市政系统自己"折腾"自己的尴尬局面出现。

三 三峡流域城市管理执法考核法治化存在的问题

从目前三峡流域城市管理考核制度的立法与实践来看，主要在考核主体、考核过程、考核内容、考核奖惩制度等方面存在一些问题。

（一）城管执法考核主体单一，基本局限于内部考核

我国行政执法的考核权配置按照行政法治的基本要求，一般设定为具体执法机关的上级机关或同级政府掌握，考核的标准、方式方法、奖惩措施及相应追责办法都是由这些机关实施。而这种方式的考核由于上级机关天然对于城市管理执法部门具有考核权限，因此极具威慑性和效应性。但这种执法属于行政机关的内部考核方式，很多时候由于内部性和关联性，使得外部的人民群众不是非常清楚其考核过程，进而影响到其考核的公平公正和公信力。就目前而言，在三峡流域城市中，大部分的城市还是采用内部考核，如宜昌市出台的《宜昌市城区城市综合管

理考核办法（试行）》就明确规定，城区城市综合管理考核工作在市城管委领导下进行，由市城管委办公室统筹组织实施。园林专项考核由市园林局负责实施，每月将考核结果上报市城管委办公室。邀请人大代表、政协委员、市民代表、媒体记者等对城区城市综合管理考核过程进行监督。[①] 虽然，在该考核办法中引入了第三方的考核监督机制，该机制对于提高考核的公正性起到一定作用，且第三方确实起到了监督作用，并且有一定的发表建议甚至意见的权利，但是在该办法中也没有对第三方的监督该怎样具体实施以及监督无效所产生的责任等作出具体的规定，从根本上来说，该条例也只是起一个预防作用而已，没有什么实质意义。同样，荆州市也在考核过程中引入了第三方，联合"三方"考核。在考评方式上，采取由第三方监理公司考评，组织专班考评，聘请人大代表、政协委员和公众测评相结合的办法，实行"三方"联考。这种第三方监理公司直接参与考核，不得不说是城管执法考核的一个新尝试，同时产生了积极的效能，但是第三方监理公司的确定以及正当考核过程的明确尚待进一步完善，否则易于将这种创新的考核制度最终流于形式。同时，荆州市在考核中还加入了人大代表、政协委员这种权威性较强的监督主体，对整个考核进行监督并提出意见，但对于其具体监督工作的实施，依旧较为模糊，且没有具体说明；再者，虽然在此基础上也有公众的参与，保证其民意度，但可以从荆州城管部门的工作报告中看出，公众提交的问题也只有270多个，相比专班查找的2600多处"漏点"，似乎有点微乎其微，这也充分说明对于考核，公众参与的积极性并不是很高，进而使得考评的社会效果不高。基于考核主体的单一，自然而然也就促使三峡流域城市管理考核制度缺乏科学性和可靠性。

（二）城管执法考核过程不透明，未向公众公开

虽然宜昌、荆州、怀化、张家界等三峡流域城市都在努力建设城管执法考核机制，制定了较为详细的考核实施办法，包括考核内容、考核

---

① 参见《宜昌市城区城市综合管理考核办法（试行）》。http://xxgk.yichang.gov.cn/gov/jcms_files/jcms1/web2/site/art/2013/8/17/art_28328_458606.html. 最后访问时间：2015年8月18日。

方式、考核计分、考核奖惩四个方面。以宜昌市为例，城市管理部门专门出台了《宜昌市城区城市综合管理考核办法（试行）》，以此来规范执法考核，但从中不难发现，其中只是提及了关于考核机制的建立、考核方式的实施以及考评结果的对外公布，而没有提到考核过程的公开，难免会让公众质疑考核结果的可信度。这种现象，同样在其他的三峡流域城市中也有所体现。这种"关在门里"的考核，难免有"官官相护"之嫌，甚至有造假的可能，以致造成的不良后果便是城管执法的效力低下、效果不佳。大多数执法人员会因为考核过程的不透明，产生侥幸心理，催生了"不作为，也能得高分"的懒惰想法，以此带到执法过程中，"城管暴力执法"的现象便会愈演愈烈，从而影响"官民"的关系，不利于城管部门的改革，也会动摇整个执法考核体制，让所有的考核规定成为一纸空文。

（三）城管执法考核内容不具体，过于抽象笼统

考核内容是考核主体做出考核的重要依据，也是考核制度中最为核心的部分。该考核什么、不该考核什么，是对考核范围的具体界定，若考核内容不够具体，则会影响考核人员做出评判。以宜昌市为例，宜昌市于2013年出台了执法考核的实施办法，考核内容作如此规定："对各区的考核分为日常工作考核、专项工作考核、重点工作考核及数字城管案件办理情况考核；其中关于日常工作考核中的一项环境卫生的内容是这样规定的，环境卫生：重点考核城市主次干道、背街小巷、居民小区、道路分车绿化带及临街绿地、城市出入口、集贸市场等部位的环境卫生及环卫设施、垃圾运输车辆管理情况以及道路环卫机械化洗扫作业情况。"对于所规定的各项内容，看似具体，但却难以实际操作。例如，一个集贸市场的环境卫生情况，具体应该是什么标准，是好还是坏，"好"以什么标准来判断，"坏"又以什么标准来判断，这些在考核办法中并没有给出具体的评判标准，却赋予考核主体相当大的自由裁量权，考核人员可以以自己的理解，给出评判，做出考核，对于不同的考核人员，可能会出现截然不同的考核结果。正是因为缺乏规范化、体系化、科学化的指标体系，才使得考核工作不易操作而降低考核结果的客观性。

（四）城管执法考核主体的职权和责任不明确

权力与责任是相对的，拥有什么权力相应地就必须承担与此相对的责任。纵观三峡流域城市管理关于执法考核的规定，完全没有涉及考核主体的责任，立法上也存在空白。以怀化市为例，怀化建立了城管执法绩效考核制度："一、为加强机关效能建设，特制定绩效考核内容和程序，考核以实绩和行为事实为依据，坚持公开、公平、公正的原则。二、考核分半年、年终考核两次。主要内容包括：（一）目标管理责任书工作的完成情况；（二）社会承诺的履行情况；（三）工作效率；（四）群众的投诉情况；（五）局里安排的其他临时性工作完成情况。三、考核依下列程序进行：本人自评，科室、大队评分，考核综合评分，局党组审定。四、绩效考核工作由局办公室、人事教育科、执法督察科、纪检监察室统一组织实施，年终考核结果作为对局属工作人员升降、奖惩的重要依据。"相比于三峡流域的其他城市出台的考核办法，其规定过于简单，但跟宜昌、荆州、张家界的一样，该制度里也没有对考核主体的职权与责任作出限定，使得一些考核主体对于考核没有太多的重视，以此得出的考核结果也就没有实质意义。同样，考核主体对于考核结果的不负责，也极易让执法人员怠于行使职权，在工作中，怀着无所谓的态度，甚至认为考核结果的好坏与具体的执法行为没有关系，全凭考核人员的心情，因为他们对于任何考核结果都不用负责，更不用说这其中存在的"潜规则"。在实践中，考核主体考核责任的缺失也极易导致腐败的滋生，不利于考核制度的建立。

（五）城管执法考核奖惩制度形式化较强，可操作性不高

调研人员在调研过程中了解到，三峡流域的城市，针对考核，都制定了一个比较严格的奖惩制度。张家界这样规定，各区县将测评结果作为乡镇街道社会治安综合治理考核奖惩重要依据，对排名末位的给予黄牌警告，连续两年排名后三位的予以一票否决。利川则这样规定，绩效化考核管理激活工作激情，推行量化考核、工资挂钩的绩效化管理办法：分别从正式职工和协管员的奖励工资中每月拿出200元和100元作为绩效考核浮动工资，通过考核"门前三包"、市政维修、卫生管理、综合整治、园林绿化等本职工作，实行百分制，年底算总账兑现。荆州则采取暗查、明检、月评的方法进行百分制计分，依据考评分数的高低，逐月

对排名前3名进行重奖，排名后2名进行重罚。怀化根据每月督察情况评出各单位名次，对前三名分别奖励3000元、2000元和1000元，并给排名第一的单位主要领导奖励1000元；对后三名分别处罚3000元、2000元和1000元，并处罚排名最后的单位主要领导1000元。除此之外，还将督察排名情况与单位评先评优、年终奖发放、单位领导"乌纱帽"、队员津补贴等事项挂钩，极大地调动了全体队员的工作责任心和积极性。宜昌则在考核办法中设置了更为详细的奖惩规则。设立年度城市综合管理奖惩专项资金，用于对各区城市综合管理工作进行考评奖惩，实行专户管理。专项资金由各区上缴的考核保证金和市财政配套的奖励资金构成，每年1400万元，其中夷陵区、西陵区、伍家岗区、宜昌高新区各上缴考核保证金200万元，点军区、猇亭区各上缴考核保证金100万元，市财政配套400万元。对当月考核达到各区平均分数或超过90分的区，返还其所缴考核保证金的月均额度；对当月考核排名前三位的区进行奖励。对夷陵区、西陵区、伍家岗区、宜昌高新区按照第一名12万元、第二名10万元、第三名8万元的标准进行奖励；对点军区、猇亭区减半奖励。对月考成绩在各区平均分数以下且低于90分且排名倒数后两位的区扣罚一定额度的考核保证金。对夷陵区、西陵区、伍家岗区、宜昌高新区按照倒数第一名10万元、倒数第二名8万元的标准进行扣罚，对点军区、猇亭区减半扣罚。上述奖罚资金实行月核定、季划拨。各区所获奖励资金的40%用于城市管理工作经费，60%用于奖励城市管理工作的先进单位和个人。各区每季度要向市城管委办公室报备奖励资金使用情况。开展评先评优活动，对在城市管理中成绩突出的集体和个人进行奖励，所需经费从城市管理奖励专项资金中列支。连续两月考核居末位且考核成绩低于90分的区，要向市城管委书面说明原因，提出整改措施；连续3个月考核居末位且考核成绩低于90分的区，由市委、市政府主要领导约谈其党政主要负责人。[①] 不可否认，严格的奖惩制度，在一定程度会起到提高执法效率和质量的作用，但也会带来执法人员为获得考核高分而选择

[①] 参见《宜昌市城区城市综合管理考核办法（试行）》，http：//xxgk.yichang.gov.cn/gov/jcms_files/jcms1/web30/site/art/2014/12/25/art_27517_510025.html，最后访问时间：2015年8月18日。

"暴力执法"的情况。严厉的惩罚给执法人员增加了莫名的压力，相反地却降低了执法人员的执法水平。以前文所提到的荆州为例，荆州城市管理执法部门在工作报告中就提到了执法水平亟待提高。随着改革开放不断深入和城市化进程不断加快，社会矛盾的凸显，人们法制意识的增强，市民对良好城市环境的期望越来越高，都对城管执法工作水平提出了更高的要求。然而，有些执法人员紧迫感不强，不能与时俱进地加强学习，有的执法人员学习不深入，浅尝辄止，一知半解，办案程序还欠规范，办案质量有待进一步提高。尽管对于执法水平的下降，荆州城管部门提及了其他原因，但这其中最核心的原因的就是奖惩制度过于严格，缺乏一个上限，易造成执法人员压力过大，导致执法人员在执法过程中倾向"豁出去"，使得奖惩制度予以变相，最终导致奖惩制度丧失实际可操作性。这其中往往有两种情况：一是遇到重大检查、创建工作，执法不力要被问责；二是日常考核中因为摊点问题被扣了奖金，这股气可能就会撒到执法相对人身上。

（六）城管执法考核申诉缺乏救济制度，不利于保护执法人员的权益

就三峡流域的城市管理而言，几乎没有一个城市建立了执法考核申诉救济制度。如此发展下去，可能会导致实践中考核结果不公，做事少但人缘好的执法人员得到了表彰与奖励，做事多、得罪人也多的执法人员却被批评的情况出现；甚至于可能会异化成为部分考核主体组成人员打击报复、公报私仇的手段。

申诉救济制度的缺失会导致执法人员工作消极，缺乏主动性，认为自己工资就那么点儿，工作不出力，缺乏信心；思想消沉，不求进取，认为自己没有前途，混一天，算一天，今朝有酒今朝醉。[1] 这种问题现已成为城市管理执法中较为典型的问题，各个城市都已出现了执法人员怕执法、懒执法、厌执法的现象，这在三峡流域城市管理执法中也并不少见。这种消极的执法态度，从小的方面来说会造成城管执法效率与水平的低下，从大的方面来讲则会在社会舆论上对城管执

---

[1] 参见《深化城市管理内涵为完善新型城管模式和构建和谐宜居城市而奋斗》，http://www.lc-news.com/art/2014/3/31/art_ 2589_ 148911.html。最后访问时间：2015年7月22日。

法形象造成负面影响。然而，令人遗憾的是，这种执法乱象在三峡流域城市管理执法工作中却屡见不鲜，这也成为城市管理执法效率低下的一个不可或缺因素。因此，建立考核申诉救济制度，在保障城管执法水平的同时，保护执法人员的合法权利，对于我国城管执法的改革有着十分重要的作用。

四　完善三峡流域城市管理执法考核法治化的对策

（一）培养专业的城管执法考核人员，实行多方联考

考核人员与考核对象构成考核制度的主体，而考核人员拥有法律赋予的考核权，故考核人员在整个考核过程中有着举足轻重的地位，并且足以影响整个城管执法考核的水平与效果。因此，考核人员的业务水平、道德素质、专业知识就显得尤为重要。就目前而言，三峡流域城市管理执法考核都是在市城管部门领导下进行，由市城管部门内设的办公室组织实施，由此构成自上而下的内部考核体系。然而，考核队伍的组成往往是办公室内部人员临时组成的，他们所具备的专业知识是否能够满足考核工作的专业化要求，这一点是值得思考的。再者，由人大代表、政协委员、社会群众组成的外部考核队伍，他们对于城管执法里所需要的专业知识又了解多少，是否可以进行最基本的城管执法考核，这些问题都亟待解决。因此，有必要加强考核队伍的建设，培养专业的考核人员，成立专门的考核部门。此工作可以由市城管部门依下列程序进行：首先，由市城管部门上报市政府部门，内设专门的考核办公室，抽调部门的主要负责人，组成临时的考评小组，用于选拔考核人员；其次，由市城管部门所在编的工作人员自主选择报名，报名工作由第三方公司进行，并向外公布报名名单，聘请市公正机关进行全程监督、公正；再次，由第三方公司聘请在城管执法方面有着丰富实战经验或者学术研究的学者，进行统一的学习、培训，最后进行统一的结业考试，公布考试结果；再其次，事先由临时组成的考评小组，结合本市城市管理的具体情况与执法水平，同时公开向社会征集意见，最终确定一个结业考试优秀分数线，达到分数线者，由考评小组发给"城管执法考核资格证"；最后，取得资格证的人员可以向市城管部门进行入职申请，并经负责人审批同意，方可进入考核办公室，成为一名合格的执法考核人员。考核办公室的考核

人员共 13 人，设考核办公室主任 1 名，负责考核工作的筹划、调度与监管；另外 12 名考核人员分为 3 个考核小组，每个考核小组设立 1 名组长，每月进行组员轮换，每组每次进行不同的考核内容。组长负责具体的考核实施，并对结果负责；办公室主任对整个考核工作负责，接受外部的监督。考核办公室组建完成后，考评小组就此解散。考核办公室可试运行三个月，与此同时，向社会征求意见与建议，若效果良好，则可考虑长久性地运行下去；若达不到预想的考核效果，则寻找原因，结合收集的建议，重新进行制定考核办公室的运作办法。等到时机成熟时，这种培训选拔相结合的考核人员确定方式，可以将考核人员遴选范围扩大到社会中关心热心于城管执法工作的普通市民之中，让社会考核人员进入城管执法考核的工作中，与专业考核小组一起进行执法考核，既起到监督考核过程的作用，同时，又能通过社会群众的参与保障其考核结果的公平公正与公信力。

（二）增强城管执法考核的透明度，实行考核全方位公开

城管执法考核，往往是基于城管的内部操作，外部的人民群众对于考核也只是一知半解。尽管几乎所有城市的城管部门都会通过一系列的平台向外部公开考核结果，但对于其他方面的内容，却从未向外界公开。这种做法极易削弱城管执法考核所具有的权威性与威慑性，也不利于考核工作的具体展开。因而，各市城管部门应该将考核的全过程都置于广大社会公众的监督之下，真正做到阳光考核，以接受人大监督、政协监督、群众监督、社会舆论监督之法，达到考核公正、公平、法治、廉洁的目的。与此同时，考核公开也是建设阳光城管、高效城管、民主城管的内在要求与基本途径。所以，将城管执法考核进行 360 度无死角、全方位公开，是大势所趋、众望所归。城管执法考核公开的内容应该包括：（1）执法考核的主体：考核人员方面，应当公布个人基本信息、是否具备考核资格、职责、权利与权限；考核对象方面，应当罗列考核对象的名称、基本信息、职责、职位。（2）执法考核的依据：应该向社会公开执法考核所依据的法律法规以及其详细的规定，执法标准的详细规定、具体的量化标准也应该通过表格的形式，向外界公布。（3）执法考核内容与标准设置的原因与目的。（4）执法考核的考核结果与得出结果的具体运算，监督方式，投诉途径。考核信息不仅要向社

会公众公开，更要向考核对象公布。公开的途径应该尽可能多样化，以适应现代化的要求，既包括电视、社会公告栏、报纸等传统方式，也要把目光积极投向新兴媒体，包括官方网站、流动卫星车、数字幕墙等，尽可能地创新公开途径与方式，要让考核公开成为城管执法活动的一部分。同时，也可以借助电子化、数字化平台，同步考核的具体实施过程。例如，可以在城管官方网站上设立电子考核专栏，下设考核公开与考核监督子目录，将城管执法考核的活动：周考核、月考核、年考核，以同步直播的方式公布到该平台上。同时，实时发布下一轮的考核内容、考核主体，在考核监督中开设公众评议、公众投诉的子目录，公众可以通过该平台来表达自己的意见与建议。这些意见与建议的收集和整理由专人每周进行一次，然后将具体的问题反馈到有关部门，定期给公众答复。如此，城管执法考核的每一步都会在阳光下进行，没有"暗箱操作"，没有"官官相护"，使执法考核体制真正达到它原本应该有的效果。

（三）细化城管执法考核内容，量化考核标准

城管执法考核内容不具体的一个重要原因就是考核指标过多，内容繁杂，重点不明，因而使考核内容看似面面俱到，实则内容空洞，笼统，缺乏可操作性，为此，在制定考核内容时必须规定详细，对考核内容进行划分，确保在考核过程中能够依据规定内容进行考核。具体划分方式如下：（1）对考核内容进行类型化划分。现行的城管执法考核内容繁复，因此对考核内容进行类型划分，能够明晰考核内容，使考核内容富有逻辑性，方便实施。这里可以将考核内容分为政治思想状况、队容风纪、内务管理、城市管理状况、工作量完成情况、行政处罚案件办理情况、投诉办理情况和完成领导交办任务情况等几大类。在对考核内容进行类型划分时，除了负责考核的部门制定的考核内容，还应该广泛征求民众意见，将民众认为应重点考核的内容加入考核内容，并划分类型。在考核时，对民众提出的应当进行重点考核的内容着重考核，并对考核的结果对民众公开，提高民众在考核中的参与度。（2）对划分类型考核内容进行细化规定。比如，对市直各执法中队和各街办中队，机关各科室的执法行为考核时，可设立千分制，对不同违规行为扣除相对应的分数，然后施行月总结和年终总结，对于扣分数达到一定数额的执

法人员予以惩罚，对扣分少或者不扣分的执法人员予以奖励。之所以设置千分制而不使用百分制，一是因为千分制中扣分相对较重，比百分制对每一小项扣零点几分更有威慑力，从而能够从心理上给予城管执法机关和人员一种震撼与警示，二是千分制能够更好地体现执法人员被扣分各项的比重，继而显现出执法人员工作上的不足之处和需要加强的方面，从而有针对性地加以改进。以城管执法人员的队容面貌为例，可以做如下的细化规定：城管执法人员上班时间，要按规定统一着装，并按规定佩戴执法标志（包括帽徽、肩章、臂章、胸章、领花、领带等），不按规定着装，每项扣5分；执法标志服混穿，扣5分；衣装脏、破、不整洁，扣5分；城管标志服、肩章、胸章、领花等不得私自拆改，不准变卖、转借，每违反一项扣5分。男队员不留长发、剃光头、蓄胡须，女队员不染指甲、留长指甲、染彩发，不浓妆艳抹，每违反一项扣5分。只有像以上内容一样对考核内容详细规定，考核时才能从细处着手，避免泛化，压缩考核自由裁量范围，使考核结果真正符合执法人员平时工作情况。（3）实行分类考核。分类考核就是由不同部门负责考核不同类型的考核内容，这样做有利于分门别类地进行考核，各部门各司其职，提高效率，避免考核混乱，还有利于将集中在一个部门负责考核的权力分散到不同部门，可以防止"人情腐败"，使考核结果更公平公正。举例来说，城管执法人员的政治思想状况考核可以交给纪检部门负责，城市管理状况可以由各街道办考核，行政处罚案件办理情况可以由上级主管部门进行考核等，再将各部门的考核情况汇总，最后总结出考核结果，进行公示。

（四）明确城管执法考核主体的职权职责，完善监督机制

城管执法考核主体职权职责不明确，极易导致考核主体对于考核结果不负责，执法人员怠于行使职权以及考核主体考核责任的缺失，从而滋生腐败。而深究之后就会发现，造成这个问题的原因主要在于城管执法考核的相关立法不完善，缺乏规范化、专业化和制度化。

城管执法考核制度必须有完备的法律规范体系才能保障这项制度有效地运行，使这项制度真正地发挥作用，体现其存在的价值，充分反映执法人员的工作行为、工作态度，实质上对城管执法产生鞭策、监督和威慑作用。因而，必须完善城管执法考核制度，推动城管执法考核制度专门立法，并依据本系统、本部门的职务特征制定详细职责考核标准以及量化评分标准，从规范层面、制度层面对城管执法主体的职责与责任予以规定。

目前城市管理综合执法机关集中行使行政处罚权的范围包括：市容环境卫生、城市规划管理（无证违法建设处罚）、道路交通秩序（违法占路处罚）、市政管理、公用事业管理、停车管理、园林绿化管理、环境保护管理、施工现场管理（含拆迁工地管理）等方面。因此，在推动专门立法时，就应该针对以上问题作出具体规定。例如，市容环境卫生包含哪些方面，市容环境卫生需要达到何种标准，环境卫生执法符合标准或不符合标准时，考核对象是谁、考核力度多大，不同的环境卫生状况又该如何考核等问题都应该给出相应的规定。

无论多么优良的制度，它都无法自动转化为现实，必须依赖人的实施，而一旦人在现实中无视制度的存在或者不按规定实施，那么制度设计的初衷最终无法实现，城管执法考核制度也是如此。[①] 因此，必须加强对城管执法考核制度施行的监督，一方面，加强对执法人员工作的监督，比如其是否认真履行职责、执法行为是否文明、执法过程是否公开透明、执法效果如何、在其执法范围内是否还持续出现违规堆放垃圾、建筑材料的问题等，督促城管执法人员改善执法方式、端正执法态度，提高执法效果，从而完善城市管理，进一步促进城管执法考核法治化。另一方面，加强对考核人员的监督。城管执法考核人员如果自身素质不够高，不能廉洁自律，很容易"人情腐败""权力寻租"，因而必须对负责考核的干部群体加以监督，使他们心存敬畏和戒惧，既可以一定程度上防止"灯下黑"，又可以敦促负责考核的干部踏踏实实履行职责，对被考核的执法人员负责。另外，还应加强对考核过程的监督。对城管执法人员的考核不仅关系着执法人员自身的利益，还关乎着民众的利益，因此，对执法人员的考核必须公正公平。而保证考核过程公正公平的一个重要方法就是施行考核公开。只有对考核方式、考核办法、考核内容、考核过程和考核结果等内容的公开，才能使考核制度透明化，让制度在阳光下运行，减少发生腐败的概率，让考核结果真正与执法人员

[①] 黄晓芹：《行政执法评议考核制度探究》，硕士学位论文，西南政法大学，2010年。

工作情况相符。

(五) 建立健全奖惩机制,提升奖惩可操作性

城市管理,只有责任明确,考核到位,奖惩兑现才能激励各部门形成合力,才能达到共建共管的目的。由于建立城市管理执法奖惩机制的终极目标就是奖勤罚懒,奖优罚劣,纠偏厘正,鼓励行政执法和执法人员合法行政合理行政,防止权力滥用、误用和非道德使用。建立健全考核奖惩机制,对于推行横向岗责体系建设,进一步提高各项工作管理效率具有重要意义。因此强化对城市管理执法的考核奖惩实际激励,既要完善奖惩考核激励机制,突出人性化管理,又要合理设计考核指标。建立科学的考核奖惩指标体系,实行过程控制,实施全员全面考核,进一步提高考核奖惩工作的可操作性。例如,2011年年初,利川市根据城管局提出实施"六个一"工程工作要求,制定了考核实施细则,全年按120分进行考核,正式职工每分对应值为20元、协管每分对应值为10元。凡年度考核不满60分者,正式职工不得评为先进,且年终评议为不合格,协管员建议重新安排工作。一年来,利川市管理局坚持实行签到制,有奖有罚,保证城市管理执法考核奖惩工作井然有序。又例如,最近几年,荆州市城管局结合荆州市城市发展的现状,并充分征求住建委、交通局、交管局、市政园林局和荆州区、沙市区、荆州开发区等相关部门的意见,经过反复酝酿,多次论证,起草了《荆州市长效管理考核评比办法》,进一步细化了考评内容,量化了考评标准,建立日查、月讲、季评工作制度和公示等奖惩制度,形成了一整套健全完善的城管制度体系。比如明确规定:"每月组织一次由各区、各部门参加的抽查活动,分片区、按路段,抽查环境卫生、市容管理、交通秩序、园林绿化等方面的情况,实行现场计分和管理质量评价。每季度邀请56名城管义务监督员,对20个相关部门进行考核计分,并组织群众通过网络投票计分。"[①] 这三种考核方式,使考核结果更加客观,更具有说服力,也促进了城市管理工作精细化、常态化和规范化。同时,荆州市还将城市管理考评结果与单位的目标任务、组织部门的绩效考核、文明单位创建挂钩,将城管、市政园

[①] 该资料来源于2015年4月湖北省人文社科重点研究基地、三峡大学区域社会管理创新与发展研究中心"三峡流域城市社会治理研究"课题调研。

林、公交、交警、运管等部门和荆州区、沙市区、荆州开发区纳入奖惩对象,市财政每年拿出600万元作为奖励基金,年终实行奖惩兑现。从这一制度实行的效果上看,绩效化的考核大大增强了各部门抓好城管、抓实城管的责任感、积极性和主动性,大大提高了城管考核的作用,值得三峡流域其他城市学习和借鉴。

(六)完善城管执法考核申诉救济制度

就城市管理执法考核而言,主要目的是通过细化考核标准并对其进行合理垂直评分的方式,对城市管理执法机关及执法工作人员行使职权的行为进行监督考核,以监督他们依法行政,从而达到建设法治政府,法治城市的目的。然而,作为被监督的城市管理执法人员,他们的合法权益也存在受到被侵犯的风险。例如,每季度的公开考核评议结果有可能出现不公的现象,容易造成做事少、人缘好的城管执法人员被评上优秀工作者,而做事认真负责、人缘一般的则名落孙山。甚至于还可能出现这样的丑陋现象,即平时工作中下级工作人员得罪上级,上级借助考核评分系统这只"无形的手"公报私仇打击报复。这种丑相和陋习严重打击了真心想把城管执法工作做好的执法队员的积极性和热情,极大地破坏了城管执法队伍的纯洁性和先进性。

然而,目前三峡流域城市管理执法考核主体多为行政部门所筛选的考核评议小组,各部分城市管理设立地方各政府的监察机关及城市管理局承担申诉救济的职能,因此有必要从以下方面来考虑建立完善城市执法内部行政考核的专门救济制度。第一,设定救济制度程序。对每季度的考核评议结果出现不公平待遇,不服结果,应先向专门考核监督机构申请复议;对复议结果,不服再向同级行政监督提出异议;若还不服,被考核的行政执法工作人员向上一级行政监督机关申请复审,也可以向法院申请司法救济。第二,创建考核评议的电子平台,由公众及监督机关全方面监督,远程访问。建立一个电子平台网络领域的公众救济制度,避免位高权重、关系户等投机取巧、官大压小现象产生,彰显考核的公平公正性。通过这些措施促进考核救济渠道的畅通无阻,将会使城管执法考核救济制度更加完善、更加科学。

第四节　三峡流域城市管理执法监察法治化

《中华人民共和国行政监察法》第二条规定："监察机关是人民政府行使监察职能的专门机关，依照本法对国家行政机关、国家公务员和国家行政机关任命的其他人员实施监察。"《中国共产党党内监督条例（试行）》第八条第二款规定，"各级纪委对党员领导干部履行职责和行使权力情况进行监督"。从法律法规的规定中可以看出，执法监察是促使执法机关及人员依法行政依法执法的有力保障。而现实中，执法监察工作的顺利进行，能够促使行政监察对象合法合理地行使职权履行职责，能够有效实现行政机关勤政廉政。因此，三峡流域各个城市必须建立完善的城市管理执法监察体系，将其纳入到法治城市建设中去，为城市管理执法工作的有效实施提供有力保障。

一　城市管理执法监察法治化概述

（一）概念界定

执法监察是指对机关或工作人员的监督（督促）考察及检举，它包含两层意思，一是纪检监察机关依据《党章》等其他党内条规和《宪法》《行政监察法》等法律法规赋予的职能对执法人员在职责履行职责方面是否贯彻执行党的路线方针政策和决议、党的章程及党的其他法规和国家法律法规以及政府决定、命令情况进行的检查和监察；二是指对各级国家机关和机关工作人员的工作进行监督并检举违法失职的机关或工作人员。

依据我国《监察法》第二条规定，监察的主体主要是人民政府行使监察职能的机关，它们代表国家行使执法监察权，对城管执法人员执法情况进行监督，考察，通过国家干预、纠正、惩罚违法行为。地方各级监察机关对本级人民政府和上一级监察机关负责并报告工作。

执法监察在城市管理执法法治化的进程中有着举足轻重的作用，第一，随着城市发展，城市事务逐渐繁杂，而执法人员是否遵循党纪、依法执法与城市管理的好坏息息相关。因此，必须采取执法监察的制度以监督、督促、考察执法人员的工作情况，促使城管执法人员改善执法方式，文明执法行为，以便落实好每一项政策完善城市管理。第二，坚持监察制度，可以加强执法监督制度法治化建设，强化执法人员法治意识，提高服务水平和工作效率，实现高效执法。第三，通过对执法过程进行监察，能够及时发现城管执法人员在执法过程中不符合法律法规规定的做法，并加以整改，抚慰民众不满情绪，缓和干群矛盾，维护社会稳定，促进社会和谐公正。

（二）城管执法监察的特点

1. 法定性

执法监察的法定性主要体现在四个方面：一是主体法定，即监察的主体由《监察法》规定，除了政府监察部门，他人不得任意行使监察权；二是程序法定，即对执法人员进行监察必须依法律规定的特定程序进行，不能依仗监察员的身份凭个人意志实施监察，以个人论断代替法律做出决定；三是权限法定，即监察人员必须在法律规定的范围内进行监察工作，不能越权，同时也保证不失职；四是对象法定，即监察部门监察的对象主要是城管执法部门，也包括其他负有城市管理执法职责的政府部门。

2. 强制性

一方面，城管执法监察是由法律规定实施的，其执行依据也是具有强制性的法律、法规、规范，具有权威性；另一方面，监察制度由国家强制实施，体现国家意志，不能要求自愿选择是否接受监察，被要求监察的对象不能采取任何措施规避监察，只能被强制接受监察。

3. 行政性

在我国监察体系里，监察部门虽与纪委同处于一个机关里，一套班子，两块牌子，但从性质上说监察部门还是政府部门，属于行政执法和行政监督的范畴，是政府行使行政权力的体现；同时，对城管执法部门的监督是国家赋予政府的职责，是必须履行的义务。[①]

（三）城管执法监察法治化须注意的问题

1. 城管执法监察干部必须始终加强自身修养，廉洁自律

一是要严守规矩，严格要求自己，带头遵守廉洁自律规定，严格要

[①] 黄侦荣：《安全生产执法监察规范化体系建设研究》，硕士学位论文，华南理工大学，2012年。

求家人亲属，清白做人，干净做事。二要筑牢防线，正人必先正己，律己方能服人。要心存敬畏和戒惧，时刻防止"人情腐败""权力寻租"等陷阱，自觉净化"生活圈""朋友圈"，保持清醒。三要接受监督。监督面前没有特殊群体，监督者必先受监督。作为监察干部不仅要以"专业眼光"紧盯"业内人士"，还要严于律己，坚决防止"灯下黑"。四是始终做到敢于担当。要认真解决群众迫切需要解决的问题，加大案件查办工作力度，严肃查处腐败案件和行政乱作为、不作为、慢作为等方面的案件，真正做到执政为民，执法为民。①

2. 城管执法监察干部要遵循法律

监察工作必须依照法律规定，在权限内行使权力，避免越权执法，多头执法，重复执法，扰乱执法体系，增加执法成本；避免执法行为个人化，以言代法，以行政命令或领导意志代替法律，使法律失去其权威性；避免随意执法。自由裁量不准，法律法规运用不准确，是监察干部在现实中最有可能遇到的问题，而只有依法律法规行使职权才能避免上述情况。另外，执法程序不完善，看重实际成效、结果而忽视程序的现象也是在执法监察中需要注意的一个点。注重程序不仅仅是"走形式""过场面"，更重要的是，程序的制定有其存在的必要性和合理性，程序的施行能够保证监察过程的公正公平，体现"程序正义"。

3. 要实现城管执法监察法治化还应该完善内部监管制度

一方面，当行政执法发生冲突或者执法不一致时，执法监察部门作为行政部门地位尴尬，并不能如设计制度时设想的那样顺利进行监察。因为监察机关一边接受本级政府领导，另一边又对其部门进行监察，在现实监察实施过程中必然受到很多限制；另一方面，在我国，行政执法监察的范围主要局限在国家行政机关及其工作人员的违法乱纪行为，并没有做到像外国的监察机关将监察触角延伸至政府行政行为的实体部分和程序部分，尤其是政府行为的公开性，因此我国的执法监察部门不能

---

① 参见《加强作风建设提高自身修养全面推动纪检监察工作顺利开展》，http://newpaper.dahe.cn/hnrbncb/html/2015-08/20/content_1302151.htm?div=-1。最后访问时间：2015年7月3日。

全面地监督政府行政机关的行为,也就无法完全保护行政相对人的利益。出于以上原因,想要实现城管执法监察法治化,必须推动行政执法监管制度的不断完善和创新,先从制度层面消除运行时可能存在的隐患,而后执法监察的顺利运行才能实现。[①]

二 三峡流域城市管理执法监察法治化的现状

（一）三峡流域城市管理执法监察的规范操作

权力意味着不平等,意味着管理与服从,一旦不受限制,必将对权力的对象造成痛苦和伤害。因此,任何情况下的法律执行、权力行使都应当被监督应当被考察。同样,城市管理执法体系的建设中,监察制度的建立与完善,必不可少。正如《中共中央关于全面深化改革若干重大问题的决定》中指出："转变政府职能必须深化机构改革。优化政府机构设置、职能配置、工作流程,完善决策权、执行权、监督权既相互制约又相互协调的行政运行机制。严格绩效管理,突出责任落实,确保权责一致。"[②] 因此,城市管理执法监察制度能够落到实处,切实发挥实效,必须综合考量,将决策、执法与监督有机地结合。

调研资料显示,三峡流域城市管理执法监察工作主要是通过将城市管理执法整个过程细化为若干目标,借助目标管理的科学管理模式,并对每一目标进行打分评价,借以衡量整个城管执法工作情况。以怀化市城管执法督察工作为例,怀化市城管执法督察既明确了内容和标准,又提出了重点督察方面、措施和要求,使得其监察工作从规范到执行建立较为良好的体系。其中,对于督察（监察）目标从党风纪律到执法操作、从实体要求到程序规范划分为13个整体目标46个具体目标（见表1、表2）,形成了城市管理执法精细化监察模式。

[①] 李景平等:《中外行政监察制度比较及其启示》,《西安交通大学学报》（社会科学版）2008年第4期。

[②] 参见《中共中央关于全面深化改革若干重大问题的决定》,http://www.gkstk.com/article/60790629.html。最后访问时间：2015年4月11日。

表1　　怀化市城市管理行政执法局目标管理督察内容（一）

项目内容	目标要求	基本分	记分标准	得分
政治业务学习（12分）	积极参加局组织的政治学习和业务培训，并做好记录	4	查局点名册和个人记录本。缺1人/次扣0.1分；记录缺1人/次扣0.1分，须考试的缺1人/次扣0.2分	
	按时参加局里召开的各种会议和大型集中活动	4	查局点名册。缺1人/次扣0.2分，迟到早退1人/次扣0.1分	
	各大队每月至少组织一次政治或业务学习	4	查记录，没有不记分，少一次扣0.5分	
组织建设（13分）	支部（大队）党建工作年初有计划、年终有总结，工作开展正常	2	视情况记分	
	支部（大队）"三会一课"的"三会"和党课全年分别不少于4次	2	查记录，少一次扣0.5分	
	加强党员教育和管理，按规定进行党员评议	2	视情况记分	
	大力开展争先创优活动，做好先进典型推介工作	2	活动开展有计划、有总结、有记录记2分，向省市推介先进典型适当加分	
	班子团结协作，形成合力	3	达到记3分，班子成员之间发生一次无原则矛盾纠纷扣1分	
	党员按时足额缴纳党费	2	视情况记分	
内务管理（12分）	有出勤考核制度，并严格执行	2	有制度记0.5分，严格按制度考勤的记1.5分，不按制度考核的发现一次扣0.1分	
	有财务管理制度，无违反财经纪律行为	4	有制度记0.5分，制度遵守好记3.5分；发生坐支、收费罚款不开票等行为不记分，且发现一起扣4分	

续表

项目内容	目标要求	基本分	记分标准	得分
内务管理（12分）	有车辆管理制度，车辆无事故	3	有制度记0.5分，发现一次无照驾车扣0.5分，发现一次酒后驾车扣0.5分，发生交通事故负主要责任以上的该项扣3分	
	档案、文书管理符合要求	1	视情况记分	
	来访（信）、来电登记等簿册齐全	1	视情况记分	
	办公场所干净整洁	1	视情况记分	
行风建设（10分）	干部职工廉洁自律，无索、拿、卡、要等违法违纪案件	4	达到要求记4分，发生一起扣2分，隐瞒不报每件扣1分	
	按要求做好优化经济环境工作	4	达到要求记4分，发生一起影响经济发展环境事件扣2分，违反规定被市以上通报批评的该项不记分	
	无新闻媒体曝光批评的其他事件	2	达到要求记2分，被曝光一次不记分，被新闻媒体表扬的每次加0.5分	
文明执法（18分）	按规定着装上岗	6	以督察为准，发现1人/次不着装上岗扣0.5分，不按规定着装1人/次扣0.2分	
	无因过错而产生的投诉事件	6	达到要求记6分，发生一起因执法人员过错（含部分过错）而引发的投诉事件扣1分，因文明执法受表扬（送锦旗或登报）的一次加1分	
	无因过错而导致的赔偿案件	6	达到记6分，发生一起因执法人员过错（含部分过错）而导致赔偿的扣3分	

续表

项目内容	目标要求	基本分	记分标准	得分
宣传信息工作（10分）	及时上报突发性事件信息	2	达到记2分，发生突发事件不及时（电话1小时内，文字12小时内）报告的一次扣0.5分	
	每月月底整理上报一份当月工作信息到局办公室	2	达到记2分，缺一次扣0.2分	
	全年完成4篇以上通讯稿件	4	在市以上刊物、电台、电视台采用4件以上的记4分，少完成一件扣1分，多完成一件加0.5分，被省、部级刊物采用的每件加1分	
	根据本辖区情况或工作性质完成一篇有价值的调研材料	2	完成记2分，不完成不记分，被市以上刊物采用的加1分	
综治信访工作（16分）	①工作有计划、总结；②建立突发性事件应急预案；③干部职工无违法犯罪行为	5	计划、总结记1分，缺一项扣0.5分；②建立应急预案记1分；③干部职工无违法犯罪行为记3分，发现一位干部职工被公安机关和纪检监察部门处罚的该项不记分	
	①无越级上访事件；②上级交办的信访案件处理率、答复率100%；③发生上访事件及时组织化解	8	①无越级上访事件记2分；②上级的交办件处理率、答复率100%记2分；③发生上访事件及时化解记4分，未及时化解的每次扣2分	
	重大节日或重大事件发生时实行24小时值班制度，责任人24小时开通手机	3	酌情记分	
其他（9分）	没有违反计划生育政策	2	发生违反计划生育政策现象的记0分，并实行一票否决	
	积极参加局里组织的文体活动	2	视情况记分	
	按照要求开展献爱心等活动	2	视情况记分	
	及时完成局里临时交办的工作	3	视情况记分	

表 2　　怀化市城市管理行政执法局目标管理督查内容（二）

项目内容	目标要求	基本分	记分标准	得分
基础工作 （3分）	工作年初有计划、半年有小结、年终有总结	3	缺一项扣1分	
上岗要求 （7分）	执法人员全部办理执法证，并持证上岗率达100%	2	视情况记分	
	重点部位守点人员到岗到位	5	平时督察发现1人/次不到位扣0.2分	
市容秩序 （60分）	门面归店经营	10	平时督察发现一处不归店经营或落地式广告牌占道扣0.05分	
	水果摊、菜摊按指定区域营业	10	发现一处摊贩占道经营扣0.1分	
	擦鞋摊、板车停放规范有序	10	未作规范不记分，平时督察发现一处乱摆扣0.1分	
	人行道上无乱搭乱建、乱堆放建筑材料或建筑垃圾	10	平时督察发现一处0.1分	
	市政设施、行道树、房屋墙体、空间、物体上无乱拉绳索、乱搭台子、气彩球、气拱门、巨幅、条幅、横幅、彩旗和乱晾晒衣物等	10	平时督查发现一处0.1分	
	治理城市"牛皮癣"	10	平时督察发现乱贴小广告一处（10张以上）扣0.1分，办理一件"牛皮癣"案件加1分	
案件办理 （20分）	人平办理一般程序的案件1件	10	少办一件扣0.5分，多办一件加0.5分	
	所办案件程序合法、定性准确，处罚适当	6	发生错案一起扣2分，定性不准确引起复议、诉讼的案件一起扣0.5分	
	对作为证据保全的物品登记清楚，不丢失	4	发生一起丢失保全物品的事件扣1分，发生私分保全物品的事件扣4分	

续表

项目内容	目标要求	基本分	记分标准	得分
门前三包（10分）	"门前三包"工作有台账、底子清、责任明	6	查工作记录情况，无台账不记分，有台账的视情况记分	
	管理到位，对违反规定的有查处记录、整改人签字	4	无查处记录不记分，有查处记录的根据查处情况酌情记分	

从实际效果来看，通过这种严而有力的行政监督考察，怀化市城市管理执法确实实现了严格按制度办事，坚持以严格的制度管理人、约束人，全体执法人员的行为日趋规范，队伍形象不断完善。

（二）三峡流域城市管理执法法治化的具体实行

城管工作是政府管理城市的难点，更是社会关注、众说纷纭的社会热点，是在错综复杂的工作环境中产生和运行的执法机构。面对如此执法环境，唯有正对现实，练内功、强素质、树形象，以扎实的工作、优良的作风、良好的形象、严格的纪律、文明的执法、优美的城市环境，来切实改变群众的看法，赢得社会各界的承认，进而给予支持。因此，城管执法局成立之初，就十分重视执法队伍建设，专门设立监察室和督察科，配备专职工作人员，制定了一系列纪检监察考核制度，来强化对执法人员的执法行为、工作业绩、个人形象、遵章守纪等全方位、全时段的纪检监察，规范其行为，树立其新形象。

1. 制定城市管理执法行政监察基本规定，明确监察范围与权限

依据《张家界市人民政府工作规则》的规定，张家界市城市管理行政执法局隶属市人民政府直属行政执法机构。在具体工作中，结合局情实际，于2014年制定《张家界市城市管理行政执法局工作规则》。其中，第25条规定："本局自觉接受人大、政协监督，认真办理建议和提案；接受司法监督和监察、审计专门监督，认真查处和整改存在的问题，并及时向市人民政府报告。"第26条又规定："本局诚恳接受社会公众和新闻舆论的监督，认真调查核实反映的问题，及时依法处理和改进工作。"在第27条中，明确"建立健全信访综治维稳联席会议制度、排查调处机制、督察督办制度和信访事项答复（复查、复核）制度，及时化解矛盾

和纠纷,确保信访渠道畅通。局分管领导要具体抓、统筹管,其他领导班子成员要亲自接待重要来访,各工作部门负责人要切实承担信访维稳综治突出问题的化解工作"。第 28 条更是强调"对《政府工作报告》确定的工作任务及市人民政府交由本局办理的其他决策事项,局办公室负责及时分解交办和汇总上报。对本局的各项决策工作部署,局办公室和监察室要及时跟踪和反馈执行情况,促进问题解决,推动工作落实,确保政令畅通"。最后,第 29 条提出"本局各工作部门要完善绩效管理制度和行政问责制度,加强对重大决策部署落实、部门职责履行、重点工作推进以及自身建设等方面的考核评估,健全纠错机制,严格责任追究,增强执行力"。[①]

宜昌市于 2013 年 5 月 1 日起开始正式执行《宜昌市城市容貌标准》,其中也将城管执法监察制度予以规范明确。例如,第 22—25 条正是关于城市管理执法监察方式方法、措施、追责以及救济的具体规定:"城市管理执法机关应当健全内部不同层级间的监督制约机制和执法人员的纪律约束制度,推行行政执法责任制、评议考核制、过错责任追究制和行政执法人员定期培训、轮岗制度。""城市管理执法机关应当通过政府网站或在办公场所设立监督意见箱,广泛听取并及时处理人民群众的意见和建议;畅通城市管理行政执法投诉举报渠道,认真受理人民群众的投诉、举报,及时查处所属行政执法人员的违法行为。"第 24 条规定:"城市管理行政执法人员玩忽职守、滥用职权、徇私舞弊的,由所在单位或行政监察机关依法依纪给予行政处分;构成犯罪的,提请司法机关依法追究刑事责任。""当事人对市、区城市管理执法机关作出的具体行政行为不服的,依法分别向同级人民政府或上一级城市管理执法行政主管部门申请行政复议。当事人也可以不经行政复议,直接向人民法院起诉。"

2. 在"大城管"模式下构建城管执法监察网络

2010 年,宜昌市政府为了进一步加强城市综合管理工作,提升城市综合管理水平,成立了宜昌市城市综合管理委员会(简称市城管委),其基本职责是:"对全市实施城市综合管理进行宏观指导;研究制定城市综

[①] 此资料来源于湖北省人文社科重点研究基地、三峡大学区域社会管理创新与发展研究中心"三峡流域城市社会治理研究"课题 2014 年 8 月调研。

合管理规划和重大政策措施；按照深化行政管理体制改革的要求，指导推进城市综合管理体制改革工作；协调解决城市综合管理中有关重大问题；对城市综合管理实施工作进行督促检查。"① 这标志着宜昌市城市管理执法工作正式向"大城管"模式快步迈进。

在宜昌市城管体制向"大城管"方向发展前进的同时，宜昌市还非常注意强化城市管理监督指挥中心的轴心作用。具体包括：重新梳理现行工作制度、工作流程、工作标准、内部考核制度等，制定了指挥处置体系各岗位职责，完善了案件处置手册，明确了办结时限和结案标准。汇编《市政应急处置工作手册》《环卫应急处置办法》等一系列标准化程序控制方案，强化专业巡查人员培训。一是调整局属14家单位日常运行模式，成立处置中心，组建应急队伍，实行24小时AB角值班制，对接城市管理监督指挥中心构成了"第一环"处置体系；二是组织西陵区、伍家岗区、点军区、猇亭区、宜昌开发区、葛洲坝城区建管部门联入电子政务专网，建立处置中心，接受城市管理监督指挥中心指令，形成了"第二环"处置体系；三是推动电信、电力等城管委其他负有具体城管职责的成员单位成立处置中心，对接城市管理监督指挥中心，形成"第三环"处置体系，加快城市综合管理运行模式向纵深推进。由市级监督指挥中心、20个处置中心和136个处置小分队构成的扁平化服务处置体系初步形成。

（三）初步建立较为完善的城管执法监察标准

近年来，城管执法监察颇受争议，很多人认为城管对抗弱势群体，问题不仅来自城管本身，还来自深层的经济社会层面，并认为只有将问题消除在初始阶段，城市脏、乱、差现象才不会周而复始。例如，为什么有那么多流动摊贩？为什么会拆墙打洞？为什么会张贴小广告？为什么有那么多的不文明？这反映的是经济增长、收入和就业等一系列问题。他们认为，下岗人员、外地务工人员、困难群体，这些人没有稳定工作，只能靠街头小生意挣钱。如果这部分人就业机会解决好，就不会出现上述问题。然而，城市问题的解决仅依靠这种一般性的认为，是远远不能

---

① 参见《市城市综合管理委员会成立》，http://news.cn3x.com.cn/html/201009/2/20100902073200.htm。最后访问时间：2015年8月10日。

真正解决的。城市问题的长治久安，最终离不开高水平的城市管理执法。在这种高水平城管执法建设发展中，完善的监察制度是其关键的一环。总体来说，完善的城管执法监察制度必须坚持法治原则，在立法上平衡各方利益，以立法形式选择和确定城市管理执法监察的标准。实践中，三峡流域城市管理执法监察取得了不错的成效。

2007年，怀化市城市管理行政执法局专门制订了执法监察工作方案。其中规定："（一）市容秩序1. 归店经营主要是指迎丰路、人民路、鹤洲路、舞水路、红星路、武陵路实现归店经营。按要求，烟柜、货柜（架）、冰柜、商品、招牌、水桶、灶台、拖把、衣物等一律进入店内。2. 无流动摊点占道经营，特别是重点路段、市场门口、学校路口、十字路口等，无流动摊点和夜市摊棚（点）、音响歌棚。3. 无乱牵乱挂现象。各路段门店行道树、电线杆、路灯杆、桥梁、护栏设施上不能牵挂巨幅广告、彩旗、彩带、横幅、条幅等。4. 无不规范的户外广告、破烂广告、落地式广告牌、店牌、招牌等。加大'牛皮癣'广告的治理力度。（二）队伍建设1. 执行政令、服从安排、听从指挥的情况。2. 遵纪守法的情况。3. 规范执法、文明行政的情况。4. 履行职责的情况。5. 领导交办的其他工作任务执行、落实情况。（三）督查的重点路段及部位1. 重点路段为人民东路，人民南路，府星路，天星东路，天星西路，鹤洲路，鹤洲南路，舞水路，沿河路，迎丰西路南侧，河西新区各路段，火车站广场，鹤洲北路，团结路，芷江路，武陵路，人民北路，迎丰西路北侧，铁北区域各路段，红星路，正清路，天星东路，锦溪南路，湖天大道，太平南巷，沿河路（狮子岩—红星路口），湖天区域各路段，迎丰东、中路，锦溪北路，顺天南、北路，太平北巷，环城路北段（杨村路口—坨院派出所人行横道线），城东新区各路段。2. 重点部位为中心市场一、二通道，人民路天桥上及四个转弯处的人行通道，邮政广场，汽车中心站，人民东路路口，三角坪，舞水桥头，西兴街市场，河西新村市场口，人民路小学路口马路市场，区公安局进出通道口，火车站广场，步步高门口广场，西都银座广场，家电城沿线，嫩溪垅路口，汽车西站门口，鹤洲北路，红星市场口，怀南市场口，红星桥头临时市场口，湖天大道圆盘马路市场，锦星苑马路市场，湖天桥下市场，五零七后门市场，迎丰市场口，太平桥市场口，太平北巷路口，迎丰路小学路口，三中门口，市卫生局路口，石门市场，怀化学院门口。"

在这个执法监察方案的指导下，怀化市城市管理执法建设取得了长足的进步。具体而言，第一，健全了工作运行机制。1.做大做强市容执法大队。针对市容大队人员分配过于分散，难以集中力量治理重难点问题的实际，将原来8个市容大队整合成6个大队，即4个以区域划分的属地市容大队，1个跨区域协助各属地大队解决重点难点问题的机动大队，1个专职负责火车站广场管理的综合执法大队。2.工作经费向一线倾斜。尽最大限度压缩"三公"经费支出，将一线队员的人头工作经费全部下拨给大队，将大队所罚款项全额返还，全面调动一线队员的工作积极性，切实提高执法效率。3.进一步加强公安保障。为增强公安保障工作的时效性，城管局通过与市公安局公共秩序管理支队充分协商，实行提前介入、随队保障机制，将市公安局公共秩序管理支队内设3个大队，分别对接联系城管局城东片区大队、城西片区大队和专项执法大队，明确了日常联系人、联系方式和保障措施，让保障工作更加日常、具体、通畅、便捷、有效。4.不断强化专项执法。在增加执法力量的同时，增加执法覆盖面，将市政、园林、灯饰等专项执法摆上重要议事日程，同时，力争在保障重点工程建设、治理洗车场、拆除非法广告等重点难点工作上取得新的突破。第二，完善了考核机制。进一步完善绩效制度，按照大队包面、中队包线、队员包点的思路，全面实行定路段、定人员、定标准、定奖惩的"四定"措施，将各项工作任务指标分解量化落实到人。进一步完善督察方式，督察时间从早7：00直至晚11：00，基本实现无缝隙全覆盖督察，并重点加强对早、中、晚和节假日等市容管控难度较大时段的督察，以督促市容大队加强对重点时段的市容管控。第三，强化了责任追究机制。在坚持错案责任追究，违纪责任追究等责任追究机制的基础上，进一步完善责任追究制度，明确任务责任，建立一整套责任体系，尤其对违规不当使用执法车辆严肃查处，对工作推动不力的大队负责人实施严格问责。

（四）三峡流域城市管理执法监察新常态——多元监察的尝试

城管的执法行为之所以屡屡引发冲突，究其原因，主要是缺乏必要的监管机制，权力制约严重不足。2005年7月开始，国务院办公厅统一部署行政执法责任制在各级政府和各部门从上到下、条块结合全面推行，集中治理行政执法权,加强对权力和执法者的约束,并要求建立"横向到边、纵向到底"的机制作为保证。然而,三峡流域城管机构在设置上纯粹属"地方部队",只为地方利益服务,缺少上级对口主管机关,规范行政存在先天不足,与法治式管理渐行渐远。"因此,规范城管执法行为,必须加强监管,防止权力缺乏制约而过分膨胀。"[①]

在三峡流域城市管理执法监察工作中,宜昌市和利川市都作出了非常不错的尝试,共同构建了"多元监察"模式下的城管执法监察新常态。2013年,宜昌市城管局以"治庸问责"为抓手,大力加强监督考核和协调,户外广告和门店招牌管理步入常态。代拟起草了《宜昌市城区户外广告和招牌设置管理责任追究办法》,制定《户外广告和门店招牌日常监管办法》,建立户外广告和门店招牌监督管理机制,把户外广告整治纳入各区域大队年度目标管理范畴,赋予城区1110个社会网格管理员和专业巡查队伍,发现、举报违法设置户外广告职责,严格日常户外广告和门店招牌审批和检查制度。加强对各区域大队的指导、协调和监督,实行监督督察责任制,对督办事项进行书面督办与时时督办结合方式进行,有效推进了户外广告整治。截至目前累计接受市民投诉、举报82起,立案查处82件,处结率100%。根据日常巡查发现的情况,累计下发督办通知12次,督办158件,办结150件,处结率95%,着力解决了队伍中存在的工作状态、业务能力、工作纪律等方面的"慵、懒、散、软"问题,对干部队员实施连带问责中队长以上(含中队长)共62名干部按照不同层级缴纳了相应的问责保证金。一年来,督察大队和问责专班在全队通报批评9人,处理各类违规人员30人,扣除各类责任人员350分。与此同时,城管局还完成市城市管理监察支队干部轮岗交流工作。对城监支队各大队中层干部进行交流轮岗,以实施业绩审计为依据,将审计结果作为40名干部拟提拔、调整、交流的重要依据,实行"一票否决",促进了执法干部队伍建设。经过本次调整,提拔中队长4名,提拔大队长助理8名,免职4人,调整交流25人,调整交流面达到660人,中队长平均年龄由39岁下降到35岁。城管执法队伍的战斗力得到不断加强,

---

① 参见《规范执法行为 破解城管难题》,http://paper.people.com.cn/scb/html/2008-03/12/content_47903582.htm。最后访问时间:2015年5月15日。

中队堡垒作用得到凸显。另外，还积极实施"一线工作法"支队班子成员坐镇一线、靠前指挥工作，及时了解大队班子、队员和协管员思想动态，每月有情况摸排汇总，每季度有队情小结。组织10多场建言献策座谈会，采纳有价值的意见建议12条，基本达到了"队情全摸清，矛盾全掌握，问题全化解"的目标，基层队员和班子成员共同"参事议事"的主人翁意识显著增强。最终，在扎实工作全面推进的过程中，宜昌市城管部门实现了制度创新，努力提升了队伍执行力。

利川市以"树立正气提振精神"为导向，全方位推动了城管执法监察事业的大力发展。第一，不断深入党风廉政建设。利川城管借助学习贯彻党的十八大契机，组织学习了中央的"八条规定"、省委制定的"六条意见"和利川市委制定的《中共利川市委关于改进工作作风、密切联系群众的规定》（利发〔2013〕4号）。2013年4月12日，利川市城管局乘着市委"转作风、治环境、创佳绩、促发展"主题实践活动的劲风，组织召开了城管系统干部职工作风纪律整顿大会。开展了"我的岗位我负责，我的岗位请放心"活动、"青春共话十八大，争创发展新业绩"演讲比赛；系统党委组织党员干部学习党史，重温入党誓词，走访慰问困难党员，开展了"慈善一日捐"等活动。开展了聚力工程、连心工程、示范工程、效能工程主题实践活动；开展损害经济发展环境行为实行问责的暂行办法执行情况专项督察活动。同时，积极开展廉政文化建设。响应党中央号召，开展了党的群众路线教育实践活动，坚持勤俭办一切事业，反对讲排场比阔气，狠刹形式主义、官僚主义、享乐主义和奢靡之风；厉行节约、反对浪费，狠刹舌尖上的腐败；加强了系统公务用车管理，所有车辆做到了按时归库；认真贯彻落实市纪委精神，狠刹系统违规整酒风；认真落实信访责任制，切实维护社会政治稳定。此外，认真开展了政风行风建设。系统各支部对照基层党组织承诺内容，结合单位职能职责，积极开展承诺。系统党委、基层党支部对各项承诺严格审核，利用党务公开等形式公开承诺内容，自觉接受社会各界监督。第二，议题案办理掷地有声。2013年，利川市政府交办城管局办理的市人大代表建议及政协委员提案共10件（其中会办3件），涉及城市管理的7件，市政管理的1件，市容秩序、市容环境卫生的2件。城管局党组高度重视市人大代表建议及政协委员提案的办理工作，成立了议提案办理工作小组,形成了主要领导亲自抓,分管领导牵头抓,责任单位及科室负责人具体抓的工作格局,所有建议、提案均落实到相关单位,安排专人按要求认真办理,确保见面率、办结率、回复率、满意率四个100%。第三,"六五"普法工作成效显著。在"六五"普法工作中,利川城管局编印了《利川市城区容貌标准》《利川市城市综合管理实施办法》,编印了法制培训资料,开办了法制夜校。加强了执法队员法律法规的学习,一是邀请专家"讲学",多次邀请领导、专家,对涉及城管方面的法律、法规知识进行了讲授,认真组织学习了《行政诉讼法》《行政处罚法》《行政强制法》等法律法规。二是要求职工"自学",组织职工自学法律、法规,查看自学笔记和心得。三是"以考促学",每次培训结束后,根据学习的内容,都进行了闭卷考试。四是"组织外学",几年来,先后参加了省、州、市各级举办的法制培训,所有参训队员都取得了培训合格证。与此同时,利川城管局借助普法教育的契机,对城管执法队员实行挂牌上岗,规范了执法队员的言行,以便接受社会监督。在普法过程中,重点围绕"创建法治机关、创建法治行业、创建法治城市"抓普法。围绕和谐城管抓普法,围绕体制创新抓普法。将文明执法与严格执法紧密结合起来,积极推行了"教育式""阳光式""亲民式""温情式"执法,文明执法的理念已经深入人心。第四,文明创建活动井井有条。利川城管局始终坚持"深化、完善、巩固、提高"的八字方针,以抓文明单位创建为载体,不断提升城管工作效能。文明单位创建工作做到领导到位、投入到位,坚持以制度建设、队伍建设、软环境建设为抓手,达到提升宣传思想工作水平的目的。有序开展"五个一"建设,成立了学雷锋志愿服务队,组织机关干部参与清江河保护工程,道德讲堂工作已启动;以打造优质服务行业窗口,开展了一系列诚信活动;积极组织职工参与全州篮球比赛。第五,城管宣传舆论氛围浓厚。围绕市容秩序整治等城市管理执法工作开展新闻宣传,成立了新闻宣传工作领导小组,制定了《市城管局2013年宣传思想工作细则》《利川市城市市容秩序管理宣传工作方案》和《关于城市管理宣传报道方案》等,在利川电视台和新闻中心开辟了《文明看台》和《城事曝光平台》等专栏,在《恩施日报》《恩施晚报》《三峡都市报》《广州城管》《城市管理》《湖北市容环卫》等报刊发表稿件20篇,在湖北建设信息网、新华网湖北频道、中国环境卫生网、中国利川网等网站发表新闻信息151篇,同时每周组织宣传车在城区滚动宣传,做到了新闻宣传有声音有图片有文字,形成了良好的舆论氛围。第六,机关效能得到了展现。积极开展平安创建活动,认真落实维稳工作,制定了各类应急措施,社会治安综合治理工作有序推进;积极倡导生育文明新风,没有违背计划生育现象;狠抓内部资料建设,对2010年以来的档案进行了整理。为市委、市政府的各类活动保驾护航,先后接待了10余次各类大型活动。

三 三峡流域城市管理执法监察法治化存在的问题

(一) 城市管理执法监察主体不独立,缺乏权威性和独立性

监察,即监督、检察,是法律赋予的一种权利对另外一种权利的制约,必须有足够的权威作为依据和支撑,否则,很难达到监察的最终目的。然而,纵观三峡流域城市管理执法监察的具体情况,其监察机关明显缺乏独立性,严重影响了监察的权威性。以宜昌市为例,宜昌市于2006年开始城市管理体制改革,历经两个阶段,形成了"两级政府、三级管理、四级网络"的城区城市管理体系,将原来的各区中队和专业中队整体收编,统一纳入市城管局城监支队统一管理,在各区设立了城管执法分局并组建区域城管监察大队。大队党组织关系在各区,中队建在街办,城管执法分局、城管监察大队接受市区双重垂直领导,构建了"一个主体、一支队伍、权力集中、重心下移"的城管执法模式。2013年,宜昌市又进一步改革城市管理执法体制,按照"市级宏观统筹、区级具体实施"的思路,强化了区级政府的主体地位和作用,建立了"市管全局、区管具体"运转高效的城管执法体制和运行机制。保留了市城市管理监察支队和下设的督察大队,将原有督察大队的3个专业中队按区域移交给区政府管理。由此,宜昌市形成了两级监察模式。再者,市城市管理局内设了执法监督科,主要职责是负责城市管理和城市管理综合执法规范性文件的起草、审查、报批和备案工作;负责拟定本市城市容貌标准;负责制订城市市容环境综合整治活动方案和城市管理综合执法工作计划,并组织实施和综合协调;指导本系统法制建设和法制宣传教育;管理执法人员资格;制定城管执法工作纪律和制度,对执法中的违法案件进行调查并实施处理;负责日常执法工作的检查、考核和督办;

负责本系统的行政复议和行政应诉工作;负责门前"三包"工作;按照一个窗口对外、一站式服务的要求,负责本机关行政审批事项的集中受理、全程协调服务和跟踪督办,对其中一般性的行政审批事项及"即办件"直接办理审批手续。另外,还设有监察室,负责宜昌市城管委内部的党风廉政建设、党性党风党纪教育、廉洁自律、案件检查等工作。由此可见,宜昌市城市管理执法监察工作由执法监察科和纪委监察室两个部门进行。表面上看,纪检、监察合署办公,职责分工明确,在监督执法人员的执法工作的同时也能进行党风党纪的廉政监察,充分体现对城市管理执法工作的全面检查,但在调研中,也暴露了监察部门归属不明等问题。例如,执法监督科和城监大队的负责机关不是非常明确。从制度上讲,这两个机关应该对宜昌市城管委负责,但是直属关系还是与城管局双重领导关系,现实中尚存争议。与此同时,另一个附属问题也随之出现,即这种内部监察的实际效果如何?其监察结果的公信力是否为人信服?这些问题亦要深思。

(二)城市管理执法监察主体定位不准,职责分工不明确

准确的定位、明确的分工对于一个权力机关来说,起着至关重要的作用,否则,一些权力错位现象就会出现。以宜昌市为例,宜昌市城管委内设机构执法监督科,它的挂牌名是行政审批科,除了负责监察城管执法工作外,它的主要职责是负责城市管理和城市管理综合执法规范性文件的起草、审查、报批和备案工作;负责拟定本市城市容貌标准;负责制订城市市容环境综合整治活动方案和城市管理综合执法工作计划,并组织实施和综合协调;指导本系统法制建设和法制宣传教育;管理执法人员资格;负责门前"三包"工作;按照一个窗口对外、一站式服务的要求,负责本机关行政审批事项的集中受理、全程协调服务和跟踪督办,对其中一般性的行政审批事项及"即办件"直接办理审批手续。这大部分工作的实质却是行政审批,对于监察工作做得少之又少。另外,城监支队作为宜昌市城管委的直属单位,它的职责之一是负责全市城市管理执法工作的指导协调、监督检查和考核,对各区城管执法机构及执法队伍行使监督检查权。两个机构的职责有重合,权限划分不明确,不仅无法发挥监察应有的约束力和强制力,还有可能出现以下情况:第一,过多地包揽应该由其他部门进行监督的工作,替代行使应该由监察对象

行使的专门监督权;第二,经常性与其他部门进行联合检查,这种联合检查从表面看加大了监察力度,但从本质上讲,是没有充分发挥城监支队的监察职能,借力监察的最终结果是无形中削弱了城建支队的权威地位和监察效能;第三,纪委与监察联合办公,纪委、监察在理论上看似清清楚楚、明明白白,但在实践中,缺少相应的法律法规对其职责分工进行规制,在行使监察权的时候往往不伦不类。同宜昌市一样,张家界市也存在同样的问题,广遭人们诟病。张家界市城市管理局内设督察科(加挂张家界市城市管理行政执法支队督导队牌子),其职责是对永定区、武陵源区城市管理队伍履行职责、行使职权和遵守纪律的情况进行督察;受理对城市管理行政执法工作的举报;负责城市管理专项活动及重大行政执法活动的统一指挥和调度;组织查处不属于各区职责内的违法案件、处理特别重大的违法案件、市人民政府交办的案件以及市城市管理行政执法局认为应该直接查处的案件;对永定区、武陵源区执法队伍的执法范围、执法程序、执法文书使用的情况进行监督;督察不依法处理、不及时查处的案件;对永定区、武陵源区执法队伍的文明执勤、依法行政和队容队纪进行现场纠察;负责协调市、区城市管理行政执法局与其他行政执法部门的执法关系。调研过程中,我们发现几乎三峡流域的所有城管监察部门职责都缺乏独立性与专门性,以致监察主体职责不明、定位不准。

(三)城市管理执法监察体制不完善,缺乏补救机制

目前,宜昌市城管委市城监支队结合执法工作实际,建立了各项规章制度,主要有《督察管理规定》《行政执法五要十不准》《队员言行举止规范》《城管监察员基本工作程序和标准》《案件办理管理办法》《执法工作程序》《行政执法过错追究制度》《案件集体审议制度》《错案纠正处理办法》《行政执法过程中突发事件处理办法》《执法过错责任赔偿办法》等执法制度。这些规章制度和《中华人民共和国行政监察法》一起,构成了宜昌市的监察体系。但是,从中不难发现,该体系中缺乏对监察对象的救济措施。它只是规定监察人员的监察内容、监察方式、监察程序等方面的内容,却缺乏对监察对象权利救济和权利保障等相关规定。《行政监察法》规定:"国家行政机关公务员和国家行政机关任命的其他人员对主管行政机关作出的处分决定不服的,可以自收到处分决定

之日起三十日内向监察机关提出申诉，监察机关应当自收到申诉之日起三十日内作出复查决定；对复查决定仍不服的，可以自收到复查决定之日起三十日内向上一级监察机关申请复核，上一级监察机关应当自收到复核申请之日起六十日内作出复核决定。复查、复核期间，不停止原决定的执行。行政人员对监察决定不服的，可以自收到监察决定之日起三十日内向作出决定的监察机关申请复审，监察机关应当自收到复审申请之日起三十日内作出复审决定；对复审决定仍不服的，可以自收到复审决定之日起三十日内向上一级监察机关申请复核，上一级监察机关应当自收到复核申请之日起六十日内作出复核决定。复审、复核期间，不停止原决定的执行。"该法律规定明确了一点，即监察机关作出的监察决定，若当事人不服，只能向上一级监察机关提出申诉、复核，而不能寻求其他的救济途径。《行政诉讼法》第十三规定，"行政机关对行政机关工作人员的奖惩、任免等决定不属于行政诉讼的受案范围"，即行政决定不受司法监督，这进一步说明监察对象的权力保护在司法中得不到救济。这种单一的权利补救措施，不仅不利于对监察机关监察权力的制约与监督，也不利于对监察对象权力的保护与补救。

（四）城市管理执法监察不透明，缺乏对监察机关的监督

监察权是对行政权力的监督，目的是为防止行政人员滥用行政权力，出现"越权"行为；然而，监察人员同样会滥用手中的监察权力，谁来监督，又成为一个不可避免的问题。例如，怀化市建立了比较完备的行政执法督察工作制度，其中规定，执法督察科对检举和控告应当认真核查，根据检举人、控告人和被检举人、被控告人双方的陈述，或者检举人、控告人提供的证据材料，按照规定程序处理。督察人员在督察工作中，必须实事求是，坚持原则，忠于职守、清正廉洁、不徇私情、严守纪律，严格依法办事，接受监督。怀化市对于监察制度的制定更多的是强调监察权力的实行，而忽略了对监察人员的监督。尽管在该规定中提及了督察人员应该接受监督，但也只是象征性地提及一下，并没有对监督做出更为详尽的阐述。这就存在这样的疑问：第一，监察人员应该由谁来监督；第二，监察人员应该怎样被监督；第三，相关机关应该制定怎样的标准来界定监督的内容。同样，张家界"党政不分"的监察模式导致行政监察不伦不类，由此而产生的内部监察又导致监察人员执法不

力，是造成对监察机关监督不力的关键原因。

（五）没有建立科学的责任追究制度

责任追究是检验监察人员是否认真、有效行使监察权力的一种方式，也是促使监察人员依法职权的一种方法。若监察人员滥用职权却不用受到法律的制裁与惩罚，无须承担任何责任，那么滥用职权的现象就会越发泛滥，实践中不按法律的规定履行职责、不能很好地履行职责的现象亦将无法遏制。在调研中，调研人员发现，怀化市建立了城市管理行政执法过错责任追究制度以及行政执法过错责任追究制，以此来监督执法人员依法行政。对于该制度的使用，是这样规定的："本制度适用于城市管理行政执法队伍执法过错责任追究。行政执法过错责任追究，是指对城市管理行政执法部门及其工作人员因故意或者过失出现违法或者不当的具体行政行为，依照本制度的规定追究行政责任的执法监督措施。城市管理行政执法机构及工作人员作出违法或者不当的具体行政行为侵犯公民、法人或者其他组织合法权益的，应当承担责任。城市管理行政执法机构及其工作人员的执法过错追究程序由科室和局纪检监察室负责追究。"由此可见，该制度针对的对象是执法人员，不包括监察人员。同样，宜昌市也有类似的规定："城市管理执法机关应当健全内部不同层级间的监督制约机制和执法人员的纪律约束制度，推行行政执法责任制、评议考核制、过错责任追究制和行政执法人员定期培训、轮岗制度。城市管理行政执法人员玩忽职守、滥用职权、徇私舞弊的，由所在单位或行政监察机关依法依给予行政处分；构成犯罪的，提请司法机关依法追究刑事责任。"宜昌市跟怀化市都存在相同的问题，制定严格的规定来规范城管执法，依法由下设的监察机关追究责任，而在监察人员的责任追究方面却没有建立相应的制度。

（六）执法监察与党纪监察重心不明，与监督有交叉

监察、监督区分不明，职权配置不清。以黔江市为例，黔江市在政府工作报告做出明确表态，要求纪检监察常抓不懈。一是认真开展"三项行动"。对政府投资项目资金安排等情况进行了认真清理；二是深化"四项治理"。组织职工开展自查自纠，积极开展公务用车专项治理；三是全面推行党务公开。通过设立监督电话、意见箱、发放意见征求表等形式，及时收集处理党员群众反馈的意见建议；四是积极开展廉政文化

进机关活动。悬挂廉政警示牌、职业道德规范等标语,组织系统干部职工观看《廉政行动》等廉政电影,组织系统党员干部集中学习《中国共产党党员领导干部廉政从政若干准则》。加大巡查督办力度。共发出《督查通报》68 期,清理了 1—9 期局长办公会议纪要及交办任务完成情况的统计,并对清理出来的 48 项内容进行逐一巡查落实;对"一线工作法"开展情况进行常态化监督,并通报了未整改、未落实、处理不到位的责任科室和单位。对公文运转及完成情况建立了台账,使领导批示内容、去向、完成情况一目了然。可以看到,黔江市城市管理机关把监察重心放在了党纪监察上。然而,相比黔江市,怀化市则在督察城管执法工作上下了大功夫,不仅制定了行政执法工作制度,而且还规定了详细的督察内容与标准。对于三峡流域的其他城市而言,宜昌、利川、张家界、荆州强调更多的则是执法监督。张家界市政府要求,城管执法必须接受人大、政协监督,认真办理建议和提案;接受司法监督和监察、审计专门监督,认真查处和整改存在的问题,并及时向市人民政府报告。接受社会公众和新闻舆论的监督,认真调查核实反映的问题,及时依法处理和改进工作。建立健全信访综治维稳联席会议制度、排查调处机制、督察督办制度和信访事项答复(复查、复核)制度,及时化解矛盾和纠纷,确保信访渠道畅通。荆州市则建立了统一的城市管理投诉平台,设立专职机构,建立统一的城市管理公众投诉平台,设置并公布专用受理投诉的电话。受理并处理所辖区域的群众投诉,畅通市民与城市管理工作的沟通渠道。宜昌市的城管执法监察是通过健全内部不同层级间的监督制约和执法人员的纪律约束来进行,推行行政执法责任制、评议考核制、过错责任追究制和行政执法人员定期培训、轮岗制度。通过政府网站或在办公场所设立监督意见箱,广泛听取并及时处理人民群众的意见和建议;畅通城市管理行政执法投诉举报渠道,认真受理人民群众的投诉、举报,及时查处所属行政执法人员的违法行为。从调研资料来看,三峡流域城市所制定的一系列的监督制度,都属于执法监督的范畴,包括内部监督——严格的考核制度,外部监督——人大监督、群众监督、社会舆论监督以及信访制度,但这些制度与内容都属于监察范畴。监察是指有权机关对行使国家权力机关的监督考察及检举;监督则是对国家机关的监督,任何主体都可以对国家机关的活动行使监督权。这两个概念区别明显，不可混为一谈。监察机关的有效监察有着无可替代的作用，精细化、长效化、常态化的城管执法监管制度能够提高城管执法效率、提高执法水平、加强城市管理，而这一点正是三峡流域城市对于城市管理需要努力的方向。

四 完善三峡流域城市管理执法监察法治化的对策

建立和健全城市管理执法监察制度对于提高城市管理执法效率，规范城市管理执法人员的行为，提升为人民服务的水平有着重要的意义。在现实生活中，可以发现在现行的城管执法体系下，城管执法监察还存在着许多不足之处，如执法监察主体不独立、职责分工不明确、监察体制不完善、城市管理执法监察不透明、责任追究制度不具体、执法监察与党纪监察有交叉等，需要我们从制度层面开展考量，并进行制度健全，提高城管执法效力和水平。为了提高三峡流域城市执法监察水平，加强执法监察力度，需要不断完善内部和外部监察机制，不断提高三峡流域的城市管理执法效率，为流域内的城市提供更好的城市管理，让城市生活更美好。

（一）以法律条文的形式，明确城管执法各部门职权职责

我国城市管理行政执法是一个管理权限相对集中的执法部门，其职权原先分散于各个职能部门。随着全国城管执法工作的全面推进，城管执法职权在法律法规规章以及规范性文件的规定下实现了相对集中，然而执法职权所对应的法律责任却不甚明确。这个问题的存在，使得城管行政执法在执法活动中的法律责任只能依据《行政处罚法》和《行政强制法》中的法律责任规定，以及地方性法规对于城市管理行政执法法律责任的规定进行明确，这不利于内部监察机关对执法活动进行充分全面的监督和考察。除此之外，虽然相应的法律法规对城管执法的法律责任进行了规定，但仍然不够具体，这又对城管执法过程中的具体违法执法行为如何进行监察和追责，产生了不明确不清晰的困惑。这种现象的存在又暴露出了在城管执法的监察问题上，需要能够具体操作的法律条文，确认城管执法监察的职权职责。

权责统一是我国政府依法行政的原则之一。当前，城市管理执法内部监察上存在的问题在一定程度上与现行的行政管理体制下，许多城市

管理执法部门在职权职责上存在交叉与空白有关。这种情况的存在会造成两种不好的后果：第一，在城市管理的问题上有职权交叉的部门可能会互相推诿，怠于行使自己的职权，导致城市管理不到位甚至出现管理空白；第二，当城市管理环节出现问题的时候，有职权交叉的部门出于维护自身利益的考虑相互推诿责任，导致追责出现混乱的局面。这两种情况正如上文所述的城市管理执法监察主体定位不准、职责分工不明确这个问题一样，会使城市监察部门的职责都缺乏独立性与专门性，以致监察主体职责不明、定位不准。

因此，从维护政府形象树立政府公信力的角度出发，在城市管理监察的问题上，需要对三峡流域的城市管理执法各个部门的职责与权限以法律形式予以明确分工，做到权责统一，这样既便于城市管理部门的执法工作顺利进行，又便于开展内外部监督，达到有权必有责、用权必受察的效果，不断提高城市管理执法监察的效力和水平，提高办事效率和透明度以及公信力。

(二) 协调城市管理执法与监察程序

目前，我国的城管执法采用的是"两级政府、三级管理"的行政管理模式，将城管执法的权限下放，对其执法行为的监督程序由市级统一监督和区级内部监督这两部分构成。这种机制的采用固然有它的道理，但是也产生了如何协调这两种程序的问题。例如，上级政府如何对下级城管执法进行监督？面对民众对城管执法行为的监督，上级政府该如何进行处理？这都是值得考虑的监察问题。

城管执法监察的对象是城市管理执法人员的违法违纪行为，城管执法监察的目的是纠正城市管理人员的执法行为、提高城市管理的执法水平。在城市管理执法体系中，各个执法部门都有自己负责的领域，都有自己的内部管理体制与办事程序。当前许多城市管理执法问题的出现，很大程度上就是因为城市管理执法部门之间未加强协调工作，导致城市管理执法在某一具体领域的审批、管理等方面出现了差错。因此，在对城管执法监察问题的分析上，不能仅仅将目光聚焦于执法的结果，还应从过程和原因上对城市管理进行具体的监察。

在协调城管执法部门工作与监察程序上，可以考虑建立城市管理、作业、执法、监督"四位一体"的有效机制，让城管执法的责任更加明确、执法措施更加有力得当，让城管执法部门形成一个有效的管理整体，降低城市管理执法出错的概率和风险。对城市管理执法监察需要强化属地责任，目的在于让区、街两级城市管理综合协调机制能够发挥作用，提高两级综合协调力度，强化属地管理作用，在进行监察活动的时候能够找到负责人。从管理学的角度出发，管理层级越多，在传递信息上面就会受到越多的影响，甚至导致信息失真，因此，在目前市、区、街的三级管理体制下可以考虑设置协调会议制度，让不同级别的城市管理执法人员在工作与业务上开展协调工作，避免信息不对称影响到执法和监察工作的顺利进行。更重要的是要强化属地管理责任，加大协调工作，可以使各个层级的城管执法部门充分发挥各自的职权和职责。

（三）完善城市管理执法监察体制，建立健全救济机制

权利和义务二者是相互关联的，固然不可混淆，但又不可分割。没有无权利的义务，也没有无义务的权利。对于城市管理执法体制而言，监督是建设美丽城市的一项重要工程，各个执法监督机关有义务去履行去完成。但是，从一般意义上讲，监察工作注重的是执法行为是否合法合理、文明科学地完成；公众市民则比较注意行政执法人员是否履行了诚信为民服务、保护公众利益的义务。而现实和理论研究中，关于城市管理执法监察人员尽到相应的义务时，他们的权利是否有更好的保障这一问题则关注较少，不注重保护城管执法监察人员的合法权益，只会使得执法监察人员远离敢于监察敢于执法，城市管理执法监督体制也会面临土崩瓦解的局面。面对这样"一条腿走路"的执法监察体系，完善体制、建立健全执法监察救济机制，在现实工作中，不可或缺。实践中，可以尝试采取以下措施进行相应完善：第一，各城市管理执法监察机关、城市管理局以及市政府三方进行强强联合，在三方内部选取工作考核优秀、态度认真负责、品德高尚无私、法律素养较高、群众评价较高的行政工作人员数十名，成立独立的城市管理执法监察委员会，一方面对城管执法监察工作进行全方位的监督和考察，另一方面对具体监察人员进行合法正当的执法监察工作时的权益予以保护。第二，制定专门的有关监察人员权益保护的法规或规范性文件，明确行政执法监察人员权益保障救济途径。比如规定在执法监察人员打击报复，公报私仇，使监察遭受不公平待遇受到侵害时，其可以寻求的救济途径和方法。第三，加大

城管执法监察保障，充分保证城市管理执法监督机关的高效发展，以适应执法监督工作现代化的客观要求。特别是在城管管理执法、监察机关监督管理、调查取证部门、强制执行手段、资料档案管理等方面，应予以充分保障，并保持一定的先进性。应尽可能保证城市管理执法监察机关有足够的时间和技术，用于提供有效服务和保障工作人员的合法权利。

（四）加强对监察机关的监督，提高执法监察透明度

城管执法监察制度的施行是为了监督、考察和检举城管执法人员的违法行为，以促进执法人员改善执法行为，完善城市管理。但是，这项制度的一个漏洞就在于城管执法监察的主体，即监察机关其自身缺乏监督，这就容易造成监察机关自身渎职而无人监管，不仅会产生"监察不力"和"监督空白"的不良现象，而且不利于城管执法人员改正错误、文明执法，进而影响城管执法监察法治化进程。

基于以上原因，必须加强对监察机关的监督，提高执法监察透明度。这就要求：第一，完善内部监督，发挥内部监督的督促作用。城管执法监察从性质上来说是行政内部监督体系的一个重要组成部分，内部监督主要包括上级行政机关对下级行政机关的监督、行政监察和审计机关对行政机关及其公务人员的审计监督。由于监察部门虽然与纪委同属一个部门，联合办公，但从性质上还是行政部门，因此，对监察干部的监督应该充分利用内部监督，上级机关严格把关下一级监察部门的工作情况，监察机关部门之间相互监督，并实施严格的追责制，对于违规情况，发现一个惩处一个，决不姑息；第二，充分运用外部监督。外部监督主要包括政党监督、权力机关监督、国家司法机关监督、群众团体监督、人民群众监督和舆论监督。之所以在内部监督之外还运用外部监督，其中一个重要原因就是内部监督效果的不足。因为内部监督处于行政系统内部，在现实实施过程中会受到一定限制，想完全发挥其监督作用是不现实的，可操作性不强。因此，外部监督作为脱离行政系统机制的作用就显现出来，外部监督可以不受行政系统的制约，充分行使其监督权，监督和督促监察机关人员认真履行职责。

运用外部监督特别需要注意的一点是必须发挥群众团体和人民群众的监督权，保障他们的知情权。可以成立相关办公室专门处理群众团体和人民群众对监察机关的监督的事务，使群众能够有渠道参与监督事务，

并且有正规途径反映情况。定期还应该对监察机关的监督情况和监察机关进行监察事务加以公开，从而反映监察人员的工作状态和监察事务的情况，保障对城管执法人员的监察工作正常进行，提高监察透明度。

(五) 建立严格的监察人员责任追究制度

监察人员手握监察权，对监察对象履行职责、有无违法、是否依法等情况进行监督、考察及检举，从本质上来说，其实就是解决执法必严、违法必究的问题。若监察人员不能对执法人员履行职责的情况进行科学的评价，对违规行为进行严格的追究，那监察就不能达到原本应有的效果。在此情形下，大多数的城市管理部门都制定了一系列的规章制度，规范执法人员的执法行为，并且有严格的责任追究制度，以此来威慑执法人员。然而，那些立法者、规章制度的制定者们却忽略了一点，对于监察人员的责任追究，又该怎么办？监察人员同样行使的是行政权力，若他们在执法的过程中，有渎职的行为，又应该由谁来追责、怎样追责、依何追责？所以，应该尽快建立监察人员责任追究制度，保障监察对象的权利。

具体而言，可以从以下几个方面来进行：第一，三峡流域各级市政府应该结合当地城管执法的具体情况，制定专门的监察人员责任追究法规或规范性文件。该法规或规范性文件的起草工作应该交由市政府部门负责，聘请专门进行城管执法监察具体工作的监察人员和专门研究城管执法工作、行政监察工作的专家学者讨论，初步形成的起草意见向社会公布，征求意见与建议，经过几次修改，形成最终版本，并投入试行。第二，该法规或规范性文件应该包含追责的主体、追责的对象、追责的方式、追责的程序、处罚措施等具体内容。第三，对城管执法监察人员的追责应该由专门成立的追责小组进行，并接受社会的监督。可以抽调城管内设机构的负责人组成追责小组，负责受理追责案件和具体的追责工作。在执法监察的过程中，权利受到侵犯的城管执法人员可以向追责小组提出申请，有条件的可以提供相关的证据。例如，若某城管执法人员在执法过程中，严格依照法律法规行使权力，执法方式、执法程序都有理有据，却因之前与监察人员有过个人恩怨而受到了行政处分，该执法人员就可以就此情况向追责小组提出申请。同时，应该开通公众举报平台，受理公众对监察人员的举报。追责小组接到举报后，应该立即进行核实，经调查若属实则采取进一步的措施。第四，通过电子化平台曝光受到追责的城管执法监察人员以及其原因，追责全过程同步公开，使追责也完全置于阳光下，接受社会的监督。

在建立健全监察人员责任追究机制的同时，还要逐步加强建设高素质的城管执法监察队伍，从本质上提高监察人员的监察水平，从源头上解决监察人员违法监察、滥用职权的问题。首先，可以从各大高校挑选高素质人才，通过挂职锻炼的方式充实城管执法监察队伍，满足专业化、知识化、科学化的队伍要求；其次，进行统一的专业培训，包括专业知识的讲解、相关法律法规的学习、职业道德的培养；最后，以通过结业考试的方式选拔优秀的城管执法监察人员。一支高素质、高水平的城管执法监察队伍不仅可以提高监察的效力，保证城管执法的公正性，而且可以保障执法人员的合法正当权益。

（六）平衡执法监察与党纪监察的关系，明确监察与监督

我国是从1993年开始，行政监察与党纪监察进行联署办公。虽然两者在职责与职权分工上的规定十分明确，但在实际操作中还是存在许多的问题。而执法监察与党纪监察的混淆是造成监察部门监察不力、效率低下的重要原因，因此，必须在实际监察中划清执法监察与党纪监察这两者之间的关系，找准城管执法监察的重心。在立法上，应当制定相应的法规和规章，严格区分两者的职权关系：对于党纪监察机关的人员组成、职责权限、监察方式与程序、惩罚措施等作出详尽规定；对于城管执法监察部门，应当具体规定监察队伍的组成、人员设置、职责权限、监察人员的任职资格、选任方式、权利责任等内容。在实践中，以宜昌为例，宜昌市城管委应该将城管执法监察的工作全部交给城监支队，取消其办公室相关的监察权力，让城监支队负责所有的执法监察，按照我国的《行政监察法》行使职权，进行独立办公，直接由上一级机关负责。同时，市城管委应当在执法监察与执法监督之间划出一条清晰的分界线，各自不能越界，除此之外，还可以成立一个监督小组，负责执法监督的所有工作，对同级政府负责。这个监督小组应当保证所有的外部监督渠道的畅通，特别是要实时受理群众的举报，若举报内容属于城管人员的执法行为，则应该将该案移交给城监支队；若属于其他的方面，则按照各部门职责的划分，转交给各个部门的负责人。如此清晰明了的部门划

分，执法监察与纪委监察，执法监察与执法监督，职责不同、权限不同，所带来的效果当然也就不同。城管执法人员的执法权规范于独立的监察权，而监察权的权威性与威慑性有利于推动城管执法的改革，在共同推动推进下，最终实现"大城管"建设的目标。

第三章

三峡流域城市社会矛盾化解机制法治化研究

——以宜昌市行业性专业人民调解为中心

　　维护最广大人民的根本利益是我们一切工作的出发点和落脚点，通过合理制度安排能够更好地保障人民群众各方面权益，因为良法善制，于法周延，于事简便，① 这也是所有社会矛盾化解制度正义之所在。行业性专业人民调解是化解社会矛盾、维护社会稳定的一道防线和有效途径，也是受人民群众欢迎的非诉讼纠纷解决方式。行业性专业人民调解是指专门从事特定行业矛盾纠纷的调解，其组织表现形式是行业性专业人民调解委员会。当前，伴随着社会转型，各种矛盾纠纷不断增加，行业性专业调解正是面对纠纷复杂性、多样性、专业性的特点，采取的有效化解特定行业和专业领域矛盾纠纷的社会管理创新方式之一。作为大调解格局下的行业性专业人民调解，既强调纠纷解决的行业性和专业性，又强调与传统的人民调解、行政调解、司法调解的衔接与配合，其规范化与法治化建设也呈现出有别于传统人民调解的特点。三峡流域城镇地区自开展专业调解委员会建设工作以来的实践表明：行业性专业人民调解委员会的建立，对及时调处行业领域内的矛盾纠纷，特别是重大疑难纠纷、避免矛盾升级和群体上访事件的发生，维护社会和谐稳定起到其他职能部门不可代替的作用。为了解三峡流域地区行业性专业人民调解法

---

① 周望：《社会治理创新的地方经验研究》，中国法制出版社2014年版，第263页。

治化状况，我们组成课题组，对该地区行业性专业人民调解的法治化实践进行调研，本部分拟根据调研所获得的实证资料，以宜昌市为中心，对三峡流域城镇地区行业性专业调解的制度化及其实践状况进行分析，以期为进一步促进该地区行业性专业调解工作法治化，充分发挥行业性专业人民调解在化解矛盾纠纷、维护社会稳定中的职能作用，为建设"法治中国"做出积极的贡献。

第一节 行业性专业人民调解的制度依据

行业性专业人民调解作为目前社会矛盾化解的重要机制，在我国虽然起步较晚，但仍然有一些法律、法规和地方性规范性文件，三峡流域地区各级政府为了推进行业性专业调解的发展，也出台了相应的规范性文件，这为行业性专业人民调解的法治化奠定了坚实的基础。

一 行业性专业人民调解的全国性法律制度规定

行业性专业人民调解属于人民调解中的特殊类型，对行业性专业人民调解的规制当然源于对人民调解制度的规制。人民调解制度作为促进基层社会治理、维系基层秩序的策略性安排，自新中国成立以来，历经了较为漫长的制度演进。新中国人民调解的制度化始于1954年3月22日政务院颁布的《人民调解委员会暂行组织通则》。1979年通过并经1983年和2006年两次修订的《中华人民共和国人民法院组织法》第22条从规定基层法院审判外职能的维度对人民调解制度作了规定。1982年颁布的《中华人民共和国民事诉讼法（试行）》第14条首次从程序基本法层面对人民调解委员会的定位、受案范围以及人民调解与民事诉讼的关系予以规定。1982年《宪法》第111条将人民调解制度作为基层自治的组成部分进行了规定，并将其定性为基层群众性自治组织。

尽管还有一些法律对人民调解制度进行了规定，[①] 但整体上有关人民

---

① 如1985年《继承法》、1987年《村民委员会组织法（试行）》、1989年《城市居民委员会组织法》、1994年《劳动法》、1996年《老年人权益保障法》以及1998年《村民委员会组织法》等十多部法律都对人民调解制度有所涉及。

调解制度的规定仍呈现出条文明显偏少、内容简略、规制粗陋。人民调解制度在法律渊源方面不得不长期严重依赖于以国务院1989年颁行的《人民调解委员会组织条例》和司法部2002年颁行的《人民调解工作若干规定》为代表的行政法规、部门规章等规范性文件。有关行业性专业人民调解制度的规定自然而然显得十分缺乏,为了进一步加强人民调解工作,司法部2002年9月26日发布的《人民调解工作若干规定》(司法部令第75号)第10条第4款,对调解的组织形式作了新的规定,即可根据需要设立区域性的、行业性的人民调解委员会。随后财政部和司法部2007年7月9日发布《关于进一步加强人民调解工作经费保障的意见》(财行〔2007〕179号)对促进行业性专业调解委员会的发展也具有重要意义。2010年1月,司法部、卫生部、中国保险监督管理委员会发布《关于加强医疗纠纷人民调解工作的意见》(司发通〔2010〕5号)。2010年6月,公安部、司法部、中国保监会下发了《关于推行人民调解委员会调解道路交通事故民事损害赔偿工作的通知》(公通字〔2010〕29号)。2011年1月1日施行的《人民调解法》颁布后,这一状况有了明显的改善。该法为适应急剧转型中国社会治理的需要,在第34条扩充了人民调解委员会的设立主体和人民调解组织的类型,为行业性专业调解委员会的成立提供了明确的法律依据。

2011年4月22日,中央社会治安综合治理委员会、最高人民法院、最高人民检察院、国务院法制办、公安部、司法部、人力资源和社会保障部、卫生部、国土资源部、住房和城乡建设部、民政部、国家工商行政管理总局、国家信访局、全国总工会、全国妇联、共青团中央16部门联合印发《关于深入推进矛盾纠纷大调解工作的指导意见》,该指导意见中对于成立行业性专业调解委员会做出了更加明确的部署。2011年5月,司法部下发了《司法部关于加强行业性人民调解委员会建设的意见》(司发通〔2011〕93号),对行业性专业调委会建设提出了实施意见及具体要求。

二 三峡流域关于行业性专业人民调解的省级制度规定

三峡流域涉及湖北、重庆、贵州和湖南四省市,各省市均出台了相应的关于行业性人民调解方面的规定,如湖北省最早规定设立行业性专业调解委员会的规范性文件是湖北省人民政府 2003 年 8 月 11 日发布的《湖北省人民调解工作规定》（省政府令第 252 号），该规定在第七条明确规定，企事业单位和区域性、行业性组织可根据需要设立人民调解委员会。2011 年 2 月，湖北省委办公厅、省政府办公厅出台了《关于加强行业性专业人民调解委员会建设的意见的通知》（鄂办发〔2011〕8 号）。2012 年，湖北省直有关部门联合出台了《关于进一步推进人民调解工作的意见》《关于进一步加强基层劳动争议调解组织建设的意见》《关于进一步推进道路交通事故民事损害赔偿人民调解工作的意见》《关于进一步推进医疗纠纷人民调解工作的意见》《关于实施医疗责任保险的意见》《湖北省"公调对接"工作实施办法（试行）》《湖北省深入开展"平安医院"创建活动实施方案》（鄂卫发〔2007〕49 号）等规范性文件，为湖北省行业性专业人民调解工作的顺利开展提供了制度保障。其他省市为促进行业性专业调解工作的开展也发布相应的规范性文件，如重庆市公安局、重庆市司法局、重庆保监局 2010 年 11 月 4 日发布了《重庆市道路交通事故人民调解工作实施办法》（渝公发〔2010〕589 号），重庆市人民政府办公厅 2011 年 4 月 8 日发布了《重庆市医疗纠纷处置办法》（渝办发〔2011〕89 号）；2012 年 10 月 30 日湖南省人民政府第 117 次常务会议审议通过 2012 年 11 月 20 日湖南省人民政府令第 263 号公布的《湖南省医疗纠纷预防与处理办法》；贵州省人民政府 2013 年 12 月 16 日发布了《贵州省医疗纠纷人民调解处理办法（试行）》（黔府发〔2013〕30 号）。

三　三峡流域关于行业性专业人民调解的省级以下制度规定

三峡流域地区除了国家和相应省市发布的行业性人民调解方面的制度性规定外，为了落实国家和各省市的有关法律法规和有关文件精神，部分市和所属的市和区县也发布了相应的规范性文件，其中最为突出的是宜昌市及其所属区县。如宜昌市政府 2010 年 12 月 17 日发布了《宜昌市医疗纠纷预防与处理办法》（宜昌市政府第 150 号令）[①]，在第 8 条和

[①] 2012 年 12 月 23 日，宜昌市人民政府发布了《市人民政府关于修改〈宜昌市医疗纠纷预防与处理办法〉等规范性文件的决定》（2013 年第 157 号令），但本书涉及的主要内容未做原则性修改。

第9条中明确提出在宜昌市及各区县设立医疗纠纷人民调解委员会，并建立以医疗责任保险制度为主体的医疗责任风险分担机制。随后，宜昌市综治办、卫生局、市委宣传部、司法局、公安局、中级人民法院、保险行业协会《关于推进医疗纠纷调解开展平安医院创建工作的意见》（宜综治办〔2010〕9号）对行业责任保险制度进行了初步规定。与此同时，宜昌市维护稳定工作领导小组办公室、宜昌市司法局、宜昌市中级人民法院、宜昌市公安局、宜昌市仲裁委和宜昌市保险行业协会等六部门联合下发了《关于成立宜昌市道路交通事故损害赔偿联动调解中心的通知》（宜稳办发〔2010〕17号）明确了宜昌市道路交通事故损害赔偿联动调解中心成立及运行的有关内容。为了更好地推进宜昌市的包括行业性专业调解在内的人民调解工作，2014年6月11日，宜昌市财政局、宜昌市人力资源和社会保障局、宜昌市司法局联合发布了《关于印发〈宜昌市人民调解员等级化管理实施办法〉的通知》。该办法将人民调解员等级设首席人民调解员、一级人民调解员、二级人民调解员、三级人民调解员、人民调解员共五个等次。并在其中第六条明确规定县级以上地方财政应当将司法行政部门指导人民调解工作经费、人民调解委员会补助经费、人民调解员补贴经费纳入财政预算，给予支持和保障。要求各县市区研究制定出台相关政策措施，努力争取将指导人民调解工作经费、人民调解委员会补助经费、人民调解员补贴经费纳入同级财政预算并足额保障到位，落实好"以案定补"政策。宜昌市司法局为落实人民调解员等级管理制度，于2015年3月21日印发《宜昌市人民调解员等级评定工作方案》（宜司通〔2015〕22号）。该方案主要明确了人民调解员等级评定的参评范围、各等级调解员的评定比例、考核与奖励、评定的程序与完成时限等内容。恩施土家族苗族自治州（以下简称恩施州）司法局和卫生局于2010年5月4日联合发出《关于成立恩施州医疗纠纷调解委员会的通知》（恩施州司法通〔2010〕19号），该规定要求各区县成立相应的医疗纠纷调解机构，建立相应的例会制度、学习培训制度、考核制度、登记、统计、回访制度、调查证制度、案例讨论制度、档案管理制度等，还对医疗纠纷的受理、调解和处理等程序和日常工作作了具体规定。

在三峡流域区县层面，部分区县也先后出台了成立医疗纠纷、道路交通事故等类别的行业性人民调解制度的有关规定。如 2010 年年底，当阳市出台了《关于建立当阳市医疗纠纷人民调解委员会工作方案》；宜都市 2012 年出台了《市人民政府办公室关于印发宜都市建立医疗纠纷人民调解机制工作实施方案的通知》（都政办发〔2012〕89 号）；枝江市 2012 年发布并于 2013 年 1 月 1 日起开始实施了《枝江市医疗纠纷预防与处理办法》等，宜昌市下属各市区县在有关文件中均明确了行业性调解委员会的运行方式等内容。另外，重庆市黔江区人民政府办公室 2012 年 6 月 25 日也发布了《黔江区医疗纠纷预防与处置办法》（黔江府办发〔2012〕191 号）。2011 年恩施州巴东县出台了《中共巴东县委、巴东县政府关于进一步加强全县人民调解工作的意见》和《关于加强行业性人民调解委员会建设的实施意见》。

第二节 三峡流域行业性专业人民调解的组织建设

随着经济社会的不断发展和城市化进程的不断推进，社会矛盾纠纷也日趋多元化、复杂化，尤其是医患、交通事故、消费维权、环境污染等类型的纠纷逐年上升，并常常成为影响经济发展和社会稳定的热点难点问题。传统的人民调解难以有效应对，成立行业性专业人民调解组织就显得十分必要。行业性专业人民调解组织，是指专门调解特定领域矛盾纠纷的群众性组织，是新形势下人民调解工作的创新、发展和完善，对于化解特定领域的矛盾纠纷具有不可替代的作用。三峡流域为了更好地应对，成立了行业性专业人民调解组织，本节将对此进行介绍。

一 三峡流域行业性专业人民调解委员会组织设立情况

三峡流域地区根据各地的实际情况，均设置了一些行业性专业人民调解委员会，但由于经济发展程度等种种原因，其行业性专业调解委员会的设立情况有差异，本书主要以宜昌市为例进行分析，宜昌市在巩固完善 107 个乡镇（街道）人民调解委员会、1596 个村（居）人民调解委员会的基础上，成立医疗纠纷、交通事故、劳动争议、环境保护、征地拆迁、物业管理等行业性、专业性调委会73个，其中市级专业调委会2个。从调委会的类型上看，在73个行业性、专业性调委会中，医疗纠纷类23个，道路交通事故纠纷类14个，劳动争议类19个，征地拆迁纠纷类2个，物业管理类6个，旅游纠纷1个，婚姻家庭纠纷1个，环境保护纠纷1个，驻信访部门调解组织2个，驻法院调解组织2个，驻公安派出所调解组织1个，消费纠纷1个（见表3）。不同类型行业性专业调解机构在设立该组织时，其依托单位和设立层级上也有差异。医疗纠纷类的依托行业协会等社会团体设立调委会的有2个，在乡镇街道区域设立的调委会13个，在县市区域设立10个；道路交通类依托行业协会等社会团体设立调委会的有1个，在乡镇街道区域设立的调委会3个，在县市区域设立9个；劳动争议类依托行业协会等社会团体设立调委会的有1个，在乡镇街道区域设立的调委会13个，在县市区域设立16个；物业管理类依托行业协会等社会团体设立调委会的有1个，在乡镇街道区域设立的调委会3个，在县市区域设立3个。[①] 有关行业性专业调解组织的成立情况见表3至表5。

　　当然，从行业性专业调解委员会的类型和分布来看，恩施州在此方面的成绩也较为突出，恩施州在2010年关于成立医疗纠纷调解委员会文件发布后，至2011年成立了医调委8个。截至2013年8月，全州有5县（市）成立了各类行业性专业调解委员会23个，从类型上看，有专职调解员588人，兼职调解员190人，专家库成员303人。其中，联合调解型委员会4个，医患纠纷5个，交通事故纠纷类5个，征地拆迁纠纷类2个，劳动争议纠纷类2个，物业管理纠纷类1个，校园人身损害赔偿纠纷类1个，职工维权纠纷类1个，环境保护纠纷类1个。从各行业性专业调解委员会所属县市看，恩施市成立了医患纠纷、交通事故纠纷等类型共计7个，利川成立了交通事故类共计1个，建始成立环境保护等类型共计3个，巴东成立了联合型等共计3个，宣恩成立了联合型等共计1个，咸丰成立了劳动争议等共计4个，来凤成立了联合型等共计1个，鹤峰成立

---

① 文中有关宜昌市行业性专业调解方面的数据来源如果没有特别说明，均来源于课题组调研过程中从宜昌市司法局及有关部门获得。

了医患纠纷等共计3个。①

表3 宜昌市行业性专业调解委员会设置情况

专业调委会类型	夷陵	远安	五峰	兴山	当阳	宜都	猇亭	长阳	伍家	枝江	秭归	西陵	点军
医疗纠纷	1	1	1	1	1	1	1	2		1	13		
道路交通事故纠纷	1	1	1	2	1	1	1	4			1		1
劳动争议纠纷		1		9		1	1	2			1	3	1
征地拆迁纠纷						1							1
物业管理纠纷												3	
旅游纠纷											1		
婚姻家庭纠纷				1									
环境保护纠纷						1							
驻信访部门调解组织		1				1							
驻法院调解组织		1						1					
驻公安派出所调解组织		1											
消费纠纷												1	
合计	2	7	2	13	2	3	7	8	1	1	18	6	3

二 三峡流域各类行业性专业调解委员会的人员构成情况

关于三峡流域各类行业性专业调解委员会的人员构成情况，我们以宜昌市为例进行阐述，宜昌市根据其工作需要和各地的实际情况，各类行业性专业调解委员会对调解员采取专兼职结合的办法进行聘任，选聘了适合其需要的专业队伍，有力地保证了其工作的顺利开展。统计显示，医疗纠纷类专兼职共计116人，其中专职人民调解员24人，专职人员中采取政府购买服务方式的有6人，兼职92人；从文化程度看，大学以上学历的有58人；从专业方面看，本行业的有61人，法学专业的11人，其他专业的38人。道路交通类专兼职共计109人（见表4、表5）。

---

① 此资料来源于恩施州司法局2011—2013年关于人民调解工作的资料汇编。

表 4　　宜昌市医疗纠纷类行业性专业人民调解委员会设置情况

项目 市、区县	设立总数	独立设置人民调解委员会组织情况				
		设立区域				
		依托行业协会等社会团体设立	在乡镇街道区域设立	在县市区域设立	在地市区域设立	
夷陵区	1			1		1
远安县	1	0	0	1	0	1
五峰县	1			1		
兴山县	1	0	0	1	0	0
当阳市	1			1		
宜都市	1	0	0	1	0	0
猇亭区	1	1		1		
长阳县	2		1			
枝江市	1	1	0	1	0	0
秭归县	13		12	1		
合计	23	2	13	10	0	2

表 5　　宜昌市道路交通类行业性专业人民调解委员会设置情况

项目 市、区县	设立总数	独立设置人民调解委员会组织情况				
		设立区域				
		依托行业协会等社会团体设立	在乡镇街道区域设立	在县市区域设立	在地市区域设立	
兴山县	2	0	0	1	0	0
夷陵区	1			1		1
远安县	1	0	0	1	0	1
当阳市	1			1		
点军区	1					
宜都市	1	0	0	1	0	0
猇亭区	1	1		1		
长阳县	4		3	1		
秭归县	1					
合计	13	1	3	9	0	2

其中专职人民调解员 41 人，专职人员中采取政府购买服务方式的有 7 人，兼职 68 人；从文化程度看，大学以上学历的有 81 人；从专业方面看，本行业的有 54 人，法学专业的 15 人，其他专业的 12 人。劳动争议类专兼职共计 89 人，其中专职人民调解员 8 人，专职人员中没有采取政府购买服务方式的人，兼职 81 人；从文化程度看，大学以上学历的有 43 人；从专业方面看，本行业的有 24 人，法学专业的 1 人，其他专业的 58 人。物业管理类专兼职共计 52 人。其中专职人民调解员 4 人，专职人员中没有采取政府购买服务方式的人，兼职 48 人；从文化程度看，大学以上学历的有 25 人；从专业方面看，本行业的有 15 人，其他专业的 37 人。有关宜昌市主要行业性专业人民调解委员会设置情况见表 6 至表 11。

表 6　宜昌市劳动争议类行业性专业人民调解委员会设置情况

项目 市、区县	独立设置人民调解委员会组织情况					
	设立总数	设立区域				
		依托行业协会等社会团体设立	在乡镇街道区域设立	在县市区域设立	在地市区域设立	
兴山县	9	0	8	1	0	0
远安县	1	0	0	1	0	1
点军区	1			1		
宜都市	1	0	0	1	0	0
西陵区	3		3			
猇亭区	1	1		1		
长阳县	2		2			
秭归县	1			1		
合计	19	1	13	6	0	1

表7　　　宜昌市物业管理类行业性专业人民调解委员会设置情况

项目 市、区县	独立设置人民调解委员会组织情况					派驻调解室
^	设立总数	设立区域				
^	^	依托行业协会等社会团体设立	在乡镇街道区域设立	在县市区域设立	在地市区域设立	^
远安县	1	0	0	1	0	1
西陵区	3		3			
猇亭区	1	1		1		
秭归县	1			1		
合计	6	1	3	3	0	1

表8　　　宜昌市医疗纠纷类行业性专业调委会调解员队伍情况

项目 市、区县	人民调解员构成情况							
^	专兼职		文化程度	专业情况			
^	专职		兼职	大学以上	本行业专业	法学专业	心理学专业	其他专业
^	专职总数	其中政府购买服务	^	^	^	^	^	^
夷陵区	3	3	6	3	3			
远安县	3	0	0	3	3	0	0	0
五峰县			2	2				2
兴山县	1	0	5	6	3	1	0	2
当阳市	3	3		3	2			1
宜都市	2	0	3	0	3	1	0	1
猇亭区	1		11	12	12			
长阳县	8			8	3	2		3
枝江市	3	0	1	1	2	2	0	0
秭归县			64	20	30	5		29
合计	24	6	92	58	61	11	0	38

第三章 三峡流域城市社会矛盾化解机制法治化研究　　139

表9　　宜昌市道路交通类行业性专业调解委员会调解员队伍情况

市、区县 \ 项目	专兼职 专职 专职总数	专兼职 专职 其中政府购买服务	兼职	文化程度 大学以上	专业情况 本行业专业	专业情况 法学专业	专业情况 心理学专业	专业情况 其他专业
兴山县	2	0	7	7	0	0	0	2
夷陵区	7	7		7	7			
远安县	3	0	0	3	0	1	0	2
当阳市	3		34	19	19			
点军区			8	8	4	4		
宜都市	2	0	1	0	0	0	0	3
猇亭区	1		7	8	8			
长阳县	2		8	10	6			4
秭归县	21		3	19	17	3		1
合计	41	7	68	81	54	15	0	12

表10　　宜昌市劳动争议类行业性专业调解委员会调解员队伍情况

市、区县 \ 项目	专兼职 专职 专职总数	专兼职 专职 其中政府购买服务	兼职	文化程度 大学以上	专业情况 本行业专业	专业情况 法学专业	专业情况 心理学专业	专业情况 其他专业
兴山县	0	0	33	8	0	0	0	33
远安县	3	0	0	3	2	0	0	1
点军区			12	12	12			
宜都市	1	0	0	0	0	1	0	0
西陵区			24	5				24
猇亭区	1		6	7	7			
长阳县			6	5				
秭归县	3			3	3			
合计	8	0	81	43	24	1	0	58

表 11　　宜昌市物业管理类行业性专业调解委员会调解员队伍情况

项目 市、区县	人民调解员构成情况							
	专兼职			文化程度	专业情况			
	专职		兼职	大学以上	本行业专业	法学专业	心理学专业	其他专业
	专职总数	其中政府购买服务						
远安县	3	0	0	3	2	0	0	1
西陵区			33	6				33
猇亭区	1		5	6	6			
秭归县			10	10	7			3
合计	4	0	48	25	15	0	0	37

三　三峡流域主要行业性专业人民调解委员会专家库构成情况

三峡流域主要行业性专业人民调解委员会专家库构成情况，我们仍然以宜昌市为例进行分析，为了有力推进行业性专业调解工作，宜昌市还建立了一支既精通法律、善于调解、擅长做群众工作，又具有相关专业知识、公道正派、作风优良、热心调解事业的专业技术人员、"两代表一委员"，以及老党员、老干部、老教师、老专家、老模范共394人组成的专业调解人才库。各类行业性专业调委会专家库构成为：医疗纠纷类专家库共计198人，其中本行业专家124人，法学专业33人，心理学专业2人，其他专业39人；道路交通类专家库共计102人，其中本行业专家58人，法学专业31人，心理学专业9人，其他专业4人；劳动争议类专家库共计26人，其中本行业专家10人，法学专业4人，心理学专业1人，其他专业11人；物业管理类专家库共计18人，其中本行业专家12人，法学专业2人，其他专业4人。全市基本形成了"哪里有人群、哪里就有调解组织，哪里有矛盾、哪里就有调解工作"的格局。有关宜昌市行业性专业人民调解委员会专家库情况见表12至表15。

表12　宜昌市医疗纠纷类行业性专业人民调解委员会专家库情况

市、区县\项目	专家库情况 总数	本行业专业	法学专业	心理学专业	其他专业
夷陵区	13	13			
远安县	4	4	0	0	0
五峰县	10	5	2		3
兴山县	36	33	3	0	0
当阳市	20	10	10		
宜都市	20	10	3	2	5
猇亭区	5	1	2		2
长阳县	5	3	2		
枝江市	21	15	6	0	0
秭归县	64	30	5		29
合计	198	124	33	2	39

表13　宜昌市道路交通类行业性专业人民调解委员会专家库情况

市、区县\项目	专家库情况 总数	本行业专业	法学专业	心理学专业	其他专业
兴山县	0	0	0	0	0
夷陵区	31		23	8	
远安县	3	3	0	0	0
宜都市	7	1	3	1	2
猇亭区	5	2	2		1
长阳县	35	35			
秭归县	21	17	3		1
合计	102	58	31	9	4

表14　宜昌市劳动争议类行业性专业人民调解委员会专家库情况

项目 市、区县	总数	专家库情况			
^	^	其中			
^	^	本行业专业	法学专业	心理学专业	其他专业
兴山县	0	0	0	0	0
远安县	3	3	0	0	0
宜都市	6	2	1	1	2
猇亭区	5	2	3		
长阳县					
秭归县	12	3			9
合计	26	10	4	1	11

表15　宜昌市物业管理类行业性专业人民调解委员会专家库情况

项目 市、区县	总数	专家库情况			
^	^	其中			
^	^	本行业专业	法学专业	心理学专业	其他专业
远安县	3	3	0	0	0
猇亭区	5	2	2	0	1
秭归县	10	7			3
合计	18	12	2	0	4

第三节　三峡流域行业性专业人民调解的法治化实践

三峡流域行业性专业人民调解依据国家和地方的有关规定，成立了不同类型的调解组织，这些调解组织根据既有的规范，在四大权力网络的支持下，为不同类型的行业性纠纷提供专业调解服务，形成了相应的特点。

一　三峡流域行业性专业人民调解的运行特点

三峡流域的主要城市普遍建立了行业性专业人民调解组织，以宜昌市为代表的这些行业性专业人民调解组织在纠纷解决的长期实践中，逐渐形成了如下基本特征：

（一）主动调解

主动调解是我国人民调解制度的主要特征之一，这一特征在行业性专业人民调解中也得到了充分的体现。所谓主动调解就是"根据群众报告、有关单位转告或人民调解员亲自得知发生了纠纷，便主动、及时前往纠纷当事人中间去进行调查斡旋……使纠纷能在初发阶段得到解决，不致扩大、激化或转化"。①城市社区的冲突很大一部分源于家庭或者与邻里之间的误解和纠纷，它可能在任何时间、任何场合以任何一种方式发生，由于行业性专业调委会的工作人员多数居住在社区，基层政府有关部门一般都明确要求他们的工作是全天候的，只要是本社区里发生的事情，不论何时，他们都有责任及时解决。尤其是在社区有突发事件时，调解员常常能够在第一时间到达现场并及时与居民进行对话与沟通，在矛盾发生的初期进行有效化解或者缓解。如宜昌市推行法务网格工程以来，实施了"四进"网格②，"四进"网格的内容之一就是人民调解进网格，及时化解纠纷。像宜昌市韩家坝社区一样，很多社区实施了"四及时"原则③以确保矛盾纠纷及时化解。法务联络员和人民调解员通过"及时掌握社情民意、及时调处矛盾纠纷、及时启动联动机制、及时进行纠纷回访"，做到网格内人口、治安、矛盾纠纷等底数清、情况明，一般纠纷及时就地化解，复杂纠纷联动化解，及时遏制纠纷反弹苗头，实现案结事了，筑牢维护社会和谐稳定的第一道防线。

社区网格内的矛盾，由网格员和法务调解员现场进行解决，如当场调解无效，上报到社区法务工作站，由法务站当班人员会同社区人民调解委员会共同调处，如仍然无法解决，则由该社区法务工作站上报至街道综治维稳信访中心，寻求其他解决渠道和方式。2012年4月19日，居民贺某向法务联络员彭某反映，2011年6月她在该市某食府工作期间，不小心将火锅打翻导致杨某右腿被烫伤，事发后已经支付5500元医疗费，

---

① 江伟、杨荣新：《人民调解学概论》，法律出版社1990年版。
② "四进"网格，是指法律服务进网格、人民调解进网格、社区矫正安置帮教进网格和法制宣传进网格。
③ "四及时"原则，是指及时掌握社情民意、及时调处矛盾纠纷、及时启动联动机制、及时进行纠纷回访。

杨某伤愈。一年后，杨某却提出要支付皮肤美容费用等共计两万元。贺某因家庭困难而无力支付，杨某就天天上门闹，让她难以正常生活。法务联络员彭某觉得此事较大，自行调解和解的可能性不大，于是直接上报至社区法务工作站，法务站立即调请社区法务专家与医疗纠纷调解委员会专家共同主持调解，经过工作人员耐心细致的调解工作，二人达成了协议：贺某一次性支付杨某后续医疗费用2000元，杨某不得再以任何理由向贺某主张经济赔偿，俩人之间的纠纷得到了圆满的化解。

（二）就地调解与上门调解

所谓"就地调解"在实践层面含有两方面的含义：一是属地原则，即哪个辖区发生的纠纷由哪个辖区调解解决；二是调解人员到纠纷发生现场制止纠纷和事后到纠纷当事人家里进行调解，即"上门调解"。"上门调解"是我国人民调解的一大运作特征，其前提是当事人双方与调解员相识以及当事人对调解人地位的认可，调解员为当地常住居民和"义务调解员"的设置满足了这一前提条件。下面的案例是"上门调解"方式的一个生动体现。

2013年11月，宜昌市远安县陈某驾驶一辆中型客车因避让不及，将步行横过道路的当事人撞死。陈某超速行驶，且在遇行人横过道路时，未采取有效的措施避让，负事故的主要责任；死者在没有过街设施的路段横过道路时，未在确认安全后通过，负事故的次要责任。

案件发生后，死者家人以事故未得到及时处理为由，拒不同意处理死者的后事，称赔偿低于30万元免谈。远安县道路交通事故损害赔偿联动调解中心的高国华带着民警主动上门反复做思想工作，进行交通事故处理法律法规的宣讲解释，终于使死者家属明白事故处理工作程序，顺利对死者进行了安葬。但在事故责任确定后，虽多次组织事故双方进行调解，仍无法达成协议。2014年2月，死者家属拦住肇事车辆要求解决，高国华和民警再次上门做工作，了解家属的诉求。高国华首先与死者的子女进行约谈，帮其算清楚此案依法应有的赔偿项目和标准。随后，约谈肇事驾驶员陈某，结合法院的判决案例，通过耐心的讲解，使其明白积极赔偿取得家属谅解对其刑事责任追究的重要性。经过高国华的工作，在2014年3月的调解中，双方均作了较大让步，调解终于画上了圆满的句号。①

"上门调解"不仅为调解制造了一个宽松的气氛,更重要的是,它像"送法下乡"一样,成为国家政权契入基层社会生活的一种重要手段。就地调解的优势是调解人员常常对纠纷发生的事实和背景有比较清楚的了解,对当事人的品性和家庭状况比较熟悉,调解员可以针对纠纷的特点与纠纷当事人的情况运用不同的调解策略,以获得调解成功。

(三) 联合调解

《调解条例》与《调解规定》均对联合调解作出规定:"人民调解委员会调解纠纷,可以邀请有关单位和个人参加,被邀请的单位和个人应当给予支持。"(第7条)联合调解,是指人民调解委员会会同其他地区或部门的调解组织、群众团体、政府有关部门,甚至司法机关,相互配合,协同作战,共同化解社会矛盾的一种方式。联合调解不仅用于跨地区、跨单位、跨行业的纠纷,久调不决或有激化可能的纠纷以及涉及调解组织无力解决当事人合理的具体要求的纠纷,而且多用于调解处理土地、山林、坟地、宗教信仰等引起的大型纠纷和群众性械斗。有时是在当地党委和政府的统一领导下,发动政府职能部门以及司法机关共同对社会矛盾进行疏导、调解、处理。联合调解是政府有关部门及司法机关与调解组织共同参与调解、处理民间纠纷,将调解组织的疏导、调解同基层人民政府的行政处理、法院的审判活动连为一体的综合治理,因此,权威性更强,效果更明显。借助各种力量进行联合调解的典型表现就是人民调解、行政调解和司法调解的联合,即"三调联动"机制。

国内最早实施的"三调联动"机制的地方之一就是三峡流域的湘西土家族苗族自治州(以下简称湘西州)的泸溪县。② 2004 年初,泸溪县法院在经历了"立案多、判决多、涉法涉诉上访多、执行难度大"的窘境之后,总结经验教训,提出了将司法调解与人民调解两种纠纷解决

---

① 杜卫宏、王继君等:《联调中心,化解事故矛盾的"金钥匙"》,《三峡晚报》2014 年 5 月 29 日第 T03 版。

② 此内容来自 2014 年 7 月课题组到湘西土家族苗族自治州司法局调研获取的资料。

手段有机结合运用的改革设想。当年12月，泸溪县委政法委牵头组织法院、司法局两家就司法调解与人民调解结合运用进行协商，确立了人民调解、司法调解在立案审理中的对接联动工作方式。经过一年实践，效果十分明显。在此基础上，县委政法委决定将人民调解运用到行政调解之中，与司法调解共同形成"三调联动"。2005年8月，县委政法委全体会议讨论并通过了《关于进一步规范执法行为的若干意见》，明确提出了人民调解、司法调解、行政调解"三调"对接联动，运用"三调联动"机制有效化解重大社会矛盾纠纷。"三调联动"工作机制由此初步成型。泸溪县事实上成为"三调联动"工作机制在湖南省乃至全国的先行者。湘西州推行"三调联动"的经验引起了湖南省委、省政府的重视。2006年，湖南省委、省政府确定湘潭市为"三调联动"的试点地市。泸溪县"三调联动"工作由此由政法委工作层面进入县委、县政府决策层面。2006年11月，泸溪县委常委会专题研究"三调联动"工作，决定成立县"三调联动"工作领导小组，行文批转了《泸溪县"三调联动"工作实施办法》，对组织机构、工作职责、工作规程、保障机制作了明确规定，并建立健全了矛盾纠纷化解工作"三个前移""四项机制下移"，即排查工作前移、化解工作前移、防范工作前移；排调机制下移基层、预防机制下移基层、预警信息机制下移基层、经费保障机制下移基层，完善了考核工作，把"三调联动"工作任务量化提出目标要求列入社会治安综合治理考评范围，进一步完善矛盾纠纷解决机制，强化各部门维护社会和谐稳定的职责。"三调联动"工作机制在泸溪县全面确立。因"三调联动"及指导人民调解成绩突出，2007年，泸溪县法院受到最高人民法院及国家司法部联合表彰，并介绍经验。在泸溪县先进典型的引导下，湘西州"三调联动"工作得以逐步全面、深入开展。

宜昌市2010年上半年研发了《宜昌市社会矛盾联动化解工作信息管理系统》，这个系统利用现代网络信息技术，坚持"以人为本、服务优先、关口前移、上下联动"的理念，明确"社情全摸清、矛盾全掌握"工作目标，其特点为"走进矛盾、关口前移，上下联动、并联化解，公开透明、限时办结"。从2010年6月开始，该系统在其下属区进行试点，西陵区在西陵街办及其5个社区、市区6个职能局和3个综合部门进行社

会矛盾联动化解工作试点。具体包括以下三方面内容:①

1. 高标准打造社会矛盾联动化解工作平台

一是在街道综治信访维稳中心设立"三区一所一室",打造高标准"硬件平台"。"三区"为"联合办公区、指挥处置区、联合调解区",其中,"联合办公区"由综治办、民政办、工会、司法所等6个职能部门的工作人员实行联署办公,集中受理群众来访;"指挥处置区"包括数字化信息收集系统、现场实时摄像监控系统、现场同步指挥室,将辖区公共部位1500多个公安监控探头的信号对接传送到街道,实现24小时实时监控,用于应对处置突发事件;"联合调解区"集人民调解、行政调解、司法调解三位一体,调解各类矛盾纠纷;"一所"是司法所,负责街道社区人民调解、普法教育;"一室"是专家室,聘请72名由心理咨询师、知名律师组成的社会志愿者队伍,为诉求人提供法律和心理咨询服务。

二是改造社会矛盾办理模式,开发高效率"软件平台"。在街道、区直单位工作中心和社区工作站统一安装"管理系统"软件,在社区设受理台,所有社会矛盾信息都通过社区登录进入系统,社区工作人员根据矛盾的具体情况把矛盾分为自办和交办,交办改变了以往层级式报送模式,可直接将矛盾交给区直或市直部门办理,实现了社会矛盾收集、报送和化解的扁平化。同时,建立了"签收必须办理、首办必须负责、社区直接与市区直部门联动"等工作机制,提升化解效能和服务质量。截至2014年3月31日,仅西陵街办就收集各类矛盾纠纷9304件,办理办结9291件(其中,街道社区办理办结8610件,与市直、区直部门联动化解681件),成功化解率达99.9%。

三是构建"1+3"社会矛盾化解工作流程图,完善高质量"流程平台"。以《管理系统》为依托,以市、区、街道、社区四级联动为核心,构建《宜昌市社会矛盾联动化解工作流程图》和《市、区直部门社会矛盾联动化解工作流程图》《街道社会矛盾联动化解工作流程图》《社区社会矛盾联动化解工作流程图》,明确了各级处置矛盾纠纷的程序和职能职

---

① 秦晶、徐婵:《宜昌市西陵区:打造社会矛盾联动化解"西陵模式"》,人民网,http://leaders.people.com.cn/n/2014/0709/c382918 - 25259695.html。最后访问时间:2015年9月2日。

责。同时，建立健全重大热点问题处置机制、群体事件处置机制等10多项规章制度，完善《接访接案登记册》《七类重点人员台账》等7类台账，实现了矛盾化解工作的规范化、程序化、制度化。

2. 建立健全社会矛盾联动化解工作机制

化解社会矛盾存在"两大难"：一是"矛盾掌握难"，二是"矛盾化解难"。西陵区在社会矛盾排查收集和有效化解上力求创新，改过去矛盾逐级上报、多层化解为社区、街道、市区部门上下联动、扁平操作，大幅减少层层批转环节，实现社会矛盾化解的提速增效。

（1）健全社会矛盾排查收集机制。一是以社区为单位，建立由"综治信息员、环卫监督员、治安巡防员、民间调解员、劳动保障服务员、社会养老服务员、计生服务员、心理咨询疏导员"等组成的"新八大员"社区志愿者队伍，在554名社区网格管理员的具体组织下，充分发挥他们的矛盾收集作用。二是建立工作制度，对街居干部下访和接访工作进行统一规范，明确下访工作时间、工作内容、工作任务、接访的具体工作要求。扎实开展"民情大走访""在职党员进社区""党代表四进""联社联村""和谐小区创建"等活动，认真落实"基层工作日志"制度，着力将矛盾化解在基层。三是建立了符合基层实际、简便有效的矛盾纠纷收集渠道。行业性专业人民调解委员会与街道社区积极宣传"有话找我说、有事找我办、有难找我帮"的服务理念，让居民形成有问题找社区的习惯，涉及行业性专业调解的问题的就由社区和行业性专业调解人员共同处理。同时通过"帮你工作室"、排查联席会等多种方式对矛盾纠纷进行全面收集。

（2）完善社会矛盾联动化解机制。一是街道、社区不断完善以人民调解为主体的基层社会矛盾化解工作体系，加大调解工作力度，使大量社会矛盾化解在基层、解决在萌芽状态。二是区直部门不断完善"多调衔接"的大调解工作机制。在医疗、劳动、交通、征地拆迁、教育、安全生产、食品安全等重点领域，相关职能部门与政法机关密切配合，按照调解优先的原则，全面建立"诉调对接""检调对接""警司联调"等调解工作机制，为群众提供多种矛盾纠纷解决渠道。

（3）再造社会矛盾联动化解工作流程。区直各部门按照"一门受理、一笔审批、分线处理、统一回告"的工作要求，对单位内部化解工作流程进行规范,制定工作流程图。一门受理是指各单位要明确由一个部门负责统一受理社区上报的社会矛盾;分线处理是指受理单位将矛盾纠纷及时分流到相关部门予以办理;一笔审批是指各单位要明确一名分管领导具体负责矛盾联动化解工作;统一回告是指统一由各单位受理部门负责将化解工作情况回告社区或直接向群众反馈。区综治办对每张流程图进行了严格的审核,全区共制定各类流程图66张,涉及矛盾类型186类。

(4)制定社会矛盾化解监督考核办法。为了确保工作的顺利推进,区综治办制定了专门的考核办法,并将社会矛盾联动化解工作列入每年区委、区政府目标管理综合考评责任书和社会治安综合治理目标管理责任书。考核结果按规定分值计入年度目标管理综合考评结果和综治维稳年度考核结果以及各单位内部岗位责任考核结果。

3. 以全程化服务提升社会矛盾联动化解工作水平

西陵区不满足于单纯的矛盾化解,对于收集了解的普遍性、共性问题,主动回应居民诉求,注意从政策、服务和制度层面,解决矛盾的根源性问题,及时、有效地为居民服务,寓管理于服务之中,努力实现管理与服务的有机统一,不断提升社会管理科学化水平。

(1)大力推行社区"双代"服务。在日常化解社会矛盾的过程中,很多居民反映:到政府部门办事程序烦琐、流程复杂、耗时长、门难找。针对上述普遍问题,西陵区积极协调市区相关部门,在社区普遍开展"双代"服务,即社区为职能部门代理事务、社区为群众代办事宜。目前,网格管理员能为居民代办居住证、工商营业执照、计划生育服务证、老年优待证、流动人口婚育证明等10多类证件,提供为新生儿上户口办医保、及时处理城市管理问题、出国出境人员资格初审等近10项服务。

(2)完善流动人口服务管理模式。西陵区辖区流动人口较多,尤其是外来务工人员多,社会管理难度大。在近几年工作实践中,区级部门利用"管理系统"成功解决了数起拖欠农民工工资的问题;在工作过程中发现的外来务工人员租房贵、租房难等诸多生活难题,也通过"管理系统"上报市区相关部门,争取多方支持,投资40多万元建立了"农民工公寓",目前已有350名农民工入住。

(3)服务市场主体和项目建设。行业性专业人民调解委员会与各街道综治信访维稳中心一起在城市拆迁、土地征用等涉及群众切身利益的工作中，严格坚持社会稳定风险评估制度，从前期项目策划、拆迁补偿方案拟定等环节就参与进去，难点问题就依托"管理系统"上报市区部门共同化解，从源头上减少和预防影响社会稳定的问题。如常刘路27号的华祥商业中心是市、区政府重点项目，西陵街道综治信访维稳中心与市区职能部门联动解决拆迁纠纷、恶意拖欠农民工工资等矛盾80多起，无一例赴省进京上访，既维护了社会稳定，又有力地为市场主体和项目建设"保驾护航"。

除前述地方实施联调之外，恩施州也在积极推动"三调联动"的过程中强化行业性专业调解与其他类型调解的联动，如恩施州的宣恩县将警司联动，1+3+X调解机制（即在党委、政府领导下，以司法所、法庭、派出所三家单位为主体，其他相关职能部门参与调解）进一步推广；恩施州咸丰县与重庆小南海自2006年开始，一直坚持实施包括行业性专业调解在内的边区联防联调。

（四）调解与管控相结合

人民调解的总体工作方针是"调防结合，以防为主"。该方针要求行业性专业人民调解委员会和人民调解员在整个调解工作中，都要把预防纠纷的发生和激化放在重要的位置上，立足调解，着眼预防，把预防作为调解工作的出发点和归宿。社会矛盾的排查工作既是行业性人民调解组织的一项经常性工作，也是社会治安综合治理中的一项基础性工作，通常是在当地党委、政府的统一领导下，在工、青、妇、公、检、法等部门的密切合作、互相配合下进行的。所谓社会矛盾排查就是摸清本地区纠纷的基本情况，包括已发生纠纷的数量、类型、纠纷重点户、重点人、重点事，发现的犯罪线索等，并对摸出的纠纷线索进行分类、排队，对排查出的纠纷重点户、重点人，落实调解人员和调解部门，采取有效措施，抓早、抓小、抓苗头，及时疏导调解，防止纠纷激化；同时对发现可能导致纠纷的问题与犯罪线索及时与有关部门联系，排除治安隐患。

2012年1月30日，司法部下发了《关于开展矛盾纠纷"大排查、大调解"专项活动的意见》，部署在全国范围内开展矛盾纠纷"大排查、大调解"专项活动。2012年2月29日，湖北省司法厅转发了司法部意见，市局下发了关于开展矛盾纠纷"大排查大调解"专项活动的实施方案，提出了具体措施和工作要求。宜昌市司法局下发《关于开展矛盾纠纷

"大排查、大调解"专项活动的实施方案》，部署从2012年3月起至2012年年底在全市范围内开展矛盾纠纷"大排查、大调解"专项活动，最大限度地把矛盾纠纷化解在基层、解决在萌芽状态。活动期间，全市司法行政工作人员、人民调解委员会和人民调解员将采取普遍排查和重点排查、定期排查和专项排查相结合，坚持以块为主、条块结合，形成全覆盖、无盲区的网格化大排查工作格局，对各类矛盾纠纷和苗头性隐患进行全面、深入、细致的拉网式大排查，并根据矛盾纠纷的不同类型、化解的难易程度、可能造成的社会影响和后果的严重程度，认真制订方案，及时进行调解，防止矛盾激化。同时，力争通过专项活动的开展，进一步建立健全人民调解制度体系和工作机制，使群众表达诉求渠道更加畅通，群众反映比较强烈的、多年积累的矛盾纠纷得到及时化解，群体性事件、民转刑案件、群体性上访事件明显减少，矛盾纠纷调解率、调解成功率、协议履行率、人民群众满意率明显提高。

宜昌市实施法务网格工程后，该市的摸排查工作进入法务网格，该项工作成了常规化的工作，每个季度都需要提交摸排情况汇总材料。以宜昌市西陵区为例，该区以社区为基础，与包括行业性专业调解组织在内的社会矛盾化解组织一起建立了较为完善的社会矛盾排查收集机制：一是以社区为单位，建立由"综治信息员、环卫监督员、治安巡防员、民间调解员、劳动保障服务员、社会养老服务员、计生服务员、心理咨询疏导员"等组成的"新八大员"社区志愿者队伍，在554名社区网格管理员的具体组织下，充分发挥他们的矛盾收集作用。二是建立工作制度，对街居干部下访和接访工作进行统一规范，明确下访工作时间、工作内容、工作任务、接访的具体工作要求。扎实开展"民情大走访""在职党员进社区""党代表四进""联社联村""和谐小区创建"等活动，认真落实"基层工作日志"制度，着力将矛盾化解在基层。三是建立了符合基层实际、简便有效的矛盾纠纷收集渠道。行业性专业人民调解委员会与街道社区积极宣传"有话找我说、有事找我办、有难找我帮"的服务理念，让居民形成有问题找社区的习惯，涉及行业性专业调解的问题的就由社区和行业性专业调解人员共同处理。同时通过"帮你工作室"、排查联席会等多种方式对矛盾纠纷进行全面收集。

（五）综合运用情、理、法调解

调解策略是做好行业性专业人民调解工作的重要内容。对于调解方式，《调解条例》（第8条）做了原则性的规定："人民调解员调解纠纷，应当在查明事实、分清是非的基础上，充分说理，耐心疏导，清除隔阂，帮助当事人达成协议。"这是一项十分原则性的规定，但行业性专业调解是一项灵活性非常大的工作，不仅因为纠纷发生地的文化、风俗习惯千差万别，同时也因为纠纷当事人的年龄、职业背景、脾气禀性等方面的差异，加之每个调解员自身的偏好、知识能力和背景的不同，调解方式也各不相同。大量研究表明，动之以情、晓之以理、威之以法是行业性专业调解中调解人使用的最主要的策略。除此之外，还有一些调解策略和调解技术被广泛使用，例如"恩威并施""现身说法"等。宜昌市医疗纠纷人民调解委员会成立以来，医调委准确把好"第三方"角色定位，在日常工作中，医调委利用一切时机，引导医患双方换位思考，相互理解，带头倡扬"尊医重卫、把患者当亲人"的良好风尚，调解工作中较好地结合了"情、理、法"化解了一批纠纷，为营造良好的医患关系贡献力量。其主要的经验包括以下几个方面：[①]

一是热情接待，耐心倾听，让患方"泄洪"。医调委全体工作人员认真履行岗位职责，尊重每一位来访者。在处理来访来电过程中，认真接听每一个电话，热情接待每一位来访人员。一杯热茶，一声问候，营造良好的接待氛围。换位思考，切实体谅来访人员的痛苦、困惑和无助，做来访者的知心人。耐心倾听每一位来访者诉求，不急、不躁、不阻断，真正做到诉言必尽，使之尽情倾诉，宣泄心中的不平。有一位78岁的当事人，在调解员认真听完他近2小时的诉求后，深有感触地说："我为医疗纠纷找过很多人和单位，今天终于找到一个让我说话的地方，第一次有人听我把话说完，由此深表感谢。"在热情接待的基础上，医调委与来访者一起分析解决医疗纠纷的办法，对切实需要进入调解程序的医疗纠纷，建档立卷，按程序规范运行。

---

① 宜昌市司法局：《宜昌市医调委准确把好角色定位真情调解矛盾纠纷》，湖北省司法厅网站，http://www.hbsf.gov.cn/wzlm/xwdt/jcdt/yc/3489.htm。最后访问时间：2015年7月30日。

二是深入现场，宣传政策，为医院"减压"。为了缓和医患双方的紧张关系，维护社会稳定，只要一方提出申请，医调委就提前介入，深入医疗纠纷现场，做好政策法规宣传，把医疗纠纷现场引向医调委，为医院提供良好的医疗环境。如2011年4月、5月，市某两家大医院分别发生了较大的医疗纠纷，当时纠纷现场矛盾激化，患者家属情绪激动，"医闹"推波助澜，派出所干警出警劝告无效，双方陷入僵局。医调委接到院方的请求后，提前介入，深入现场，充分发挥医调委"第三方"的特殊优势，反复向患方宣传宜昌市人民政府第150号令和相关的法律法规，劝导患方到医调委接受调解，患方在医调委的耐心劝说下，最后终于同意到医调委进行调解，及时维护了医院的医疗秩序。医调委出达医疗纠纷现场，以"第三方"身份介入参与调解，及时疏通医患矛盾，保障了医疗机构的正常工作秩序，这相当于在医患双方设置了一个"缓冲区"，把医疗纠纷从医院内冲突转移到医院外调解，引导纠纷在法律框架下解决，为医患双方搭建起沟通协商解决的平台，既保护了患者及其家属的合法权益，也缓解了医院处理医疗纠纷的压力。

三是坚持中立，依法调解，促医患"牵手"。在实际工作中，医调委始终坚持中立的立场，认真查看每一例医疗纠纷医患双方提交的材料，根据双方的陈述和事实材料，以及对当事人反映的问题进行调查，核实事实真相。在处理比较复杂的医疗纠纷时，通过电话、发函、上门咨询专家以及邀请专家召开讨论会等方法，分析双方分歧的焦点，找出纠纷的症结所在。如患者陈某于2010年12月3日因右眼视网膜脱离入住宜昌市某医院，12月4日经患者同意，邀请广州某大学眼科教授做了玻璃体切割硅油植入术，后因患者右眼失明引发纠纷。受理后，医调委召开了专家座谈会，就本案的术前准备、手术过程、失明原因等进行分析，然后又听取医方答辩，终于查清了事实，找到了症结，为调处纠纷奠定了坚实基础。医调委针对不同类型的医疗纠纷，做到具体问题具体分析，"一把钥匙开一把锁"。对于事实清楚争议不大的纠纷，医调委以疏导说理的方式，循循善诱，做细致的思想工作，直接对双方进行调解，使纠纷能够及时化解。对双方分歧过大的案件，则采取分开谈，分别做工作的方法，以疏导为主，情理法并用，引导医患双方换位思考，寻求最佳切入点，求同存异，待医患双方意见基本趋向一致后再当面协商，这样既避免了双方争执、激化矛盾，又有效地促进医患双方牵手言和，提高了调解效率。

四是运用平台，解疑释惑，使和风"劲吹"。在调解过程中，医调委常常借用网络信息平台，以案释惑。利用互联网的大量信息资源为医患双方释疑解惑，统一认识。如患者王某于2010年8月因腹痛在市某医院做肠镜检查，术后72小时发生肠穿孔并发腹膜炎。患方认为肠穿孔系医方做肠镜手术所致，应负全责，并要求给予经济和精神损害赔偿。医方认为，术前已就肠镜检查可能出现肠穿孔并发症明确告知了患方，并得到了患者书面同意；肠镜检查技术操作规范没有过错；患者长期便秘、服用抗便秘药物，肠壁变薄是引起肠穿孔的主要原因，但从人道主义角度考虑，医方愿意给予少许补偿。医调委分析认为，医方虽然无过错，但患者受到的人身损害客观存在，医方术前告知不等于免责，应增加补偿数额。但医方对此颇有困惑，于是调解员将网上下载的江苏常州和福建泉州发生的相似案例传给医方参阅，解除了他们的疑惑，院方改变了态度，使纠纷得到圆满解决。

（六）建立人民调解员等级化管理机制以完善调解人员的激励机制

社区居民的多样性和纠纷的多样性，决定了行业性专业纠纷调解是一项十分困难和烦琐的工作，许多纠纷往往调解不止一次，多的达到十多次。毋庸置疑，群众的信任、领导的支持、社会参与、平息纠纷后的成功感和欣慰都是对调解员的一种激励。宜昌市经过多年的摸索，建立了包括行业性专业人民调解人员激励的一种制度化的激励方式——"人民调解员等级化管理机制"。

为充分调动人民调解员的工作积极性和主动性，全面加强人民调解员队伍专业化、社会化、规范化建设，以提高人民调解工作水平，宜昌市财政局、宜昌市人力资源和社会保障局、宜昌市司法局在深入调研论证和广泛征求意见的基础上，于2014年7月联合制定了《宜昌市人民调解员等级化管理实施办法》（以下简称《办法》）（宜司发〔2014〕8号）。该《办法》根据人民调解员的工作经历、工作能力和工作业绩等状况，把人民调解员分为五个等级，即首席人民调解员、一级人民调解员、二级人民调解员、三级人民调解员、人民调解员。人民调解员等级评定每3年进行一次。首席人民调解员由本市司法行政部门审核评定，一级人民调解员、二级人民调解员、三级人民调解员和人民调解员由县市区司法行政部门审核评定，经评定后颁发相应等级资格证书。同时，该《办法》明确，县级以上地方财政应当将司法行政部门指导人民调解工作经费、人民调解委员会补助经费、人民调解员补贴经费纳入财政预算。同时，根据案件调解的难易程度，对人民调解员调解案件给予一定的办案补贴，即调解简易纠纷，每件补贴不低于30元；调解一般纠纷，每件补贴不低于100元；调解疑难复杂的纠纷，每件补贴不低于200元。另外，该《办法》还特别规定，人民调解员经司法行政部门评定等级后，其享受的办案补贴，在一般标准的基础上提高一定比例。其中，首席人民调解员提高30%，一级人民调解员提高20%，二级人民调解员提高10%，三级人民调解员提高5%。首席及一级人民调解员，可以接受司法行政机关指派或其他人民调解委员会邀请，开展跨区域调解和联合调解工作；接受区域性、行业性人民调解委员会聘任，担任或兼任该调解组织的人民调解员；主持调解司法机关、行政机关委托人民调解组织调解的案件。

为落实《宜昌市人民调解员等级化管理实施办法》中关于人民调解员的评定工作，宜昌市司法局2015年3月21日又印发了《宜昌市人民调解员等级评定工作方案》。该方案主要明确了工作目标、工作任务、工作程序、工作要求等内容。其中特别明确了评定各级人民调解员的比例，各等级的人民调解员实行比例控制，各县市区评定的一级人民调解员不得超过本辖区调解员总数的3%，二级不得超过5%，三级不得超过10%，向市局申报的首席人民调解员不得超过本辖区调解员总数的2%。也强化了人民调解员的考核问题。

"人民调解员等级化管理机制"是将评定的等级与报酬挂钩，辅之以取消等级人民调解员的制裁措施，这对人民调解员既是一种激励，也形成一定的压力，因为不同等级的评定调解的差异主要源于其调解的资历和调解业绩，这种方式实际上使得行业性专业人民调解员调解案件的多少和成功率与调解人员的个人收入直接相关，更重要的是，行业性专业调解作为"治安"的一部分，与整个"治安"体系绑在了一起，而"治安"又是考核基层政府"责任制"中的一项重要指标。在这个意义上，作为民间自治组织的行业性专业人民调解委员会被纳入国家社会治理的框架之中。

二 支撑城市行业性专业人民调解的权力网络分析

行业性专业人民调解制度之所以能够有效运行，行业性专业人民调解组织这样一个"民间的自治组织"之所以能够在全国范围发展，行业性专业人民调解员这些普通群众之所以能够成功进行调解，与其背后存在的权力网络的支持密不可分。

（一）基层司法助理员制度与行业性专业人民调解

在我国城市的街道办事处内一般配备了1—3名专职司法助理员。1981年11月国家司法部颁布了《司法助理员暂行规定》，按照该《规定》，人民调解委员会被正式划归司法行政部门直接领导和管理，随后成立的作为人民调解类型之一的行业性专业人民调解委员会同样归司法行政部门直接领导和管理。1990年4月1日国务院发布《民间纠纷处理办法》（第2条）（中华人民共和国国务院公报597号）指明，司法助理员作为"基层政府的司法人员，具体负责处理民间纠纷的工作"。2002年颁布的《调解规定》（总则第9条）重申："指导和管理人民调解委员会的日常工作，由乡镇、街道司法所（科）负责。"并对司法行政机关如何指导人民调解工作进行了专章规定。司法助理员制度的建立，在基层政府与行业性专业调解组织之间构建了一座联系的桥梁，行政权力由此渗透到行业性专业纠纷调解活动之中。

司法助理员不仅对行业性专业人民调解委员会的调解工作进行指导和监督；负责解答、处理行业性专业人民调解委员会或者纠纷当事人就行业性专业人民调解工作有关问题的请示、咨询和投诉，还要对行业性专业人民调解委员会调解不了的疑难、复杂民间纠纷和跨地区、跨单位的民间纠纷进行调解。司法助理员作为地方政府成员，其在进入纠纷调解活动时自然展示了一种行政权力背景。调查表明，这种权力背景在很大程度上增强了行业性专业人民调解的权威性和复杂纠纷的调解成功率。

（二）居民委员会的准行政化与行业性专业人民调解

按照《中华人民共和国宪法》和《居民委员会组织法》规定，城市居民委员会的定位是群众自治组织，其不具备行政职能，居委会委员也不是国家公务人员，而是由居民民主选举产生。实际上，现实中的居委会承担了大量的基层政府职能,基层政府正是依靠它们来完成其对基层社会生活的组织与管理的。所以居委会实际上是"准政府"机构。在城市,几乎政府的所有政策都要通过居委会去落实。

居委会的准行政化意味着他们在一定程度上被纳入了国家行政框架之中,在政府要求居委会承担某些政府职能的同时,也赋予了它某些权力,并对其工作给予一定的支持。换言之,居委会因此获得了某种来自于国家委托的"行政权力",或者说其行动具有了某种行政权威。作为与居委会联系十分紧密甚至依托居委会成立的行业性专业人民调解委员会也是同样。

另外,为了增加调解的成功率,实践中比较普遍的做法是:(1)部分类型的行业性专业人民调解委员会的主任就由居民委员会的党支部书记、主任或副主任兼任;(2)一部分居民委员会的成员也同时是行业性专业人民调解委员会的成员。人员的这种重叠性不仅增加了行业性专业人民调解委员会的权威,而且便于对行业性专业人民调解委员会的领导和对其工作的支持。

(三)社会治安综合治理与行业性专业人民调解

基于当下社会转型、经济转轨的特殊时期,我国社会矛盾较为突出的现实,1991年3月21日中央社会治安综合治理委员会成立,之后各级各地区成立了"社会治安综合治理"办公室,负责协调所辖区域的社会治安工作。社会治安综合治理的专门机关是党委政法委员会、公安机关、检察机关、审判机关、国家安全机关、司法行政机关。而参治部门包括组织、人事、民政、劳动、宣传、文化、广播电影电视、教育、新闻出版、卫生、财政、金融、建设、工商行政管理、交通、铁路、民航、邮电、旅游、工会、共青团、妇联、军队、武警、民兵以及其他相关部门和单位等。

由于与社会治安工作的关系紧密,行业性专业人民调解委员会的工作也被纳入"社会治安综合治理"之中,在"治安承包合同"中,就包含调解指标及其工作要求。通过"社会治安综合治理",行业性专业人民调解委员会组织与有广泛权力的机构联系起来,为了"综合治理"社会治安,双方不仅互通信息,而且在面对较大的,或对立比较尖锐的社会矛盾诸如拆迁类纠纷调解时,行业性专业人民调解委员会要求它们协助。

2002年，中共中央办公厅、国务院办公厅关于转发《最高人民法院、司法部关于进一步加强新时期人民调解工作的意见》的通知中特别指出：要将人民调解工作与基层民主政治建设相结合，与社会治安综合治理相结合，与人民来信来访工作相结合，使人民调解工作在社会主义民主法制建设中发挥更大的作用。并明确人民调解可以邀请公安派出所等有关单位和个人参加调解工作，被邀请的单位和个人应当给予支持。

（四）"片警"与行业性专业人民调解

像中国许多大中型城市一样，宜昌市街道设"派出所"，即公安分局的派出机构。派出所负责该街道的治安工作，通常将街道划分为若干"片"，每一"片"派出一个警察，俗称"片警"，由其负责该地区的大部分警务和某些民事事务。为了更好地维持所管地区的社会治安，熟悉所在地区的居民情况和建立良好的"警民关系"便是必不可少的。因此，"片警"不仅经常走访居民家庭，为居民解决各种困难，而且为群众调解纠纷。据悉，警察们60%—70%的时间要花在解决人们的纠纷上[1]。虽然调解民事纠纷不属于警察的职责范围，但由于警察的权威，人们还是愿意找警察"评理"，接受警察的调解，尤其是诸如道路交通事故类纠纷，这类纠纷中对于交通事故责任的认定首先就是由警察认定的，这一传统延至今日。

"片警"要顺利地开展工作，建立和保持与居委会的良好关系是首要条件，特别是与调解委员会的密切合作。许多纠纷本身是轻微的刑事案件，对这些案件，根据《治安管理条例》，警察享有治安处分权，因此，轻微的刑事案件的调解就可以由其主持。如果违法者对自己的行为做出了令被害人满意的合适的补救，警察能够决定不对该事件进行进一步的追诉。一些非刑事案件，当事人比较难对付，或对抗比较尖锐的，调解员将会请求"片警"一起调解，"片警"在调解专业性较强的"案件"时也常常请求调解员参加。

通过上述简要分析不难看出，行业性专业人民调解制度不仅是解决民间纠纷的一项专门的制度安排，行业性专业人民调解的作用也不单纯是防止和解决纠纷、减轻法院负担，配合司法行政机关和执法机构维护

---

[1] 王汉生：《中国城市的调解制度及运作方式》，《北京工业大学学报》（社科版）2007年2期。

社会治安。实际上,行业性专业人民调解已经嵌入到国家整个行政框架之中,在国家与基层社会的联系及国家对基层社会的动员中均发挥了重要的作用。

第四节 三峡流域行业性专业人民调解法治化实践取得的成效与不足

基于较为完善的制度规范、恰当的调解方式和完善的权力网络支持,三峡流域的行业性专业人民调解取得了九大成效,但由于种种原因,三峡流域的行业性专业调解还存在十大不足。当然,部分成效,尤其是部分不足并不仅仅表现在三峡流域地区,在我国其他地区也存在这样的情况,这需要国家在关注到全国各地差异的基础上,从整体上进行顶层制度设计。从而更加有效地促进行业性专业人民调解的法治化。

一 三峡流域行业性专业人民调解法治化实践取得的成效

三峡流域各行业性专业调委会在实际工作中,坚持调解优先的原则,妥善化解了一大批易激化、重大疑难纠纷。如恩施州利川市自2012年6月成立利川市道路交通事故人民调解委员会后,又成立了利川市医疗纠纷人民调解委员会、利川市联合专业人民调解委员会。截至2013年年底,在不到两年的时间里,各专业调委会共调解了各类疑难纠纷970余件,其中交通事故纠纷750余件,医疗纠纷78件,劳动争议纠纷24件,征地拆迁纠纷43件,人身损害非正常死亡纠纷68件,物业管理纠纷7件,环境保护纠纷5件,为保障民生、维护社会和谐稳定,创优发展环境发挥了积极作用[①]。重庆黔江区医疗纠纷调解中心自2012年6月成立以来,截至2015年6月底,三年共计受理调解及协助调解纠纷121件,调解成功118件,调解成功率达97.5%,通过回访,满意率达100%。[②] 2013年,

---

① 利川市司法局:《利川市:专业调解化纠纷,息纷止争促和谐》,恩施普法网,http://zw.enshi.cn/col34/article.htm1?Id=66911. 最后访问时间:2015年7月30日。

② 周光会,《黔江区医调中心"四法"并举有效调处医疗纠纷》,黔江区司法行政网,http://www.qjsfxz.gov.cn/fzzx/fzdt/2015-07-30/1338.html。最后访问时间:2015年7月30日。

全宜昌市专业调委会共受理矛盾纠纷3994件，调解成功3968件，调解成功率99.3%。经专业调委会调解的矛盾纠纷，从宜昌市司法局调研的数据表明：无一件反悔、无一件投诉、无一件上访，受到了各级领导和人民群众的欢迎和好评。2014年1—6月，各行业性专业纠纷调处及履行情况为：医疗纠纷类调处134件，调解成功122件，履行122件，调解成功率91%，调解协议履行率100%；道路交通类调处3107件，调解成功3107件，履行3107件，调解成功率100%，调解协议履行率100%；劳动争议类调处215件，调解成功215件，履行215件，调解成功率100%，调解协议履行率100%；物业管理类调处137件，调解成功137件，履行137件，调解成功率100%，调解协议履行率100%。有关宜昌市行业性专业人民调解委员会2014年6月前案件调解情况表见表16至表19。

表16　　　　2014年1—6月宜昌市医疗纠纷类行业性
专业人民调解委员会案件调解情况　　　　单位：件

市、区县 项目	调解 总数	其中 接受移交或委托	其中 主动或依申请受理	调解成功	达成书面协议	履行	司法确认	达成调解协议反悔
夷陵区	4		4	4	4	4		
远安县	10	0	10	10	10	10	0	0
五峰县	15		15	9	9	9	0	0
兴山县	3	0	3	3	3	3	3	0
当阳市	29		29	23	23	23		
宜都市	37	35	2	37	37	37	0	0
猇亭区	9	9		9	2	9		
长阳县	5		5	5	5	5	0	0
枝江市	12	0	12	12	12	12	0	0
秭归县	10		10	10	10	10		
合计	134	44	90	122	115	122	3	0

表17　　2014年1—6月宜昌市道路交通类行业性专业人民调解委员会案件调解情况　　单位：件

市、区县	调解总数	其中接受移交或委托	其中主动或依申请受理	调解成功	达成书面协议	履行	司法确认	达成调解协议反悔
兴山县	139	0	139	139	139	139	0	0
夷陵区	600		600	600	250	600	250	0
远安县	108	0	108	108	108	108	0	0
点军区	24		24	24	19	24		
宜都市	28	25	3	28	28	28	0	0
猇亭区	6	6		6	1	6		
长阳县	122		122	122	122	122	0	0
秭归县	2080		2080	2080	2080	2080		
合计	3107	31	3076	3107	2747	3107	250	0

表18　　2014年1—6月宜昌市劳动争议类行业性专业人民调解委员会案件调解情况　　单位：件

市、区县	调解总数	其中接受移交或委托	其中主动或依申请受理	调解成功	达成书面协议	履行	司法确认	达成调解协议反悔
兴山县	51	0	51	51	51	51	0	0
远安县	23	0	23	23	23	23	0	0
点军区	6	2	4	6	4	6		0
宜都市	7	7	0	7	7	7	0	0
西陵区	13		13	13	8	13		
猇亭区	22	22		22	3	22		
长阳县	20		20	20	20	20	0	0
秭归县	73	15	58	73	73	73	0	0
合计	215	46	169	215	189	215	0	0

表 19　2014 年 1—6 月宜昌市物业管理类行业性专业人民调解委员会
案件调解情况　　　　　　　　　　　　　　单位：件

项目 市、区县	调解 总数	其中 接受移交或委托	其中 主动或依申请受理	调解成功	达成书面协议	履行	司法确认	达成调解协议反悔
远安县	11	0	11	11	11	11	0	0
西陵区	19		19	19	15	19		
猇亭区	107	107		107	4	107		
合计	137	107	30	137	30	137	0	0

三峡流域各类行业性专业调委会成立后，取得了显著的成绩，受到各级政府的肯定，也受到普通百姓的欢迎，除了国内各大主流媒体对其成绩进行了深度报道外，其他地方的政府部门和有关专家也多次来进行考察学习。这些成效主要有以下几个方面：

(一) 行业性专业人民调解委员会的建设适应了该地区发展的三个需要

行业性专业调解委员会的建立和运行适应了三峡流域地区发展的三个需要：

一是适应了三峡流域地区创新社会管理的需要。我国当前正处于社会结构转型、经济体制转轨、利益格局调整的关键时期，随着市场化、工业化、城市化进程不断加大，各种社会矛盾凸显，各类矛盾纠纷大量出现，必须坚持从源头治理，必须建立长效机制，必须创新社会管理，尤其是该地区的宜昌市作为全国 35 个社会管理创新试点城市之一，行业性专业调解委员会的创建和运行正是适应了这一现实需要。它在源头、在基层、在矛盾易发和多发的地带成立专业调解委员会，从机制上、从组织上保障此类纠纷有机构受理、解决，不留处理矛盾纠纷的空白点和真空带，能够及时、有效地把矛盾纠纷调处在萌芽，解决在基层。

二是适应三峡流域地区社会矛盾化解机制法治化的需要。调处矛盾纠纷的原则是依法和自愿。在民主法制建设不断深入，公民法律意识不断增强和全社会法律信息、法律资源不断快捷、公开的新形势下,依法调处矛盾纠纷尤显重要和突出。组建行业性专业人民调解委员会,充分发挥了专业部门人才优势和专业法律知识优势,更有利于矛盾的化解,更有利于纠纷的依法处理,这正是人民调解工作专业化、法治化的迫切需要。

三是适应了三峡流域地区多元化处理矛盾纠纷的需要。各种新型矛盾纠纷的出现,需要建立多元化调处矛盾的机制,充分调动和发挥社会各方面的力量,有效利用各种公共资源,形成化解社会矛盾的合力,行业性专业调委会的创建,将各自发挥自己的优势和专长,分类化解矛盾纠纷,分散压力,共建和谐。

(二) 行业性专业人民调解委员会的建设为普通百姓构建了一种低成本权利救济机制

在单位社会中,纠纷当事人不仅在遇到纠纷时有单位可以依赖,而且可以依赖单位获得低成本的权利救济。20世纪80年代以后,我国的单位社会逐渐走向解体,各单位组织逐渐由"管理型单位"向"利益型单位"转化,[①] 这一变化使得普通百姓尤其是弱势群体在失去原来依赖单位组织的同时,也失去了一种低成本的权利救济方式。尤其是随着社会分工越来越细密,各类行业性纠纷因其很强的专业性往往不仅使得权利意识不断增长的普通百姓无所适从,普通的人民调解组织也难以适应工作的需要,建立行业性专业调解组织就是一种为普通百姓提供低成本权利救济机制的一种有益尝试。它在政府的指导下,以有关行业部门为组织依托,将行业性纠纷调解室都设立在矛盾多发点、纠纷聚集地,使得普通百姓在这类纠纷解决中的成本大幅降低,如道路交通事故类纠纷,如选择通过诉讼来处理,仅法定的诉讼费、双方聘请的律师费、鉴定费、交通费等都是一笔不小的开支。再加上诉讼需要耗费大量的时间、精力及诉讼风险等因素使得当事人的纠纷解决成本很高。通过建立第三方调解平台介入免费调解,不仅减少了普通百姓的诉累,更直接减少了当事

---

① 有关我国单位社会的嬗变及带来的社会风险问题可参见田毅鹏、吕方《单位社会的终结及其社会风险》,《吉林大学学报》(社会科学版) 2009 年第 6 期;李汉林《变迁中的中国单位制度回顾中的思考》,《社会》2008 年第 3 期。

人解决纠纷的成本，维护了当事人双方共同的利益。加上行业性调解委员会周到、客气的服务态度和快捷、便利的调解服务机制，深受群众欢迎。总之，行业性专业性调解方式解决纠纷便捷、迅速，各行业性专业性纠纷调解组织建立的矛盾纠纷排查、预警及调处机制，能够有效化解本行业内的矛盾纠纷，并在本领域内起示范效应。伴随着法律服务过程中不断与当事人进行沟通，以及同时开展的法制宣传，不但实现了普通百姓低成本的权利救济，也使得普通百姓在这种低成本的权利救济过程中逐渐认同了政府指导下设立的行业性专业调解委员会这一新的组织，促进了普通百姓对基层政权组织的依赖，提升了基层政权组织的影响力和号召力。更重要的是法律服务的提供者在与当事人进行沟通的过程中还起到了整合社会价值观的作用，进而不断推动着社会共识的凝聚。

（三）行业性专业人民调解机制的建立为国家权力重返基层部分领域找到了恰当的切入点

随着我国单位社会的逐渐走向解体，底层社会逐渐形成且该群体的庞大，以及基层组织权威出现较大程度的衰落后，面对日益复杂且专业化程度越来越高的各类行业性纠纷，基层政府的社会矛盾化解能力不能满足当前维护社会稳定与发展的需要。在政府指导下建立的行业性专业调解委员会顺利地运行，使得国家通过司法行政等系统强化了法律服务提供能力和社会矛盾信息的收集与化解能力，加强了对社会稳定的维护力度，在这一过程中，国家权力借助行业性专业调解委员会的工作机制也重新渗透到基层那些亟须化解各类矛盾的领域，在满足基层群众的法务诉求中提升了司法行政机关等相关机关的工作效率，强化了司法行政等机关的工作效能。

（四）促进了三峡流域地区人民调解组织和人民调解工作格局更趋完善

截至目前，三峡流域地区共建立9类行业性专业调解委员会，尤其是各地在普遍建立道路交通事故调委会、医患纠纷调委会、环境污染调委会、劳动争议调委会等现代社会不断增加的新型纠纷类别的调解委员会的同时，还根据各区县的实际情况重点建设自己的特色性调委会，如旅游业较为发达的湖北秭归县重点建设其旅游纠纷调委会，城市发展较快的宜昌市猇亭区和点军区重点建设征地拆迁纠纷调委会。这些措施进一步健全完善了大调解工作格局，充分发挥了人民调解在化解行业性专业性矛盾纠纷中的"第一道防线"作用。

（五）行业性专业人民调解队伍不断优化

为适应化解特定矛盾纠纷需要，各地充分利用社会资源，积极组建专业化、社会化的人民调解员队伍，并在相关领域建立专业人员人才库。如各地医疗纠纷人民调解委员会均配备部分具有临床医学、药学、卫生法学和法律专业资质的专职调解员，建立了医学和法律专业人员人才库，对于重大、复杂医疗纠纷，由专家出具医学和法律方面的分析意见，供调解委员会及调解员参考。另外，一些行业性纠纷人民调解委员会还从政法机关、法律服务机构和相应的专业机构等队伍中抽调专业人员，充实调解员队伍，或者利用一些专业性强的组织在人力资源方面的优势，如宜昌市直接在伍家区人民法院和远安县人民法院等单位建立派驻信访、法院和公安等部门的调解组织。专业化、社会化调解员队伍的建立为推进行业性专业人民调解工作提供了人才保障。另外，诸如宜昌市2014年6月出台的关于人民调解员等级管理办法无疑更加有力地促进了行业性专业调解员队伍的建设。

（六）各类行业性专业人民调解工作平台与工作机制逐步完善

目前，三峡流域地区的行业性调解机构根据相应省市的有关要求，其行业性调解工作平台和工作机制逐步走向完善，如宜昌市行业性专业调解机构按照"五有"（有标识牌、工作场所、印章、记录簿、档案柜）和"六统一"（统一标牌、印章、徽章、程序、制度、文书）的要求，加强阵地建设，取得了良好效果，符合要求的行业性专业调解阵地的比例为100%。全宜昌市各级司法行政机关与相关行业主管部门、社会团体和其他组织不断规范调解程序，并积极加强沟通与协作，努力形成分工合理、相互配合、协调有序的工作机制，共同推动行业性专业性调解工作。司法行政机关侧重于对调解业务的指导，公安、卫生、人社等部门侧重于调解组织的日常管理和经费保障的提供，保险部门负责依法理赔。如各地道路交通事故纠纷人民调解委员会一般由市交警事故大队提供工作经费、人员经费和办公用房，并给予调解员相应的补贴。恩施州行业性人民调解建立了统一规范的调解流程，其具体流程参见图2。

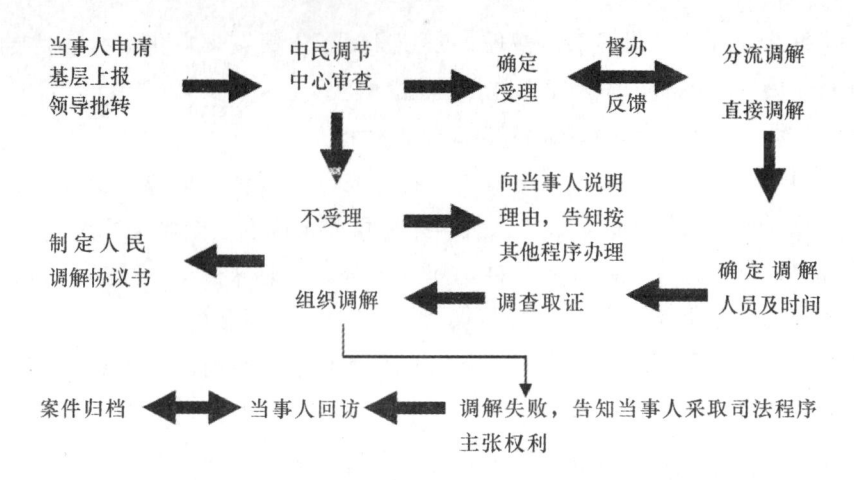

```
当事人申请          中民调节          确定        督办      分流调解
基层上报    →     中心审查    →    受理    ←→    反馈
领导批转                            ↓                   直接调解
                    ↓                                      ↓
                                向当事人说明
制定人民           不受理    →    理由,告知按              确定调解
调解协议书    ←                   其他程序办理    ←    人员及时间
                    ↓
                  组织调解    ←    调查取证
                    ↓
案件归档    ←    当事人回访    ←    调解失败,告知当事人采取司法程序
                                      主张权利
```

图 2　恩施州人民调解流程

（七）各行业性专业人民调解委员会较好地实现案结事了

调解就是解结、解气，达到平息事端，实现法律效果与社会效果的有机统一。各地行业调解室的调解员在具体纠纷案件调解中，常常一针见血地抓住引起矛盾纠纷的症结，因而能够及时提出解决问题的相关条件和办法，促使双方当事人自愿协商、达成和解，最终平息事端，实现事了气顺。截至目前，宜昌市各行业调解室成功调解的各类社会矛盾纠纷，极少出现反悔、反复现象。甚至一些累诉、累访案件经过综合调解后，最后都实现案结事了。如2011年，宜昌市某区的杜某因妻子与一家医院产生劳动纠纷，到市、省相关部门累计上访10余次，在历时2年上访期间杜某妻子的相关问题，通过仲裁在合理、合法基础上得到超额解决，可杜某并不满足准备再进京上访。最后，相关部门组织该区的劳动纠纷调解委员会以听证会、调解会的形式，对这一劳动纠纷进行调解。在杜某坚持无理诉求、争执不让的情况下，调解员找准症结，以一例恰当比喻"你现在的行为就如农村邻居在办喜事，你跑去当众大闹要无名债，你想你会面临什么？得到什么？"将杜某的目的曝光，众目睽睽下终于泄气，表示今后不再以此事上访，结束了这一无端纠纷。

（八）行业性专业人民调解节省了行政和司法资源

行政调解受行政机关刚性权力管理职能的影响，负责调解的行政主体多为具体职能部门，容易被纠纷当事人所抵制。行业性专业性调解则整合社会资源,在调解过程中引入具备相关专业资质的行政人员,同时加入第三方机制,引入具备纠纷处理经验的人民调解员,形成工作合力,使纠纷得到合理解决。因而,行政管理部门、司法部门通过一定授权,把一些可以通过民间组织自我调解、自我和解的社会矛盾纠纷进行消化处理,不仅节省了行政、司法成本,还大大提升了社会管理效能。以宜昌市道路交通事故联动调解中心为例,成立该行业性人民调解委员会后,实现了"三少",即民警办案压力减少。在没有建立联动调解中心前,交通事故调解大队30多名干警每天平均处理110报警40余次,已是忙不胜忙,应接不暇,群众时而投诉出警不及时;在建立联动调解中心后,交通事故调解大队每天平均处理110报警60余次,反而能及时出警、有序处理社会治安案件。① 这充分说明交通事故处理大队的警力摆脱大量不必要、非治安类案件的劝说、解释和无故纠缠,腾出时间专注社会治安工作,缓解了警力不足压力,提升了社会管理效能,节省了行政资源。成立联动调解中心后,法院涉及道路交通事故损害赔偿案件减少40%以上。另外,矛盾纠纷减少了。成立联动调解中心后,因为交通事故堵门堵路的现象没有了,到领导办公室缠访的没有了,到宜昌市委市政府上访的没有了。同时,根据最高人民法院《关于审理涉及人民调解协议的民事案件的若干规定》及现行民事诉讼法的有关规定,经人民调解委员会调解达成的有民事权利义务内容,并由双方当事人签字或者盖章的调解协议,具有民事合同性质,经过人民法院依法确认的人民调解协议,具有强制执行效力,弥补了现阶段行政调解属诉讼外调解效力不足的缺失,加强了与司法调解的对接。

(九) 三峡流域的社会秩序得到明显改善

三峡流域地区先后成立了不同类型的行业性专业调解平台后,其工作范围实现了对该地区社会全面覆盖,促进该地区各所属省市内的市、区县形成统一、专业、高效的大调解工作体系,使所辖人民群众关注焦点能得到释疑,遇到难题能得到解决,身处穷困能得到救扶,人们表达诉求的渠道畅通,大大改善了干群关系、邻里关系、社群关系,辖区社会秩序井然有序。因行业性纠纷调解处理不及时、不正当而引起的进省

---

① 此数据系2014年6月课题组到宜昌市道路交通事故联动调解中心调研时获取。

赴京上访事件大幅减少。社会民众已形成了"遇事去调解，省事又便利，和气平事端"的习惯，有力、有效地推进了该地区的平安、和谐建设进程。

二　三峡流域行业性专业人民调解法治化实践中的不足

行业性专业调解与其他类型的人民调解一样发挥着定纷止争、化解基层矛盾的重要作用。在矛盾凸显期，在国家强调对社会纠纷实施"大调解"的背景下，它同样也被政府寄予厚望，并在治理中被不断强化。但行业性专业调解工作中也存在值得关注的问题：

（一）政府选择性干预导致了行业性专业人民调解组织产生科层化倾向，进而影响了它的中立性

行业性专业调解机制应该是一种第三方调解机制，当政府作为第三方调解机制构建者时，面临着两方面的制度选择，即是采用行政机制还是创建一种真正保持中立的第三方调解工作机制。后者虽具备长期效益，但却是一个长期的试错过程，这包括收益的不确定，真正保持中立性的第三方调解机制的建立意味着水平关系的引入，利益各方更易隐藏信息，进而导致交易成本的不确定性上升。为此，政府通常会倾向基于行政机制构建第三方调解机制，结果是行政元素的介入影响了第三方调解机制的中立性。例如，征地拆迁类的第三方调解机构在运行过程中，其应该是在自愿合法的基础上，公平公正地维护双方当事人的利益，但由于征地拆迁进度关系着项目的进展，而项目的进展是否顺利不但影响着项目本身的收益，而且影响着政府的财政收入，还影响着政府后续的招商引资工作。因而，政府往往会直接要求征地拆迁调解委员会配合政府有关部门无论采用何种手段，及时处理此类纠纷。此时，征地拆迁调解委员会出于为政府"排忧解难"的需要，难以保证其中立性，而是常常与政府有关部门一起解决纠纷。即是说，政府为了扩大社会治理的资源，更倾向于设立行政性味道更浓厚的行业性专业调委会。政府如选择后者方式建立行业性专业调委会，调委会就会因为保持中立而与政府有关部门存在利益分歧，这样必然会导致政府组织执行力下降，协调成本上升。为此，政府在自己与行业性专业调解组织之间就倾向于构建一种名义上的第三方调解组织，以便保留有效的管理权，当利益分歧较为显著时，

可使用行政机制降低协调成本。如某地在成立医疗纠纷调解委员会时，有关文件对调解员的要求是具备一定文化程度，身体健康，办事公道，作风正派，责任心强，有较高的政治素质和政策理论水平，具备相应的法律、调解等专业方面的知识。但在人员来源方面却明确规定是城区退居二线的国家公务员或退休人员以及法律服务机构人员。实际上对调委会主任的要求更高，除了前述条件之外，最重要的是还需要担任过领导职务。目的是这些人更具有政治大局意识，更有利于降低协调成本。其后来实际聘任的调解委员会的主任就曾经担任过多年的副县长、妇联主席。这样的情况在劳动争议类行业性调解组织的运行中也存在。[①] 即是说，在政府的选择性干预机制下，行业性专业调委会科层化问题自该调委会主任的产生及成员的配备过程中就已出现。

政府对行业性专业调解组织构建的选择性干预常导致两个后果，即该调解组织的管理人员基本由政府组织工作人员构成，非行政性成员参与比例不足，以及行业性调委会事实上缺乏独立决策权。前述两个后果带来的影响是在构建之初，行业性调委会就具备了集体行动权威的制度性资源，即来自政府组织体系的行政权威。与放弃这一资源相比，通过内部制度建设形成新的集体行动权威，组织决策者更倾向于使用和巩固这一资源，以节约履行各项职责所需支付的组织成本，这样行业性专业调解组织必然会偏离中立性，在其具备了等级制特征后，成为科层制政府管理体系的准隶属组织。另外，行业性专业调解组织自身不具备独立决策权将影响到其与诸如医患关系中的患方或者征地拆迁纠纷中的被拆迁人信任关系的建立，其半事业的组织性质使其无法独立于科层制行政管理体系，这必将导致行业性专业调解组织的科层化。

另外，在行业性专业调解组织成立后，各级政府通过向行业性专业调解组织交办一些行政、社会性事务，并以规范化调解组织工作的名义

[①] 左卫民教授认为，非司法性纠纷解决组织的"社会性"与"民间性"因素的流失，将直接导致解纷过程出现一定的压制性与结果的非公平性，而更为严重与深远的后果是贬抑了这些社会性与民间性解纷机制在形成社会自治与促成民主功能发挥方面的空间。参见左卫民《常态纠纷的非司法解决体系如何和谐与有效——以 S 县为分析样本》，《法制与社会发展》2010 年第 5 期。有关这一问题还可参见 Dauer E. A. Alternatives to litigation for health care conflict claims: alternative dispute resolution in medicine. Hematol Oncol Clin North Am, 2002, 16。

将其纳入一套评估制度，进一步加剧其科层化倾向。我国政府各级层级之间的行政管理体制一直实行的是上级政府向下级政府下达指标、分解任务、量化考核的目标责任制。新世纪以来，此种体制的作用机制发生了一些重要的变化：（1）加强了对指标完成手段的管理，将指标管理与技术治理结合在一起；（2）加强了行政问责制，将激励和惩罚结合在一起；（3）加强了量化指标结构的多重化倾向。① 从中央政府到地方政府均采取科层化的管理运行方式。政府的高度科层化必然会对作为依靠行组建的行业性调委会产生重大影响。

由于政府掌握着调委会生存与发展的资源配给权和工作人员的实际任免权，调委会工作很自然地被纳入政府的工作体系。必然会受到政府系统那种极具竞争性的评比机制之影响，行业性专业调委会如果没有及时完成政府有关部门安排的工作，就会影响其有关经费划拨，以及人事安排。行业性调解组织在经费来源主要依靠政府和行业主管部门的情况下，为政府服务和为行业主管部门分忧必然成为其第一工作要务。行业性专业调解组织就难以保持其中立性。

（二）对行业性专业人民调解的过分强调存有诱使纠纷当事人形成从法庭走向街头的维权路径选择风险

纠纷当事人是否愿意在制度化的法律维权渠道内维护自身权利，与国家的法治建设密切相关。20 世纪 90 年代以来大力推进的法制建设与司法改革，鼓励越来越多的中国百姓运用法律武器来维护自身的合法权益。经过法律祛魅而权利意识觉醒的民众逐渐熟悉法律和法律词汇，"依法抗争"逐渐成为中国百姓主流的维权范式②。这可以解释 21 世纪以来为何我国仲裁案件与诉讼案件持续增加。但是正如有学者认为的那样，法律祛魅未必会带来法律维权的增加。因为孱弱的司法体制并没有给中国普

---

① 渠敬东、周飞舟、应星：《从总体支配到技术治理——基于中国 30 年改革经验的社会学分析》，《中国社会科学》2009 年第 6 期。

② 有关我国公民维权策略，许多学者提出了"依法抗争""以法抗争""以理抗争"等，其中欧博文和李连江两位学者在《当代中国农民的依法抗争》一文中提出的"依法抗争"具有较强的解释力而被广泛引用，有关这方面的问题可参见吴长青《从策略到伦理——对依法抗争的批评性讨论》，《社会》2010 年第 2 期；于建嵘《当代中国农民的以法抗争——关于农民维权活动的一个解释框架》，爱思想网，http：//www.aisixiang.com/data/2783 - 2.html。最后访问时间：2014 年 10 月 26 日。

通百姓带来理想的救济，反而催生了一种"知情的祛魅"：虽然百姓在获得法律知识的过程中提升了自身运用法律的内在效能感，但这些原本对法律渠道怀有较高期望的当事人在参与法律实践后却对司法体制的种种弊端和不公有着更加清醒和现实的认识，对司法体制持较低的外在效能感使得他们更加理性和谨慎地对待"司法化"维权方式的同时，开始转向其他维权方式。

中国式维权常常不是在法律和其他非法律的策略中进行"二选一"，而是同时利用法律和其他非法律的策略。欧博文和李连江就发现：为了抵消司法不独立带来的诸如判决的倾向性和官官相护等问题，民众常常需要从官员内部和媒体中寻求支持者，一些当事人还在法庭外采取极端的抗争行为，例如越级上访、围堵公路与政府大门等。社会的不稳定逐渐强化了国家"去司法化"的维稳策略。尤其是到了2005年，因医疗纠纷、劳资纠纷等问题引发的大规模群体性事件明显增加，中央有关领导开始意识到诸如医疗纠纷和劳动争议等行业性纠纷已经从影响经济秩序演变成挑战社会秩序和引发社会不稳定的重大问题[①]。2006年的中共第十六届中央委员会第六次全体会议通过《中共中央关于构建社会主义和谐社会若干重大问题的决定》，明确指出："建立党和政府主导的维护群众权益机制，实现人民调解、行政调解、司法调解有机结合，更多采用调解方法，综合运用法律、政策、经济、行政等手段和教育、协商、疏导等办法，把矛盾化解在基层、解决在萌芽状态。"为配合中央这一决定，地方政府在医疗、劳动等领域内提出了各自的解决措施，有关的行业性专业调解委员会在全国各地逐步推行。到2010年，中央正式出台《关于切实做好矛盾纠纷大排查大调解工作的意见》，在全国范围内推行"大调解"，不仅动员各类政府组织和社会团体参与调解，还试图通过整合所有调解机构的权力与资源来应对社会冲突。政府在"去司法化"的维稳策略指导下，对调解的进一步强调立即得到纠纷当事人的积极回应，对调解解决纠纷的期望高于对诉讼解决纠纷的期望。但值得注意的是，纠纷当事人此时形成了对于"由谁调解"争议的偏

---

① 《中国劳动年鉴》编辑部编：《中国劳动年鉴（2006）》，中国劳动出版社2007年版，第90—97页。

好结构。① 从主持调解部门的种类方面看，政府部门主持调解受欢迎的程度远远高于其他非政府部门。从主持调解的个人层面看，其所属党委或者政府有关领导级别越高越受欢迎，"一把手"最好！即是说，行业性调解中出现了十分明显的差序性信任结构。

纠纷当事人"由谁调解"争议的偏好结构形成后，形成了新的冲突：即一方面纠纷当事人力图寻求上级党委和政府机关乃至"一把手"的支持；另一方面国家却力图将争议转移至下级机关和非司法机构，这使得原本以自愿为原则的人民调解变得具有高度强制性和权威性。基层政府"去司法化"的维稳策略及选择性执法行为被纠纷当事人逐渐认识到，在多次尝到"按闹分配"的甜头后，逐渐形成了维权中的"闹大"策略。② 即纠纷当事人开始出现逐渐退出制度化（如诉讼和仲裁等）的维权方式，从法庭走向街头。

（三）对行业性专业人民调解规范化的强调使得调解工作出现程式化倾向，进而出现了"依法不解决纠纷"的问题

三峡流域地区的行业性专业调解组织按照既定的规范性要求加强阵地建设，使得行业性调解得到了规范。但另外，这种规范化建设也使得现在的行业性专业调解不像以前那样，让当事人自由表达意见，现在一般是按既定程序开展，调解员问当事人什么，他就回答什么，不让他们讲一些与本案无关的事情。如果纠纷当事人意见分歧较大，无法调解，调解员就宣布调解终结，让当事人去法院起诉。即调解员在处理纠纷时一般不再借用人情、面子等资源来实现以解决问题、摆平理顺为旨归。类似人民法院布局的调解室、高坐上端的调解员、严格的会场规则、模块化的调解程序，所有这一切都在表明这是一个小法院，而非调解室，调解的过程与人民法院开庭的场景相差无几。③ 概言之，行业性调解机构

---

① 庄文嘉、岳经纶：《从法庭走向街头——"大调解"何以将工人维权行动挤出制度化渠道》，《中山大学学报》（社会科学版）2014年第1期。

② 关于社会提供给当事人纠纷解决机制对当事人纠纷解决策略的影响可参见陆益龙《纠纷管理、多元化解机制与秩序建构》，人大复印资料《社会学》2012年第3期。陆益龙：《环境纠纷、解决机制及居民行动策略的法社会学分析》，《学海》2013年第5期。

③ 田先红博士在研究基层司法所解决纠纷时的特点时也注意到了基层司法所存在的这一问题，具体内容可参见田先红《乡镇司法所纠纷解决机制的变化及其原因探析》，《当代法学》2010年第5期。

在纠纷调解过程中比以前更加注重法律程序规则的贯彻，而非以弄清事实真相、解决问题为目的，其所秉持的是程序主义而非实用主义原则。

行业性专业调解不仅在调解过程中讲究程序，而且在接案、结案过程中也很注重程序和规范。每当有行业性纠纷要求调解时，都要做好登记备案工作，然后根据调委会工作日程安排具体开庭调解时间。调解过程中，也必须做好笔录。调解结束后，必须由调解员做好案卷的整理善后工作，填写各司法局下发的各类统计表格，所有统计表格必须整齐规范地填写。这些程序性工作一方面是为了给日后纠纷处理提供依据，另一方面更为重要的是应对上级的各种检查。上级来调委会检查，主要就是看看办公设备是否齐全、案件卷宗是否摆放整齐、各类表格数据是否按时按量填报等。迫于迎检的压力，调委会不得不做好卷宗整理、表格填报之类的规范化工作，在这些方面花费的精力、资源过多，自然也就影响本就有限的资源投入到调解纠纷、解决问题上面。促成行业性专业人民调解委员会投入更多精力整理案卷还有一个重要的因素，那就是卷宗的有无及整理情况的规范与否成为考核办案情况，核发办案补贴的最重要依据。如某州主要是县（市）司法局挤出办公经费兑现人民调解案件卷宗补贴。如某州的 M 市司法局每季度对各乡镇的调解卷宗进行检查验收，验收合格的按 100 元/件兑现补贴；N 县司法局补贴乡镇调委会调解案件卷宗 80 元/件，O 县、P 县补贴 50 元/件。Q 县绿葱坡镇对居委会调委会按照口头调解 50 元/件、有卷宗 100 元/件进行案件补贴；Q 县高坪镇、该市芭蕉侗族乡及红土乡卷宗补贴 200 元/卷。①

此外，行业性纠纷很多都是别人找上门来。从这方面来看，行业性调解组织也在模仿人民法院"不告不理"的工作原则，只有当纠纷当事人调委会诉说案情时，他们才开始正式立案，而案情的了解、获取也主要根据当事人的陈述及所提供的证据，常常深入群众了解案情真相的时候已经很少。

行业性调委会纠纷解决机制的发生如此变化的主要原因有二：一是依法治国背景下的人民调解工作规范的要求。自 1980 年我国开启改革开放的大幕之后，实行依法治国、建设现代化的法治国家也逐渐被提上议

---

① 此资料来源于 2014 年 7 月在三峡流域某州基层科调研时获取。

事日程。在实践中，依法治理就演变为严格按照法律程序办事，一切按照既定的法律、规章和制度机械式地运作，实现治理的规范化、程序化。人民调解工作按照工作归口属于司法行政机关管理，因而司法行政工作有关的规范化要求必然影响到人民调解工作的开展。司法部先后出台了有关人民调解阵地建设的规范和调解工作的规范。二是纠纷增多导致难堪重负。行业性专业调解纠纷解决机制的变化还跟城乡社会变迁有紧密关联。一方面，历经长期的国家政权建设和市场经济渗透之后，城乡基层社会内生的传统权威逐渐衰弱，基层社会的内生权威的纠纷化解功能下降。另一方面，20世纪80年代以后，我国的单位社会逐渐走向解体，各单位组织逐渐由"管理型单位"向"利益型单位"转化后，各单位组织不再将纠纷解决视为其"分内之事"，使得基层社会内部消化、解决各种纠纷的能力大大降低，这些纠纷最后被迫往上推移。行业性纠纷由于其专业性使得传统的人民调解难以应对，进入到行业性专业调解机构。随着纠纷数量的增加，而相应的调解人员不足，使得一些行业性专业调解委员会为减少麻烦，也可能倾向于采取应付的方式，实行依法治理、按程序办事，而不再如之前那样通过反复地、苦口婆心地做工作来解决纠纷。行业性专业调解机构采取的"依法不解决纠纷"这一策略必然会造成矛盾纠纷的积压或者往上推移，这实际上违背了政府和民众对行业性专业调解机构的期待与要求。

（四）行业性专业人民调解制度功能定位出现偏差，部分纠纷的调解方式不尽合理

人民调解制度在传统社会中的功能主要是为了贯彻"息讼"和"和睦无争"的理念，通过纠纷调解以推行道德教化，维护或恢复和谐的人际、家际、族际秩序，而不是追求权利的保护和救济。而当下我国城乡均已发生巨大变化，传统意义中的道德教化、维持旧有关系秩序已不是人民调解制度的任务之所在。这一制度的主要功能理应是维护当事人的合法权益，依法恢复受损的权利义务关系。然而，从目前诸多地方的实践来看，包括行业性专业调解制度在内的人民调解功能定位尚未完全转变至维护当事人合法权益上来。不少基层政府单纯将它视作一种杜绝矛盾上交、越级上访的维稳工具，一旦出现纠纷，就想方设法将问题"摆平"，常常忽视了对当事人合法权益的保障。基层政府的这一思路还直接

影响到一些具体制度的设计，这些制度在实际执行过程中出现了对部分当事人利益保护不力的情况。最为典型的是医疗纠纷处理中根据争议金额的多少来设计纠纷解决的方式与程序。如根据现行《宜昌市医疗纠纷预防与处理办法》第22条和第23条规定，[1] 医疗纠纷发生后，双方可以协商解决纠纷理赔事项，但医疗纠纷赔付金额在一万元以上的，参保医疗机构不得自行协商处理。当事人可以申请医调委调解医疗纠纷，但索赔金额在十万元以上的，应当先行共同委托医疗损害司法鉴定或者医疗事故鉴定，提供鉴定结论。该办法确立的1万元和10万元的标准目前缺少法律和政策依据，其合法性和合理性有待斟酌。另外，如果医患双方私下就医疗纠纷赔偿超过该第150号令确立的标准时如何处理，该办法缺乏规制措施。这一措施实践中存在损害患方权益的嫌疑。一些医疗纠纷中，患方应该获得的赔偿往往远超过10万元，但由于其他程序复杂，自身经济条件差，急于拿到现钱以解燃眉之急，只好将要求赔偿金额降低到10万元之内，实际上就出现被迫牺牲一部分自己的利益的情形。

同时，为了实现并扩大人民调解的稳控效果，很多地方都通过较为严厉的考核制度敦促行业性专业调解者竭力将矛盾化解，不允许矛盾"上交"。这迫使一些干部在指导行业性调解中常常费尽心思，甚至不惜成本和手段处理争议。在一些纠纷的处理中，行业性专业调解者常常以非法律或者乡间情理的手法处理问题，如苦口婆心地劝当事人要息事宁人，不要闹事，避免节外生枝；运用权力软硬兼施地劝解当事人放弃上访，接受调解；或凭借其所能控制的资源，向当事人抛出诱饵，以支持当事人获得生产或者生活中的某种资助或者优惠等作为条件建议其接受对方的要求以便快速结案。

这些做法短时间内能够实现"和谐"与"矛盾不上交"，但所获得的秩序稳定具有较大的权宜性和暂时性，从长远来看，却可能偏离行业性调解中"依法办案"的准则以及公平、正义的价值观念。这种不合理的

---

[1] 参见《宜昌市医疗纠纷预防与处理办法》第二十二条 医疗纠纷发生后，双方当事人可以自行协商解决，但医疗纠纷赔付金额在一万元以上（含本数，下同）的，参保医疗机构不得自行协商处理。第二十三条 当事人可以申请医调委调解医疗纠纷，但索赔金额在十万元以上的，应当先行共同委托医疗损害司法鉴定或者医疗事故鉴定，提供鉴定结论。

功能定位,过度强调维稳结果的理想性,忽视了调解过程的合法性和科学性,使维护当事人的合法权益与维护社会稳定二者不但未能相互促进,反而出现错位,不利于实现社会的长治久安。

(五) 行业性专业人民调解被赋予全能主义色彩后,受案范围有被放大的倾向

尽管在关系较亲密的社会群体中,法律和诉讼是被尽量避免的;而随着关系的疏远,法律和诉讼的作用才会逐步增大[①],为了实现矛盾不出镇或者不出区县的目标,很多地方的行业性人民调解组织都被赋予全能主义的色彩,在行业性争议的受理上无所不能。如在医疗纠纷和道路交通事故处理中,有一些致人死亡的案件,其事件缘由和过程十分存疑,但有时也在维护社会和谐的名义下通过调解的方式简单结案。这是在当事人缺乏法律知识以及政府、调解者刻意为之的情况下发生的,它阻隔了国家立法和公权力在必要的情况下介入纠纷处理、调整社会关系,惩戒违法犯罪分子机会,不利于推进依法治国以及树立法律信仰。之所以出现这样的处理方式,除了维护稳定需要之外,一个重要的原因在于行业性专业人民调解与开展其他基层治理工作在一定程度上出现冲突。

应该看到,基层社会治理包含广泛内容,行业性专业人民调解只是治理者众多职能之一。但在调解过程中,一些身兼数职的基层调解人员经常集受理、现场调查、勘测、向上请示、调解以及执行于一身,这种"全包式"办案方式以耗费大量时间为基本特征,使他们在时间和精力上往往难以兼顾其他,一些较重大的纠纷往往需要和其他干部全体出动。此外,尽管有一定的经费保障,但在矛盾多发期,现有的办公经费根本不足以使行业性专业调解组织高效运转,从而为这种"全包式"办案方式的可持续进行带来困难,也为兼顾纠纷调解和其他工作的开展带来更多的障碍。

一方面,随着改革的不断深入和市场经济的不断发展,各种行业性纠纷大量增加,并呈现出许多新的特点,这对于行业性专业人民调解工作提出了更高的要求和挑战。另一方面,大调解机制确立后,行业性专业人民调解由于具有不收费、贴近基层、尊重当事人的意愿、及时便

---

① [美] 布莱克:《法律的动作行为》,中国政法大学出版社 1994 年版,第 56 页。

捷、灵活高效等特点，受到社会各方的关注。"行业性专业人民调解是个筐，什么纠纷都往里装"，人民法院、公安机关、工会、其他行政机关及有关部门，都在积极利用行业性专业人民调解这个平台化解原来由本部门受理的矛盾纠纷，使行业性专业人民调解工作从某种程度上大大超越了传统范围，造成行业性专业人民调解和其他部门的纠纷化解职责界限不清，行业性专业人民调解的工作负荷日益加大，工作效率和质量势必受到影响。《人民调解法》颁布后，行业性专业人民调解地位得到有效提升，但各级党委、政府对这项工作的认知程度、重视支持程度仍然参差不齐，按照目前行业性专业人民调解工作地位、组织建设和队伍建设现状，无法满足社会日益增长的需求，使行业性专业人民调解工作面临新考验。

（六）一些行业主管部门对行业性专业人民调解委员会工作重要性的认识不够到位

行业性专业调解是新时期社会管理创新的一种手段，需要在党委、政府的领导下，各部门共同参与实施，有效整合资源，共同构筑社会稳定防线。但一些行政部门囿于传统观念，轻调解重执法，认为行政机关的职能就是行使行政管理权，而解决纠纷是司法部门的事情。其没有充分地看到行业性专业调委会在及时化解行业性矛盾纠纷、维护社会和谐稳定中所具有的独特优势和作用。特别是负有组建主体责任的少数行业主管部门，没有把这项工作看作是一项硬指标，而把它当作是一项软任务，在落实党委政府要求和"平安细胞"建设的推进中，行动不够积极，部门之间难以形成共识，工作的积极性和主动性相对不高。一方面，一些区县有关部门在成立行业性专业调委会时表现出消极态度。另一方面，这些部门对行业性专业调解制度的宣传还不够到位，覆盖面不广，新闻媒体、社会舆论中宣传行业性专业人民调解工作的频率和深度不够，这既使得全社会特别是基层群众的认知感不强，认同度不高，遇到行业性的矛盾纠纷仍然选择上访、选择诉讼的还比较多。还在一定程度上影响了部分基层调解员的工作积极性。

实际上，在大调解格局下的行业性专业调解应是行政职能部门在执法、服务、管理的动态过程中，通过行业性专业调解化解矛盾、调顺民心，宣传国家的法律法规和党的路线、方针、政策，使行业性专业调解成为追求公平和正义、实现社会和谐的新方式。

（七）行业性专业人民调解组织建设制度有待加强，运行机制畅通不够

三峡流域的行业性专业调解组织建设和运行机制方面取得了很大的成绩，但也还存在一些不足，主要体现在几个方面：

一是行业性调解组织机构不健全。建立健全行业性调解组织是做好调解工作前提与基础。一些区县的有关单位按照有关文件规定虽然成立了相关组织，但工作未真正展开；还有的单位或行业性调解组织无相对固定办公室，文书案卷没有归档，调解委员会、调解员的名册不能提供。由此看来调解组织网络中确有"断层"与"空当"。《人民调解法》规定，人民调解委员会应选举产生，但执行中走样。个别行业性专业调解委员会没有经过专门选举产生。

二是一些地方行业性调委会数量不多、种类偏少。一些区县的行业性专业性调解组织建成数量不多，与其他市县相比有一定差距。尤其是区县和乡镇建立的企业、区域性、行业性人民调解组织的建设还不够普遍，在物业管理、医患冲突等纠纷调处上，人民调解虽有一定程度的介入，但"作为"不够，也未形成较为系统、规范的操作模式，人民调解的作用还有待进一步发挥。

三是机构管理体制不顺，有关编制、人员、待遇、经费得不到很好的落实，导致行业性人民调解组织职能弱化。如根据中办发〔1998〕30号以及各省市配套发布的相关文件精神，一些地方对行业性专业调解员的津贴没有落实到位。这使得一些地方依托司法局或司法所而成立的行业性调委会运行遇到困难，尤其是所依托的司法所为一人所时，问题更为突出。因为司法所没有必要的财力保障，对所辖行业性专业人民调解委员会的经常性指导、协调、组织等活动就难以进行，行业性专业调解员培训也无法组织，难以保证行业性专业调解员素质的提高。

四是调解阵地建设和规范化制度落实滞后。一些行业性专业调解委员会没有专门的办公场所，或者依托律师事务所、法律服务所、司法所建立，或者由相关主管部门的会议室、办公室代替。由于没有专门的调解场所，调解阵地建设也无法开展。随之而来的是规范化制度落实滞后。

如"四落实""五有"和"六统一"① 是人民调解工作规范化建设的重要内容,由于缺乏必要的场所和经费保障,影响了这些制度的落实到位。

五是专业调解机构运行机制畅通不够。专业调解机构不独立,调解运行机制畅通不够主要表现在三方面:第一,调解员工作"撞车"现象时有发生。在现有的各类专业人民调解委员会中,医疗纠纷调解委员会和道路交通事故调解委员会多数为独立机构外,其他很多行业性调委会是依托司法所、法律服务所、律师事务所建立起来。调解人员也主要由法律服务工作者、律师、司法所工作人员兼任,其工作内容与行业性调委会并无合同约束。律师事务所、法律服务所的从业人员是非财政供养人员,他们为维持生计和养家糊口,在没有财政保障的情况下,主要精力不可能用在无偿服务的第三方调解工作上。而司法所要承担大量的司法行政工作,除参与中心工作和从事传统的人民调解工作外,还要承担法制宣传、社区矫正安置帮教、法律援助工作等,不少司法所仅一人,受客观条件所限,他们也难以把全部精力用在专业矛盾纠纷调处上。有时矛盾纠纷发生后,他们由于出差、出庭、做中心工作等无法脱身,难以及时赶到现场参与调解工作。第二,指挥协调不够畅通。无论是司法所,还是律师事务所、法律服务所,他们与专业人民调解委员会的主管部门既没有隶属关系,也没有业务指导关系,特定的矛盾纠纷发生后,相关主管部门难以直接指派这些机构的兼职调解员去调处纠纷,更多的是要通过司法行政部门协调指派相关的调解员去处理纠纷,司法行政部门成了"二传手",这样不仅增加了司法行政部门的工作负担,而且降低了工作效率。第三,责任主体不够明确。专业人民调解工作是由党委、政府统一领导,党政分管领导负责,综治部门牵头协调,主管部门组织,司法行政部门业务指导,有关部门参与的维稳工作。但由于本地区的一些专业人民调解组织是依托律师事务所、法律服务所和司法所建立,导致部分主管部门误认为专业人民调解工作仅仅是司法行政部门的事,本该唱主角的主管部门以种种理由不参与,使专业人民调解工作责任主体不明。

---

① "四落实"(组织、制度、工作、报酬落实);"五有"(有标识牌、工作场所、印章、记录簿、统计台账)、"六统一"(标牌、印章、标识、程序、制度、文书统一)。

（八）行业性专业人民调解队伍专业素养需要通过制度完善予以提升

新时期人民内部矛盾具有多样性、复杂性、群体性等特点，客观上要求行业性专业调解人员必须具有良好的身体素质、文化素质、法律素质与调解工作业务素质，否则，调解工作效果难以得到保证，调解工作潜能难以充分发挥。显然，目前状况与新形势的要求相距甚远，主要包括以下几个方面：

一是行业性人民调解员中专职调解员数量偏少。统计显示，宜昌市医疗纠纷类和道路交通类专职人民调解员分别为24人和41人，专职人员中采取政府购买服务方式的分别为6人和7人；劳动争议类和无业管理类专职人民调解员分别为8人和4人，专职人员中没有采取政府购买服务方式的人，其他类型的行业性专业调解委员会没有专职人员。其调解员大多由行政干部兼任。而这些调解员往往身兼数职，不能集中精力从事人民调解工作，影响了人民调解工作的开展。

二是队伍整体年龄偏大，队伍结构层次不合理。各地市州的行业性人民调解委员会主任以退休干部为主，兼职调解员以退休干部、当地有威望的老人为主。调解员年纪大有一定的优势，他们经验阅历丰富，处事沉稳老练，更容易赢得当事人的信任。但是受精力体力所限，在日益繁重的调解工作当中，年纪大的调解员日渐吃力。加之对调解员电脑网络使用能力的要求日益提高，调解信息管理软件的推广使用，使他们更感到力不从心。

三是真正的专业型人才难以招揽。目前，社会矛盾不仅呈现多发趋势，而且呈复杂化趋势，行业性人民调解工作的领域也不断拓展，对调解员的能力素质也提出了更高的要求。之前的绝大多数调解员都仅仅擅长调解传统型民间纠纷，而行业性调解工作已经不是传统意义上的家庭纠纷，邻里矛盾劝架。如涉及医患、工伤、交通事故等纠纷，人民调解员不仅要掌握有关政策法律法规和调解技能，同时还要掌握相关专业知识，这种专业性、复合型人才的缺乏，那些真正具备法学、医学、调解等较高的专业素质的人一般容易找到报酬丰厚的职业，因此合格的专业性行业调解员难以招揽。

四是行业性人民调解员接受培训较少，一些调解员调解效果不理想、效率不高。《人民调解法》规定，县级人民政府司法行政部门应当定期对人民调解员进行业务培训。然而，由于经费紧张、行业性差异较大等原因，县级司法行政机关组织行业性人民调解员进行业务培训的机会很少。不仅如此，部分乡镇行业性人民调解员是由基层政法主任兼任，并且多数政法主任是由年轻人担任，由于基层干部的工资低、待遇差、费用报销难，不少年轻的调解员任职时间不长就外出打工去了，致使一些基层行业性人民调解员的变动十分频繁，这就造成了一些基层行业性人民调解员专业知识缺乏，更新机会少，工作能力难提高。

五是行业性调解人员未严格选聘，民行调解难区分。专业调解委员会委员和专兼职首席人民调解员，特别是首席调解员都是有严格的任职条件，其基本要求是：（1）精通法律；（2）具有一定的相关行业专业知识；（3）有较强的群众工作能力；（4）公道正派，热爱人民调解工作。可有个别专业调解委员不能按上述条件选聘，有滥竽充数现象。有个别业务主管部门，不吃透文件精神，图简单干脆将有相关单位或相关科室负责人直接选聘为调解委员会委员或调解员。在调解行业纠纷时，大员上阵，是人民调解还是行政调解很难区分，有人民调解扩大化的感觉。

（九）行业性专业调解经费保障制度建设还需要进一步加强

三峡流域地区各级党委、政府对专业调委会建设高度重视并大力支持。如宜昌市财政每年落实的交调委、医调委工作经费近60万元，宜昌市的夷陵区财政每年落实的专业调委会工作经费达20多万元。各级司法行政机关和行业主管部门指导专业调委会建立健全了相关经费保障制度，以保障行业性专业调委会的规范运行。虽然宜昌市在经费保障上面做了大量的工作，但由于机制上的不完善，仍不能适应行业性专业人民调解工作发展的新要求。部分县市区出台的《人民调解工作经费补助管理办法》，仅对行业性专业人民调解个案补助作出了较为明确的规定，而对行业性专业人民调解工作的指导经费、工作经费都没有作出具体规定。经费保障机制不健全，已经成为制约人民调解工作发展的一个瓶颈。在经费保障方面的不足具体为：

一是人民调解经费财政保障不足。人民调解组织是群众性、自治性组织，人民调解的工作经费一直是制约人民调解工作健康发展的直接因素。2007年财政部、司法部下发了《关于进一步加强人民调解经费保障的意见》（财行〔2007〕179号），明确规定要把"司法行政机关指导管理人民调解工作经费列入财政预算"，并"根据当地经济社会发展水平和财力状况，适当安排人民调解委员会补助经费和人民调解员补贴经费"，"补助和补贴标准可由县级司法行政部门商同财政部门确定"。《人民调解法》第6条也规定：县级以上地方人民政府对人民调解工作所需经费应当给予必要的支持和保障。也就是说，人民调解委员会的工作经费和调解员的补贴经费应由财政解决。但从调查的情况看，人民调解工作的经费保障仍然存在一些问题。虽然宜昌市推行了"以奖代补""以案定补"的激励机制，但人民调解员的补贴仍然偏低，与人民调解员在调解工作中付出的时间、精力和财力仍然存在差距，影响了人民调解员的工作积极性，也导致了队伍的不稳定。同时，由于经费不足，对人民调解员的培训也与人民调解工作的要求存在差距。

这使得一些地方出现了专业调解空经费运行，特别是专业调解员工资无法保障的情况，他不可能专职下去。诸如道路交通事故等行业性人民调解委员会等虽配有专职人民调解员（由熟知法律退休老同志兼任），但也只领取少量的工作补助，办案经费、个案补助基本无着落，每年都有一些专职调解员离开工作岗位。2014年6月出台的《宜昌市人民调解员等级化管理实施办法》对经费问题也作出了明确规定，但其效果仍拭目以待。

二是行业性责任保险制度缺乏顶层设计，理赔工作难度大。由于相关特定行业没有建立健全责任保险机制，而这些行业责任引起的赔偿数额往往较大。特别是医疗责任、交通事故更为突出。如宜昌市2010年第150号令第36条规定，公立医疗机构应当参加医疗责任保险及附加医疗意外保险。提倡非公立医疗机构参加医疗责任保险。这一规定对公立医疗机构和患者均不公平。首先使得患者在不同所有制医院内接受医疗服务时遭遇不同的风险。在调研中，几位公立医院的有关负责人明确指出，医疗责任保险实际上是让公立医院额外出一笔可观的费用，增加了公立医院的运营成本，而非公立医疗机构则可以不参加，使之成本更低，使得公立医疗机构在竞争中处于不利地位。调研显示，2011年，宜昌市公立医疗机构支付的医疗责任保险费用400万元左右，而保险机构从中提取了20%的行政成本费用，剩下的费用也没能完全用于医疗纠纷赔偿。如宜昌市一家大型公立医疗机构2011年上交的医疗责任保险费用近120万元，但2011年保险机构支付给该医院医疗纠纷的费用实际只有20多万元，该医疗机构2011年遇到的医疗纠纷绝大多数案件无法利用医疗责任保险来分担其经营风险。这使其没有任何积极性再次投医疗责任保险，而承保医疗机构由于该险种的利润不如其他险种，对此也持消极态度，使得宜昌市医疗责任保险处于停滞不前，甚至倒退的危险。机动车参保情况也不是很好。据了解，宜昌市部分机动车辆仅购买了交强险，有的车辆，特别是一些摩托车连交强险也没有购买。保险不到位，责任事故发生后，直接要单位或者个人进行赔付。由于有的单位经济效益不好，特别是一些个体、私营医疗机构引起的医疗责任赔偿、私家车引起的交通事故赔偿，由于他的自身抗风险能力差，没有能力进行赔付，不仅使调处难度增大，而且可能会因协议不履行或者履行不完全而派生新的矛盾纠纷。

另外，保险公司参与调解的态度消极。保险公司是赔偿纠纷中除肇事方外一个重要的赔偿主体，在纠纷解决中扮演着必不可缺的重要角色。其参与纠纷解决的态度积极与否，对于及时、妥善化解纠纷，有着极其重要的作用。在实践中，保险公司对于解决纠纷往往持消极态度，一方面固然有其不愿积极履行理赔义务的原因，更重要的是保险公司对于事故双方存在一种戒备心理，担心纠纷解决不能一次到位、解决不彻底而引起当事人反复纠缠、无理取闹等。因此，保险公司一般不参与调解，这种做法，导致交通事故赔偿纠纷只能通过诉讼、判决的方式解决，调解机制的作用得不到充分发挥。

（十）行业性专业人民调解与其他类型调解进行的"三调联动"缺乏明确的制度性约束

在基层政府和人民法院积极推动和行业性专业人民调解积极参与下的"三调联动"工作机制总的来说发挥了积极作用，效果较明显。存在的某些问题也不容忽视，须采取有力措施加以整改。

1. 三种调解之间基本上只是流程，"衔接"不紧密，"联动"作用总体上没有得到有效体现

"三调联动"工作机制，"联动"是重点也是难点。三峡流域各地在这方面都做了有益探索，但仍然没有完全依法妥善解决"联动"难题。在很多情况下实际上谈不上"三调联动"，只能称为"三调流程"。

2. 在"三调联动"机制职责分工上，行业性专业人民调解被寄予过

高的职责和期望，与自身及司法行政部门的职能不相符

　　行业性专业人民调解在维护社会稳定、化解矛盾纠纷工作中可充当起"第一道防线"作用。但是，行业性专业人民调解"权威性不够、效力性不高"的固有弱点，已使其远远不能适应重大、群体、疑难等矛盾纠纷的调解处理，行政职能部门参与调解的需求显得更为迫切。由于现行"三调联动"工作方案和制度对各级各行政职能部门大多没有强制性的规定加以约束或考核，作为牵头单位的司法行政部门受职能限制，很难调动其他相关职能部门协同配合行业性专业人民调解，导致行业性专业人民调解工作及与行政调解的对接、联动开展起来显得力不从心。

3. 对矛盾纠纷化解工作的认识不统一，职责不明确，某些政府部门及政法机关在联动机制中"缺位"现象时有发生

　　在联动机制运行中，人民调解、司法调解、行政调解的对接、联动本应为一种"相互协作、共同配合"关系。但实际操作中，部分行政、政法职能部门往往认为应该"人民调解唱主角"，过于强调人民调解工作的作用发挥，而甘当"配角"，忽视自身的努力和责任，缺乏主动性和责任感。此外，由于强调客观原因多、主观努力少、协调意识薄弱、大局观念不强等原因，部分行政、政法职能部门在解决具体矛盾纠纷时往往互相推诿，"缺位"现象时有发生，三项调解"联"不起、"动"不了，严重制约了"三调联动"机制的作用发挥。

4. 当事人的诉讼权利（特别是诉权）和民事权利不能认为全部得到依法有效保护

　　行业性专业人民调解和行政调解工作的全面开展和真正发挥作用，并且与司法调解衔接、联动，有赖于党委、政府在"三调联动"工作方案或工作考评中，对有关单位或个人的职责作出尽可能具体、明确的规定，对应完成的任务或标准进行量化，并奖惩兑现。但这是双刃剑，在实际操作中难免出现负面效应——行业性专业调解委员会或政府部门为完成任务或应付考评，强行或者违法调解，损害当事人依法享有的权利。更严重的是，某些法院会以"三调联动"为由，推卸审判职责，置当事人依法享有的诉权于不顾。如湘西州永顺县人周天德在"中国湘西网"之"州长信箱"反映的"法院为何以'三调联动'为由不给立案"，就是典型。

　　处理前述问题之外，"三调联动"中讲支持、配合的多，讲监督、制

约的少，司法审判权对人民调解、行政调解的规范、引导和监督作用没有得到应有发挥。之所以出现前述问题，现行"三调联动"机制设计不尽科学、合理，实际上奉行政府中心主义，司法审判执行权被置于从属地位。"三调联动"工作方案对有关责任单位特别是政府职能部门的职责，大多数没有作出科学、合理、可行而又明确的规定，对应完成的任务或标准没有进行必要量化，奖惩兑现打折扣甚至不兑现。绩效考核标准不尽科学、完善，绩效考核压力下的相关政府、法院的领导往往疲于应付，无暇较多顾及"三调联动"。

第五节 完善三峡流域行业性专业人民调解法治化的建议

三峡流域行业性专业调解委员会运行4年多的实践表明，行业性专业人民调解在医疗纠纷、道路交通事故、劳动争议和环境保护等行业性纠纷解决中具有很大的比较优势，从其他国家、地区的行业性纠纷解决情况分析来看，第三方调解机制已经成为发展趋势。目前，我国如深圳福田、湖南郴州等部分地区针对行业性纠纷采取的第三方调解机制现状来看，[1] 第三方调解在行业性纠纷处理中取得了较好的效果，切实维护了纠纷当事人的权益，也有效地维护了社会的稳定。针对目前宜昌市行业性纠纷第三方调解中存在的问题，本书提出以下几点建议：

一 进一步完善行业性专业人民调解组织网络建设及其制度保障

当前，我国正处在一个经济社会发展的重要战略机遇期，也处在一个各类矛盾的凸显期，而劳动争议、交通事故、医疗纠纷、征地拆迁等行业性的矛盾纠纷更易引起社会关注，更易成为社会焦点，如得不到及时化解，也更容易激化和升级。而行业性专业人民调解组织多处在基层，

---

[1] 可分别参见西北政法大学课题组《人民调解的"福田模式"大有可为》，《法制日报》2012年9月26日。朱俊林、骆斐：《人民调解的郴州经验》，《郴州日报》2012年11月3日。沈德良、禹振华：《调解文化调出和谐一片天——人民调解"郴州探索"调查之二》，《湖南日报》2012年11月2日。

分布面较广，遇到的人、财、物等实际困难比较突出。因此，三峡流域各级各部门党组织、各级党员领导干部特别是各司法行政机关要进一步加强沟通协调，积极争取党委和有关部门对行业性专业人民调解工作的了解、重视与支持，切实克服"重打轻防"的思想，充分认识到行业性专业人民调解工作的重要性，把抓好专业调委会建设作为落实第一责任的一项重要内容列入党委（党组）的重要议事日程，按照相关文件的要求，切实加强领导，完善有关制度，认真抓好落实调解组织网络建设，有关工作主要从以下几个方面开展：

一是完善制度促进横向拓展。要积极创新工作理念，从服务民生、维护社会和谐稳定的高度出发，完善有关制度。通过完善有关制度，以便大力促进医患、物业管理、劳动争议、征地拆迁、环境污染等矛盾纠纷比较集中的行业和领域建立专业性行业人民调解组织。当然，这必须根据该地区的实际情况成熟一个，建成一个，逐步予以规范，决不能急于求成、闭门造车、在纸上组建、挂块牌子，而是从真正解决这些行业和领域矛盾纠纷有人抓有人管的问题，切实开展矛盾纠纷预防、预警研判、排查与化解工作，为维护行业健康发展，维护社会和谐稳定积极贡献力量。

二是完善行业性调解纵向延伸制度。街道（乡镇）层面的行业性人民调解委员会可结合本地实际，在公安派出所、法庭、医院、学校、市场等设立行业性的联合调解室。这一联合调解室，将是乡镇行业性专业性人民调解委员会的集成模式。

三是平台支撑。县级司法行政机关要依托县人民调解中心这个平台，充分发挥指导、宣传、培训、协调、调解等工作职能。加强调查研究，认真总结分析行业性、专业性人民调解委员会的组织特点、工作模式和运行机制，及时总结与分析不足，及时调研，及时提出整改意见，促其规范健康向前发展。

二 按照"公共财政购买、社会化招聘、契约化管理"的总体思路完善经费保障等制度

通过前述分析可知，行业性专业人民调解运行中有三个最为关键的问题，分别是政府对行业性专业人民调解的功能定位、行业性人民调解的队伍和经费保障。政府对行业性专业调解的功能定位直接影响到队伍

建设思路、经费保障程度，也直接影响到与之相匹配的运行机制设计。行业性专业人民调解的调解员队伍是该制度能否顺利运行的重要依托，每一件具体的纠纷都必须依赖调解员的专业化的知识、娴熟的调解技巧和强烈的责任心，离开了调解员，所有的制度设计和功能期待都无法实现。而要找到真正具备各类行业性专业调解所需要的专业知识方面的人才，较为充裕的经费保障则是关键。为了实现在合理的功能定位下，给予充裕的经费保障，找到合适的行业性专业调解人才，保证相应的经费真正用到行业性专业调解工作中，根据江苏昆山等其他地区试点取得的经验，[①] 结合三峡流域经济社会发展状况，我们建议按照"公共财政购买、社会化招聘、契约化管理"的总体思路，建立经费保障、执业准入、考核监督等配套机制，逐步构建一支专业化、职业化、规范化的人民调解队伍。

（一）建立公共财政购买行业性专业人民调解服务的政策依据

党的十八大强调，要加强和创新社会管理，改进政府提供公共服务方式。国务院对进一步转变政府职能、改善公共服务作出重大部署，明确要求在公共服务领域更多利用社会力量，加大政府购买服务力度。并于2013年9月26日发布《国务院办公厅关于政府向社会力量购买服务的指导意见》（国办发〔2013〕96号）。国办第96号文件出台之后，财政部陆续出台了《关于做好政府购买服务工作有关问题的通知》（财综〔2013〕111号）、《关于政府购买服务有关与预算管理问题的通知》（财预〔2014〕13号）以及《关于推进和完善服务项目政府采购有关问题的通知》（财库〔2014〕37号）文件，分别从工作机制、预算管理和政府采购等方面，对落实国办第96号文件精神，推动政府购买服务工作提出指导意见和相关要求。为了贯彻落实国办第96号文件，加强和创新社会管理，推进政府职能转变，改进政府提供公共服务方式，加大政府购买服务力度，一些地方政府也出台相应的政策，如2014年1月27日发布《湖北省人民政府办公厅印发关于政府向社会力量购买服务实施意见（试行）》（鄂政办发〔2014〕1号），并随文下发了2014年省级政府向社会

[①] 昆山市司法局：《昆山市探索人民调解职业化》，http://www.jssf.gov.cn/sfzl/jcgzdt/200912/t20091211_33877.html。最后访问时间：2014年10月26日。

力量购买服务指导目录，明确要求"各地、各部门要加强统筹协调，大胆探索，积极创新，加快推进政府购买服务工作"。湖北省政府要求2014年各地必须推行，出台相关制度文件，组织实施一定范围的政府购买服务事项。宜昌市委关于转变政府职能优化发展环境的改革精神也为推行行业性人民调解服务由公共财政购买提供了政策依据。2014年2月，宜昌市委市政府出台《关于转变政府职能优化发展环境的实施意见》（宜发〔2014〕4号）提出："支持社会组织承担更多社会服务和社会事务，提出具备承接政府转移职能资质的社会组织目录，制定政府向社会组织购买服务的实施办法，明确政府购买服务标准、范围、程序、资金安排和组织保障，加大政府向社会组织购买服务力度。"

（二）行业性专业人民调解"社会化招聘、契约化管理"的具体实施方案建议

为规范有序开放政府向社会力量购买行业性专业人民调解服务工作，结合三峡流域各地区预算和政府采购管理等实际情况，我们认为，行业性专业调解服务公共财政购买中重点对基本原则、谁来买、向谁买、怎么买和买得值五大方面进行明确和规范。在购买基本原则方面，通过考察和研究其他地方试点经验，应该坚持积极稳妥、公开择优、注重绩效、预算管理和改革创新五大基本原则。

在谁来买、向谁买方面，主要涉及购买主体、承接主体两大方面。由于行业性专业调解工作是人民调解工作的一部分，其属于司法行政机关分管，因而行业性专业调解服务的购买主体应该是司法行政机关。承接主体方面，根据国务院和三峡流域地区一些省市的有关文件精神，承接主体原则上应该为依法在民政部门登记、工商管理或行业性主管部门登记成立或经国务院准予免于登记的法律服务性组织。同时，承接主体必须具备能独立承担民事责任能力等条件。考虑到基层法律服务组织和专业人才的现状，可以适度考虑由县级司法行政机关组织，对具备律师或基层法律服务工作者职业资格、富有多年调解经验的调解员，按照劳动人事法规和县级司法行政机关签订用工合同。将行业性专业人民调解由"岗位兼职"转变为"社会岗位"，由"组织招聘"转变为"个人求职"。这样的措施有利于吸引执业律师和一些其他调解经验丰富的人尤其是相关行业性专业人才加入到专职人民调解员队伍，不仅使调解员的整

体法律素质得以提高，而且在调解矛盾纠纷时往往会更为充分、娴熟地利用调解技巧，结合当事人实际，法情理并重，从而更容易使当事人信服，更利于矛盾纠纷的化解。

在怎么买方面，主要涉及购买的程序。政府购买服务原则上按照部门预算和政府采购的程序和方式组织实施。有关具体项目由司法行政机关随同部门与预算申报年度购买计划，报同级财政部门审核后，纳入政府采购预算管理。同级财政部门批复购买计划后，由司法行政机关将购买服务项目的具体内容、承接主体的要求、绩效评价方式、采购方式和购买流程等信息向社会公开。购买主体在确定承接主体后，与承接主体签订购买服务合同，明确购买服务的范围、标的、数量、质量要求及服务期限、资金支付方式、权利义务和违约责任等内容。同时，建立健全有购买主体、服务对象及第三方组成的综合性评审机制，对政府购买服务的数量、质量和资金使用进行考核评价，并将评价结果向社会公开，并作为下一年度编制政府购买服务预算和选择承接主体的重要参考依据。建立优胜劣汰的动态调整机制。

在监督管理方面，坚持"政府主导、部门负责、社会参与、共同监督"的原则，各司其职，规范有序推进行业性专业调解服务政府购买工作。监察部门和审计部门负责对行业性专业调解服务政府购买服务资金的使用情况进行审计监督，参与政府购买服务绩效评价。承接主体应当健全财务报告制度，并由具有合法资质的注册会计师对财务报告进行审计。

（三）公共财政购买行业性专业人民调解服务的实施步骤

采用公共财政购买行业性专业人民调解服务需要多方面的条件，其中最为重要的是地方财力支撑度和行业性专业人民调解组织力量发展程度两大因素，因而应该结合前述两个因素考虑公共财政购买行业性专业人民调解服务的实施步骤。下面以湖北宜昌市为例进行分析，由于宜昌市下属市、区县经济发展程度不同，相应的法律服务资源发展不均衡。从经济发展情况看，宜昌市2013年生产总值2818.07亿元，其中夷陵区、西陵区、宜都市、当阳市位居前列。从具有提供行业性专业人民调解服务组织的发展程度看，宜昌市全市现有律师事务所45家，其中市直所17家，注意位于西陵区。律师661（不含公司律师）人，全市律师主要分布在西陵区、伍家区、东山开发区三个发展较为快速的地区所在的律师事务所。就基层法务服务所而言，全市有44个，法律服务人员252名。其中，夷陵区法律服务所10个，占全市法律服务所总数的比例为22.7%，法律服务人员47人，占全市法律服务总人数的18.7%；西陵区和伍家区法律服务所8个，占全市法律服务所总数的比例为18.2%，法律服务人员共计68人，占全市法律服务总人数的27%。[①] 即是说，无论是律师所和律师，还是基层法律服务所和法律服务人员，他们主要集中在宜昌市西陵区、伍家区和夷陵区。前述情况是宜昌市行业性专业人民调解服务由公共财政购买必须分步实施的重要原因，即考虑到前述情况，可以在宜昌市城区率先实施，在总结实施经验然后和其他市、区县法律服务组织得到一定的发展后逐步向各区县推开，这一处理方式应该也适用于三峡流域的其他地区。

（四）暂缓实施公共财政购买行业性专业人民调解服务的地方的经费保障、业务能力提升与激励机制

对于暂时不能实现政府购买服务的地方，各级司法行政机关应配合各职能部门积极与同级财政等部门协调，落实专项资金用于调解工作开展。行业性专业性调解组织不断加强业务建设，在调解工作中注重规范程序、服务群众，追求调解质量、效率和社会效果的最大化。一是明确调解范围。从运行实践层面看，各行业性专业调解委员会参与调解案件，主要来源有流转、委托、当事人申请三个途径。流转主要是由党委和政府等部门流转人民调解的案件。委托主要是行政部门委托行业性专业调解委员会调解的案件；当事人申请案件则按照行业分流至各行业性专业调解委员会。调解范围的确定使行业性专业调解组织受理的案件稳定性较高。二是规范调解程序。各行业性专业调解组织在县级司法行政机关的指导下，制定本行业适用的调解规则，规范调解程序，建立立案登记、纠纷调解、档案管理等制度，以确保行业性专业调解工作的稳步发展。三是完善调解服务。为更好地履行行业性专业调解委员会的工作职能，规范服务行为，提升服务质量，行业性专业调解委员会应继续坚持"正

[①] 有关数据参见《2014年度宜昌市基层法律服务所和基层法律服务工作者考评合格名录》，宜昌市司法局网站，http://sfj.yichang.gov.cn/art/2014/7/18/art_ 14091_ 546415.html。最后访问时间：2014年10月26日。

确、规范、及时、便捷"的调解方针，借鉴其他地方的经验，探索实践"六个一"调解法，即一个规范仪容、一张笑脸相迎、一把椅子让座、一杯热水暖心、一句问候增情、一人全程服务。① 通过积极主动作为，依法调解纠纷争端，将矛盾纠纷化解在基层、化解在萌芽状态。

与此同时，进一步推进人民调解队伍职业化建设，完善专职调解员激励机制，出台与调解业绩挂钩的绩效考核激励机制，完善"以案定补""以奖定补""固定补贴"等方式，使专职调解员的收入达到中等收入水平，充分调动专职调解员工作积极性，增强工作责任心，从而有利于建设高素质调解员队伍，提高办案质量，有效发挥人民调解在化解矛盾纠纷中的第一道防线作用，确保社会和谐稳定。

三 完善行业性专业人民调解协议与司法确认的对接制度

行业性专业调解因为行业部门的参与，本身具有较强执行力，但因调解协议民事合同的法律性质，为了使行业性专业性调解协议更具有执行力，应加强与法院的联系，进一步加强司法确认。通过司法确认，能确认调解程序和内容的合法有效，避免因不履行调解协议而导致的诉累，同时也实现对当事人的司法救济和司法保障，这样可以减少诉讼，保障人民调解协议的有效执行。专业调委会调解协议与司法确认的对接应该实现"四个同步"。一是程序启动同步。针对专业调委会调解协议的确认案件，建议法院实行"当场申请、当场受理、当场审查、当场确认"，为当事人在受理、确认、送达等各个环节提供方便、快捷、规范的"一站式"服务。二是法官对委派到专业调委会进行调解的纠纷进行同步跟踪。三是业务培训同步。开展法院与全体调解人员的法律知识、调解方法与技巧、"诉讼调解与非诉讼调解的比较"等方面的业务培训，规范人民调解协议的内容，拓宽人民调解的方式与思路。四是研究案例同步。针对所涉专业复杂或法律适用棘手的案件，共同研讨，通过答疑、会诊，提高对纠纷的认识和把握，为正确调处纠纷奠定坚实基础。不断提高行业

---

① 有关"六个一"的内容，可参见上海市嘉定区司法局的成功经验，《加强行业性专业性人民调解工作规范化建设》，http://www.js148.gov.cn/index! detail. action? id = 2637。最后访问时间：2014 年 10 月 26 日。

性专业调委会调解协议的法律效力、履行率和社会公信度。

四 不断完善队伍建设制度，开好"专家门诊"

目前，行业性专业调解委员会的人民调解员大多是退休人员，普遍存在年龄偏大等问题，虽有经验但知识不足，虽有热情但精力不济。要建立专职人民调解员制度，需要进一步拓宽渠道，通过公开招聘选拔等人才竞争机制，吸纳未就业大学生、具有司法资格的人员及其他方面的人才进入人民调解员队伍，以改变人民调解员队伍的知识结构，形成合理的年龄梯次结构。

三峡流域地区各市、县司法行政部门应该定期对行业性专业调解委员会的调解员开展业务学习培训，系统学习疑难复杂案件处置、司法审判、调解规程、当事人心理分析与应对等理论知识。通过各种行之有效的学习、研讨、会商、带教、见习等方法和措施，着力提高专业调解队伍"矛盾纠纷预防""新型矛盾纠纷化解""重大矛盾纠纷管控""突发矛盾纠纷应急处置"四种能力。培训考核合格后发放资格证书，为保障行业性专业调解员的专业知识和业务技能，要实行资格管理。

为充分发挥专家库的作用，应该建立专业咨询机制。各行业主管部门要建立法律和矛盾纠纷所涉类型的专家库，接受调解委员会或者当事人的咨询或应邀参与调解，提高人民调解的公信力。每一类专家库人员不得少于 10 人，当地专家不足或根据工作需要，可异地聘请层次高的专家。需要专家提供咨询意见时，由当事人从专家库中挑选，每次参与提供咨询意见的同类型专家不得少于 2 人。专家不称职应及时更换，不负责任造成不良后果的应按照有关规定追究责任。

同时，在同类别行业性专业人民调解组织之间，建立调解协作机制，实现信息资源共享、专业调解人才资源共用。在相关行业性专业人民调解组织之间，建立合作机制，相互配合，有效化解纠纷。在行业性专业人民调解组织与乡镇（街道）人民调解组织之间，建立联动机制，发挥乡镇（街道）人民调解组织作用，及时预防、化解纠纷。在行业性专业人民调解组织调解过程中，建立健全人民调解、行政调解、司法调解的衔接机制，以此有效提高工作效率和调解工作质量。各级综治委及其办公室加强协调督办力度，推动专业调委会的建设，协调解决好本地专调委会组建、运行中存在的经费及首席调解员配备等困难和问题,切实把人民调解工作"三项经费"落实到位。

五 以行业责任保险制度和风险责任保证金制度为核心加强调解协议履行保障机制的顶层设计

为了解决行业性调解协议履行中的困难,应该以行业责任保险制度和风险责任保证金制度为核心,加强行业性专业调解协议履行保障机制的顶层设计。如医疗行业等能够建立行业责任保险制度的特定行业(领域),均应建立特定行业(领域)矛盾纠纷的人民调解与保险公司相互衔接、相互补充、相互促进的有效理赔机制,形成责任机构和人员投保、专业调委会调解、保险公司赔付的保险理赔模式。完善保险理赔工作制度,将在专业调委会主持下达成的符合法律规定和保险合同约定的人民调解协议作为保险理赔的依据,解决好投保容易理赔难的问题,实现应保尽保、应赔尽赔、快速理赔。为保证保险理赔及时足额到位,提高保险理赔的社会效果,专业调委会受理特定行业(领域)矛盾纠纷后,应当及时书面通知相关保险公司,保险公司应派员以第三人身份参加调解或向专业调委会出具书面的调解建议书,(联动机制)给予必要的保险政策宣传和保险知识解答。不能建立行业责任保险制度的特定行业(领域),可考虑探索建立风险责任保证金制度,参照保险理赔制度,尽快形成责任机构缴纳责任保证金、专业调委会调解、责任保证金支付的工作模式。

六 完善"三调联动"制度以促进行业性专业人民调解作用的发挥

经中央批准,2009年7月24日,最高人民法院印发了《关于建立健全诉讼与非诉讼相衔接的矛盾纠纷解决机制的若干意见》。它是根据"党委领导、政府支持、多方参与、司法推动"的要求,对立案前行政机关、社会组织调解与诉讼的衔接、仲裁与诉讼的衔接,以及立案后行政机关、社会组织调解与诉讼的衔接等两方面的衔接机制进行了规范,并扩大了赋予合同效力的调解协议的范围,鼓励行政调处、人民调解、商事调解、行业调解发展,促进构建起一套科学、系统、完整的诉讼与非诉讼相衔接的矛盾纠纷调处机制。它总结了人民法院司法确认实践经验，进一步完善了《最高人民法院关于人民法院民事调解工作若干问题的规定》所提出的确认程序，解决了非诉讼调解与司法程序的有效衔接问题，具有灵活、简便、快捷等显著优势。2011年1月28日，最高人民法院印发《关于新形势下进一步加强人民法院基层基础建设的若干意见》，在进一步坚持"调解优先、调判结合"、推进"大调解"工作机制方面，做出了许多新的、明确的规定，三峡流域各自所在的省份也起草制定了相应的文件。尤其是根据人民调解法的有关规定，为了更好地推进行业性专业人民调解工作，就"三调联动"机制提出以下完善建议：

（一）准确把握"三调联动"内涵，将其建立在各联动部门各尽其责基础上

所谓"三调联动"，应是指以人民调解为基础和纽带，人民调解、司法调解、行政调解有机衔接、高效联动的工作机制。因此，其落脚点和关键处是"联动"。"联动"的手段和目的应该是通过联动部门纠纷信息对接、培训指导对接、调解效率对接以及集中排查、联席会议等措施，整合具有调解职能的社会、行政及司法资源，从而达到节约资源、维护群众利益、确保和谐稳定的效果。在化解矛盾纠纷中，各联动部门应在各尽其责基础上实行"衔接""联动"，不能包办、代替。不应该将行业性专业人民调解的触角无限地伸入各个部门、各个领域。

（二）树立正确理念，把保障当事人权利和化解矛盾纠纷作为"三调联动"机制发挥作用的重要要求和评判标准

充分保障当事人依法处分自己的诉讼权利和民事权利是社会主义法治和民事诉讼的应有之义，化解矛盾纠纷则是建立"三调联动"机制的初衷和归宿，两者不可偏废。应该围绕这两个标准来提出"三调联动"工作机制的重要要求。应将保障当事人权利和化解矛盾纠纷作为"三调联动"机制评判发挥作用与否的根本标准。为此，开展"三调联动"工作，既要着眼于维护社会和谐稳定，又要切实保护当事人的合法权益；既要强调通过调解的方式化解矛盾纠纷，又要保障当事人的诉讼权利；既要强调三大调解对接联动，又要保证三者依法独立发挥职能作用。必须坚持五项原则：党领导下的协调配合原则，维护社会稳定与维护人民群众利益相一致的原则，依法调解与以德调解相结合原则，当事人自愿的原则及公正效率的原

则。须强调的是,以"三调联动"为由,阻挠当事人起诉或申请仲裁,或者对符合法定条件的起诉不予受理,都应坚决制止。

(三) 明确三大类型调解的各自主要适用范围及"联动"调解的重点对象

首先应该明确三大类型调解的适用范围,如公安、检察调解应主要适用于因交通事故等引起的赔偿纠纷。其他行政调解应主要适用于与政府部门行使行政管理职能密切关联或者需政府部门依法确权的纠纷,如征地或房屋拆迁、劳动争议、医疗、环境污染等其他行政部门依法可以受理的矛盾纠纷。对其他纠纷,人民法院应可以依法直接受理。但在受理前后,应尽可能委派、委托或者邀请行政机关、人民调解组织、商事调解组织、行业调解组织或者其他具有调解职能的组织进行调解,或者与审判组织共同进行调解。"联动"调解的重点对象应是改革发展中出现的各种矛盾纠纷,跨部门、跨区域、跨行业的重大、疑难纠纷以及因利益调整、突发事件等原因引发的群体性矛盾纠纷。

(四) 将各部门在"三调联动"机制中的工作职责明确、任务量化,并纳入"综治"考评范围,作为部门绩效考核的重要内容

这实际上是"三调联动"工作机制能否有效发挥作用的关键点。湘西州泸溪县"三调联动"工作之所以效果良好,[①] 根本原因就在这里。应

[①] 泸溪县"三调联动"工作机制的特点为:整合力量,优化配置调解工作资源。主要表现在三方面:一是健全各级调解机构,整合社会、行政及司法资源。县政法委牵头的"三调联动"办,负责调处全县性重大疑难纠纷,对其他部门的调解机构进一步整合和充实加强,形成县—乡镇—村—村民小组四级矛盾纠纷排调网络,整合了"三调联动"工作资源。二是健全工作运行机制。县"三调联动"办有对"三调联动"的"调度、分流、督办"权,对所受理的纠纷,或直接调处,或指派分流到相关部门、单位处理;对跨区域、跨行业、跨部门的重大、疑难矛盾,则由领导小组负责牵头组织有关部门、单位共同解决并督办。2010年,泸溪县委又对"三调联动"工作机制四级网络进一步扩面增效,向政法部门以外的行业、领域拓展延伸。成立了泸溪县社会矛盾纠纷调处中心,下设综合协调组、信访接待组、法律服务组、纠纷调处组、材料信息组五个小组。设立了涉法涉诉问题、行政执法纠纷、民间纠纷、医患纠纷、校园及周边纠纷、征地拆迁纠纷、环境污染纠纷七个流动调解庭。三是县法院实行全程调解,发挥司法调解在"三调联动"中主导作用。主要是实行起诉告知制度、诉前调解制度、诉中委托调解。同时,县法院加强同人民调解组织的互动联系,使得指导调解制度化、指导形式多样化、指导内容专业化、指导手段前置化。泸溪县"三调联动"工作基本上是以人民调解为依托、司法调解为主导、行政调解为补充,操作日趋规范,基本上各方协调有序、能尽职尽责,联动效果比较明显。

及时总结泸溪县在这方面的做法,并加以完善,然后在全州全面推广。要注意以自动履行率为重要标准,建立健全调解工作考评机制,完善真实反映调解工作效果。

第四章

三峡流域城市特殊人群管理法治化研究

——以刑释解教人员和社区矫正对象为例

从广义上讲,城市社会的特殊人群类型较多,而刑释解教人员和社区矫正对象是城市社会特殊人群管理的重心,本书基于资料和研究重点的考虑,以刑释解教人员和社区矫正对象为例对此进行分析。对刑释解教人员和社区矫正对象进行安置帮教,① 帮助他们摒弃过去,重新顺利走上新生之路是强化社会治安综合治理,减少和预防重新犯罪,消除社会不稳定因素的重要内容和有效途径。随着依法治国的总体要求,对刑释解教人员和社区矫正对象进行的安置帮教工作需要逐渐走向制度化和法治化。我们以三峡流域城市社会治理中对刑释解教人员和社区矫正对象进行常态化的帮教管控机制为例对此进行深入分析,以探讨经济欠发达地区如何促进城市社会治理中对刑释解教人员和社区矫正对象的帮教管控机制走向法治化。

第一节 三峡流域刑释解教人员和社区矫正对象管控帮教工作的法治化实践

刑释解教人员和社区矫正对象的管控帮教工作既关系到该两类特殊

---

① 劳动教养就是劳动、教育和培养,简称劳教。劳动教养是依据国务院劳动教养相关法规的一种行政处罚,2013年11月15日公布的《中共中央关于全面深化改革若干重大问题的决定》提出,废止劳动教养制度。

对象个人的权益保护，更关系到当地的社会稳定，三峡流域地区各级有关部门对此十分重视，通过不断地完善相应的制度，搭建相应的平台，充分调动各类力量共同做好刑释解教人员和社区矫正对象的管控帮教工作，本书主要以宜昌市、恩施土家族苗族自治州和湘西土家族苗族自治州为例对此进行分析。

一 安置帮教和社区矫正工作制度与平台初步建立健全

为了充分保障刑释解教人员与社区矫正人员的权益，除了《关于进一步加强刑满释放解除劳教人员安置帮教工作的意见》（中办发〔2010〕5号）、司发〔2010〕13号等国家有关法律法规和政策之外，三峡流域所在省市及其各地区也出台了不同形式的规范性文件，并建立了相应的管控帮教平台。

（一）湘西州安置帮教和社区矫正工作制度与平台建立健全情况

根据湖南省委办公厅、省政府办公厅《关于进一步加强全省刑满释放解除劳教人员安置帮教工作的实施意见》（湘办发〔2011〕38号）等规范性文件的要求，湘西州人民政府办公室2011年印发了《关于进一步加强刑释解教社区矫正人员就业和社会保障工作的通知》（州政办发〔2011〕18号），2012年印发了《关于对全省刑释解教人员开展"三帮一促"主题帮教活动的实施意见》湘安帮领〔2012〕12号文件。湘西州社区矫正办州2013年下发了《关于春节期间刑释解教人员安置帮教对象开展"走访排查、结对帮扶"活动的通知》，并将有关文件下发到相关部门予以执行。2011年，湘西州把政法各家的协调配合作为社区矫正工作的重要内容来抓，积极多次给州政法委领导汇报，到公、检、法等部门协调，得到了有关领导的重视和部门的支持。2011年5月12日，州综治委牵头召开了政法四家联席会议，研究社区矫正衔接配合问题，制定了《关于进一步落实社区矫正衔接配合工作的通知》。吉首市以市委市政府办公室文件形式先后印发了《关于进一步落实社区矫正衔接配合的通知》和《关于建立社区矫正工作联络站的通知》。保靖县公、检、法、司四家联合下发了《保靖县实施社区矫正衔接配合工作办法》。以上文件明确了工作流程和各家的职责，在社区服刑人员的交付执行、监管矫正、检察监督等各个环节实现无缝衔接，做到各司其职，各负其责，相互配合，形成合力推动社区矫正工作有序开展。凤凰县、花垣县、永顺县、龙山县、泸溪县、古丈县等县均召开了领导小组联席会议，建立了工作通报制度。各司法所与派出所（社区）建立了情况通报和报告制度，司法所与派出所做到了对矫正人员名单每月比对一次。湘西州还在湖南省率先实行审前社会考察。人民法院在作出非监禁刑的判决、裁定或决定前，必须征求社区矫正机构意见。吉首市还明确规定，法院在作出非监禁刑的判决、裁定、决定前委托市社区矫正机构考察监管环境和社情民意，并由检察机关审查出具《检察意见书》，最后由司法局形成《司法建议书》提交人民法院，法院启动非监禁判决、裁定或决定时，检察院派人现场监督，基层司法所和公安派出所当庭接人。

另外，湘西州还认真落实衔接接收制度，其主要内容如下：第一，落实衔接制度。刑释解教前一个月监所将服刑在教人员评估意见，回执单等相关材料送达户籍地安帮办，对于明显有犯罪倾向的刑释解教人员，县（市）安帮办立即将回执单反馈给监所，并及时通知当地司法所和派出所，动员其安置帮教责任单位、家庭成员和村（社区）代表在其刑释解教之日将其接回，对于"三无"和"一般帮教对象"，县（市）安帮办派员按期接回。在2011年一年，1347名新接收对象实现了无缝衔接，衔接率达100%，对65名重点防控对象纳入了重点人口管理范围，建立了管控方案。第二，落实协调议事制度。湘西州全州各级建立了领导小组联席会，定期召开，沟通情况，分析研判形势，解决重大问题，据统计，全州共召开联席会21次。第三，落实日常管理制度。完善了登记造册、监控等级评估、跟踪帮教、重点管控、定期排查等一系列制度。截至2011年10月底，全州共有在册安帮对象4121人，日常管理中对以上人员实现了三个百分百，即100%签订帮教责任书，100%建立帮教档案，100%重点对象落实帮教责任人。

湘西州还建立了服刑在教人员基本信息沟通反馈机制。2011年3月建立了安置帮教工作网络平台，实现了州、县（市）、乡信息网上录入、流程网上管理、绩效网上考核。吉首监狱、湘西州劳教所、州县（市）公安看守所与各级安帮办能及时反馈信息，制定服刑在教人员的教育改造措施，极大地提高了安置帮教工作管理效率和水平。截至2011年9月19日信息平台上传湘西州服刑劳教审核对象7126名，完成信息核实7026

名，核实率达 99.99%，位居全省第一。其中龙山县、古丈县的核实率达 100%。

(二) 宜昌市安置帮教和社区矫正工作制度与平台建立健全情况

宜昌市是湖北省首批 7 个社区矫正试点市之一，自 2007 年开展工作以来，结合自身实际的情况，进行了有益的探索。在组织机构上，宜昌市由各级政府和党委牵头，法院、检察院、司法行政机构、民政机构等多部门参与，建立了市、区、街道的三级管理体系。在各县、市区建立社区矫正工作办公室，街道（乡镇）成立社区矫正工作领导小组，领导小组办公室设在街道（乡镇）司法所，具体承担社区矫正的日常管理工作。目前，全市 13 个县市区司法局全部实现了社区矫正安置帮教工作管理机构的常设化。

宜昌市还对法院、检察院、监狱、司法行政部门等部门的职权进行了明确的规定：司法行政机关负责具体组织开展社区矫正工作，行使对矫正对象的监督管理权、教育权、考核奖惩权和社区矫正宣告权。法院依据犯罪事实和法律规定，对符合条件的犯罪分子依法使用非监禁刑，对非监禁刑实行直接责任人、审核负责人、第一负责人"三级负责制"。检察机关则在全市司法行政部门设立社区矫正检察室，加强检察制度的创新，将检察监督贯穿于罪犯在社区服刑的整个期间，确保不留下法律监督的盲点。公安部门则配合司法行政部门对矫正对象进行监管，公安辖区民警要对服刑人员登记造册，实行重点监控，防止新的犯罪的发生。民政部门负责及时解决矫正对象及其家庭生活上的困难。

在对服刑人员的监督、管理方面，宜昌市进行了以下几个方面的创新：一是与刑释解教人员逐一签订帮教责任书，建立"一帮一""多帮一"帮教制度，实习跟踪回访、定期谈话、信息报告制度等；二是创设了风险管理模式。对社区矫正人员进行动态摸排、风险评估，根据矫正对象的犯罪性质、刑罚种类、矫正状况进行分类管理；三是制订个性化的矫正方案，司法所为矫正对象建立考核台账、一人一账、详细记载矫正对象参加公益劳动和接受监管的情况。四是建立"司法 e 通"高科技手段"电子围墙"，对社区服刑人员实现远程监控和智能管理，实现"人防"与"技防"相结合的"全天候、全方位、全覆盖"监管模式。

在对服刑人员的教育方面，宜昌市重视对服刑人员的各方面教育，从纵向时间上来看，对服刑人员的教育从入矫教育到解矫教育贯穿了罪犯的服刑的整个期间；从横向内容上看，对服刑人员教育的内容包括了思想文化教育、职业技术培训、心理矫正等各个方面。在矫正方法上，依据矫正对象所处的矫正阶段和人身危险性的不同，实行分阶段矫正和重点矫正。此外，宜昌市对矫正对象也开展了一些服务帮助，如就业帮扶、社会救助等，以此解决矫正对象的后顾之忧。宜昌市推行社区矫正"6+1"监管教育模式，即每名社区服刑人员所在居委员会落实矫正小组，矫正小组由司法所工作人员、社区责任民警、社区治调主任、网格员、社区服刑人员近亲属及邻里各一人组成，对社区服刑人员实行日常监管教育帮扶。根据矫正小组成员所在单位和身份，与司法所分别签订社区矫正工作责任状、担保书、保证书，明确其应负的社会责任和法律责任，督促其切实履行监督教育和帮扶职责。至 2015 年 4 月，全市社区服刑在册人员 2478 人，"信息网格惠万民"活动开展以来，各级社区矫正机构组织社区服刑人员开展集中教育 1777 次，个别教育谈话 1671 人次，进行心理辅导 308 人次，组织社区服务 1906 次，落实责任田 208 人，落实低保 23 人，指导就业或就学 51 人次，开展技能培训 54 次，走访 1609 次，排查 1360 人次，困难帮扶 2.29 万元。[①]

在对服刑人员的心理矫正方面，宜昌市将罪犯在社区中服刑的整个期限分成了三个部分：初始教育、常规教育和解矫前教育。矫正人员根据服刑人员在不同阶段的心理特点，制订适合其特定阶段的矫正方案，从而增强矫正教育工作的系统性，保障社区矫正的效果。

在矫正队伍的人员构建上，宜昌市建立了由社区矫正专业工作者和社会工作者组成的社区矫正工作队伍：各级司法行政工作人员是社区矫正的主力军，主要负责社区矫正的日常管理，与公安、检察、法院及监狱机关等部门的协调，社区服刑人员的考核奖惩等工作，宜昌市还规定司法行政工作人员在正式上岗之前，要进行岗位培训，以提高矫正工作者理论水平、增强他们的业务能力。作为社会工作者的主要部分，这部分群体是民间社团招聘而来专门从事社区矫正工作的人员，因此有一定的专业性，可以弥补司法行政机关人手不足、无暇管理等缺陷。目前宜

---

① 此数据系 2015 年 6 月在宜昌市司法局调研时获取。

昌市13个县、市、区都设立和配备了社区矫正机构和人员，成立了社区矫正安置帮教工作领导小组及办公室。刑满释放人员安置工作由许多部门相互配合，其中包括司法、公安、监狱、人力资源和劳动保障、财政等多部门。在这些部门中，有明确的分工，各有各的职责，但是需要它们之间的相互配合，相互协调，才能顺利地进行安置工作。各部门的分工和职责如下：

1. 司法局。主要负责县综治委刑释解教人员安置帮教工作领导小组的日常工作，按时完成县综治委及领导小组交办的工作任务，制订全县刑释解教人员安置帮教工作规划、方案，并协调各成员单位认真落实，指导全县司法行政机关开展刑释解教人员的安置帮教工作；其次，负责组织开展安置帮教工作专题调研，编发工作信息，及时总结安置帮教工作经验，负责组织对安置帮教工作先进集体、先进个人的评选和宣传工作。

2. 公安局。配合县安置帮教工作领导小组加强刑释解教人员衔接管理，督促公安派出所把好衔接关。指导公安派出所按户籍管理规定及时做好刑释解教人员的落户工作，并在7个工作日内通知安置帮教工作小组；协调公安派出所配合基层司法所开展刑释解教人员大排查，摸清辖区内刑释解教人员底数和基本状况；认真做好刑释解教人员管控工作，详细了解本区人户分离的刑释解教人员暂住地址，并与暂住地公安派出所联系委托其管理；协助安置帮教工作领导小组做好刑释解教人员的帮教工作，督促派出所对具有重新违法犯罪倾向的重点刑释解教人员落实重点管控措施，防止重新犯罪。

3. 人力资源和社会保障局。负责对城镇户籍的刑释解教人员就业安置政策，对符合就业条件、本人愿意就业而未就业的，纳入失业登记管理，按规定做好刑释解教人员的社会保险接续工作，按规定对符合就业条件的刑释解教人员提供就业培训、技能鉴定、就业指导和推荐就业服务；保障刑释解教人员就业权利和按政策规定享受就业优惠、扶持的权利及依法参加社会保险和享受社会保险待遇的权利。

4. 民政局。对家庭人均收入低于当地生活保障标准的城镇刑释解教人员纳入最低生活保障，对生活困难的农村刑释解教人员发放临时救济金。同时，指导发展社区服务业，为刑释解教人员提供就业安置机会。

5. 工商局。积极支持刑释解教人员从事个体私营经济，对符合从事个体经营和开办企业登记条件的，在办理有关证照时提供方便，并按规定减免相关费用，同时帮助它们解决经营中遇到的困难和问题。

6. 地税局。地税部门对司法局与人力资源和社会保障局共同认定的安置刑释解教人员达职工总数的 30% 以上的过渡性安置企业，按有关规定落实税收优惠政策；对刑释解教人员从事个体经营的按规定享受税收优惠政策。

7. 工会。工会负责组织作用，协调工厂、企业和各种经济实体广开就业门路，积极接纳刑释解教人员就业并对其进行帮教，切实维护刑释解教人员在社会保障、工资福利等方面的合法权益，并配合有关部门做好刑释解教人员职业培训和就业指导工作。

8. 团县委。指导基层团组织加强对青少年刑释解教人员的帮教工作，切实维护其合法权益。针对青少年的特点做好教育引导工作，预防其重新违法犯罪。配合有关职能部门抓好青少年刑释解教人员的职业技能培训和就业指导。

9. 市妇联。配合相关成员单位做好对女性刑释解教人员的法制教育工作，引导其解决生活出路。对于侵犯其合法权益的行为，协调有关部门依法予以查处。

二 刑释解教人员和社区矫正对象管控帮教措施法治化的具体实施情况

为了更好地推动和落实刑释解教人员和社区矫正对象管控帮教措施，将刑释解教人员和社区矫正对象安置好、帮教好，化消极因素为积极因素，使其成为建设社会主义的新人，体现社会的人道、公正与文明，切实保障刑释解教人员和社区矫正对象的合法权益，适应国际人权斗争的需要，三峡流域各级政府有关部门依据国家和地方各级政府有关部门的有关规定，对刑释解教人员与社区矫正对象采取管控帮教措施实施具体为：

（一）完善相关管理制度等以加大社区矫正力度

本次调查社区矫正人员解矫后的重新犯罪率，比其他被调查人员平均重新违法犯罪率要低得多。例如，2011 年至 2013 年，宜昌市社区矫正人员解矫后平均重新犯罪率在 1% 以内，而刑满释放解教人员平均重新犯罪率为 3%。社会矫正具有社会化程度高、过渡性特征明显、帮扶资源相对丰富、行刑成本低廉等优势，相对监狱而言，在矫正恶性不重、社会危害性不大的违法犯罪分子和预防减少重新违法方面更富有成效。因此，应加大社会矫正力度，适度扩大监外执行和缓刑执行的适用。

宜昌市为了实现对社区矫正人员的监督、管理，建立"司法 e 通"高科技手段"电子围墙"，对社区服刑人员实现远程监控和智能管理，实现"人防"与"技防"相结合的"全天候、全方位、全覆盖"监管模式。截至目前，全市已建成市一级和宜都、远安、夷陵、猇亭、当阳、枝江、秭归、长阳、西陵、伍家岗、点军等地社区矫正信息监管平台。同时，宜昌市创设了极具特色的风险管理模式，设计了风险评估量表，在服刑人员开始社区矫正和矫正过程中定期进行风险评估，依据评估结果，实施不同的管理方式。

湘西州狠抓监督管理，努力确保矫正对象实现"四无"。一是落实社区矫正监督管理制度。积极探索社区服刑人员外出务工管理办法，落实社区服刑人员定期报到、请销假、迁居会访、考核奖惩等制度。2011 年全州对社区服刑人员落实奖励措施 20 人次，实施惩罚措施 3 人次。二是落实社区服刑人员分级分类管理制度，实行宽管、普管、严管分级管理。三是制订社区服刑人员突发事件处置预案。吉首市以综治办的文件印发了《吉首市社区矫正工作突发事件应急处置预案》，其他县联合相关部门制订了社区服刑人员突发事件处置预案。四是确定监管责任人，签订监管责任书。全州已纳入社区矫正管理的社区服刑人员，100% 确定监管责任人，100% 签订了监管责任书。一年来，社区矫正人员改造秩序良好，确保了安全稳定，实现了"四无"。

(二) 完善对刑释解教人员和社区矫正对象的衔接管理制度，防止脱管、漏管现象的发生

三峡流域各地在做好法律文书移交、衔接的同时，认真落实对刑释解教人员的必接必送制度，做到刑释解教人员的移交、衔接，既体现政府对他们的关爱，又防止了脱管、漏管。多数地方的做法是每年由各司法局与乡镇（街道）安置帮教站签订责任状，落实监狱、劳教所、看守所与社区的接送制度。社区接到刑释解教人员后，及时制订帮教方案，

落实帮教责任人，防止脱管、漏管。下面主要以湘西州和恩施州为例进行介绍。

1. 湘西州对刑释解教人员的管控制度等的完善

一是做好排查摸底工作。2013年该州对刑释解教人员的排查摸底工作作为一项重要工作进行了安排部署。各县市安帮办对刑释五年内、解教三年内刑释解教人员，特别是混杂在外来人口中的外地籍刑释解教人员、未回本地报到落户、外出打工和"三假""三无"刑释解教人员。逐个进行核实，实现分类管理、登记造册、一一落实"三帮一"管控措施。全州8县市先后进行了45次排查摸底，通过排查全州安置帮教对象情况清、底子明。特别是党的十八大召开之前，该州按照湖南省厅的部署要求，进一步加强对特殊人群的管控，特别针对重点人口，组织全州各县市逐村逐户进行摸排调查，不漏一人。

二是加强管控措施。各县市对刑释解教人员实行台账式管理机制，一人一卡，对基本情况、家庭关系、安置情况、帮教记录进行详细登记，逐一建立了管理档案；对外出流动人员加强跟踪帮教，始终定期保持联络；对重点对象由司法所、公安派出所人员落实管控措施，重点帮教，跟踪帮教。保靖县毛沟镇安帮办在全镇32名刑释解教人员中实行"四表一卡"的管控模式，形成纵向到底、横向到边的动态管控机制。2013年该州帮教对象100%落实了"三帮一"安置帮教措施，做到对刑释解教人员管理到位，教育到位，帮教措施落实到位。湘西州在2013年全面推进刑释解教人员信息管理系统建设，全州各县市依托刑释解教人员信息管理系统积极做好服刑在教的录入、核实、反馈和刑释解教人员衔接工作。湘西州安帮办对服刑在教人员基本信息录入、核查和刑释解教人员衔接等情况进行了通报和排名排位，经过多次的培训学习，信息录入率、核实率、衔接率终于达到了100%。

三是落实日常管理。一是规范刑释解教人员基本信息沟通反馈机制。吉首监狱、州劳教所、县市看守所与各县市、各乡镇安置帮教办及时反馈信息。制定服刑在教人员的帮教措施。二是加强安置帮教信息管理系统应用工作。各县市安帮办组织司法所每个星期登录一次刑释解教人员信息管理系统（网络版），及时接收监狱、劳教所、看守所传送的在教服刑人员信息，并在15日内进行核实反馈给相应的监所。三是规范刑释解教人员档案，将《罪犯释放通知书》《劳教人员解除通知书》、身份证复印件、《刑释解教人员基本情况登记表》《遵纪守法保证书》《安置帮教情况记录卡》等进行整理，一人一档，形成规范的刑释解教人员安置帮教管理档案，建档率100%。四是落实刑释解教人员的衔接接收制度。各县市接到监所对刑释解教人员的评估意见等相关材料后，及时通知乡镇安置帮教机构。收到通知的安帮办7日内通知其帮教责任单位、家属、村（社区）相关人员将其接回。属于"三无"人员的，乡镇安置帮教工作机构派专门的工作人员将其接回，进行安置并帮助就业。全州刑释解教对象衔接率达到了100%。此外，湘西州2013年落实了刑释解教人员必接制度。各县市严格落实刑释解教人员"重点帮教对象"必接制度，在收到监所部门的预释放人员信息后，各县市马上确定衔接人员，接送人员在规定时间内到监所按要求办理交接手续，接回后及时到当地公安派出所、司法所办理报到手续。全州18名重点帮教对象，"重点帮教对象"接回率达到100%，"一般帮教对象"接回率达到90%以上。

2. 恩施州对社区矫正对象的管控制度等的完善

恩施州对社区矫正对象的管控制度完善主要有以下几个方面：

一是规范规章制度。2011年，恩施州加强目标责任管理，通过积极争取，全州各级综治委把社区矫正和安置帮教工作纳入了社会治安综合治理考核范围，建立了重大事故责任倒查机制，把脱管漏管作为重要考核指标，层层签订目标责任状，对出现社会治安一票否决制度规定情形的，实行一票否决。该措施取得了良好的效果，为进一步规范目标责任制，恩施州在2013年制定了《恩施州社区矫正工作考核奖惩细则》，把脱管漏管作为重要考核指标，加大对表扬、记功、减刑的奖励力度和对警告、记过、报请治安处罚、收监执行、撤销假释、缓刑的处罚力度。规范监管措施，落实分类管理，将矫正人员按年龄、性别、犯罪类型、高、中、低风险程度等进行分类梳理；制定了《恩施州社区矫正衔接工作意见》，规范了基础台账、工作制度，加大对矫正对象的奖罚力度。配合检察机关成立了县市检察院社区矫正工作监察室，邀请州检察院对全州社区矫正及检察监督工作进行联合检查，将检查结果作为奖惩的依据。在2013年，恩施州累计5765名社区服刑人员中，有186名罪犯受到通报表扬、奖励，5人收到裁定减刑奖励；累计警告153人次，收监17人，重新犯罪3人，脱管2人，矫治效果良好。

二是进一步规范社区矫正和安置帮教基层基础工作，全面提高工作质量。恩施州在2011年统一规范了社区矫正和安置帮教工作档案，统一印制了社区矫正的各种制式文书，共计6类48种，做到了一人一档，规范有序。2011年全面开展了审前社会调查工作，当年完成各类缓刑、假释等审前调查工作126起，采信率达97%。积极执行社区矫正对象分类管理、分阶段教育和心理矫正，实行宽严相济的刑事司法政策。

三是强化日常管教，严格检查督办。恩施州开展了每周汇报一次、每月走访考察一次、每季度考评一次的"三个一"管理，做到了"周闻其声、月见其人"。继2011年巴东县司法局率先在该州开通了"司法e通"，在加强对矫正对象监管方面取得经验后，2013年八县（市）投入120万元相继开通了"司法e通"，运用现代科技对社区矫正罪犯日常活动进行定位跟踪，运用自动化信息平台对矫正对象进行分类管理。

另外，宜昌市推行风险管理模式，对评估结果为有明显重新违法犯罪倾向的人员，乡镇（街道）司法所负责接回，并直接交给公安派出所，落实了责任民警和帮教措施。对刑释解教人员中的"三无人员"，乡镇政府（街道办事处）派人将其接回，解决他们生活困难的问题，落实了帮教措施。对评估结果为一般帮教对象的，由司法所动员其家庭成员将其接回。对特殊情况的，由监狱或劳教所将其送回，落实了管控措施。

（三）对刑满释放、解教人员和社区矫正对象的安置法治化

根据《监狱法》第37条规定："对刑满释放人员，当地人民政府帮助其安置生活。刑满释放人员丧失劳动能力又无法定赡养人、抚养人和基本生活来源的，由当地人民政府予以救济。"第38条规定："刑满释放人员依法享有与其他公民平等的权利。"社会应当为刑释解教人员提供通过运用正当手段获取合理需要的条件和机会，广开门路，多层次、多元化开辟安置就业途径。三峡流域各地政府为帮助刑释解教人员和社区矫正人员解决就业创业中的实际问题和困难，通过制定相应的规范性文件来实施了一系列过渡性安置措施。

1. 经济援助的法治化

刑释解教人员要真正回归到社会，社区矫正人员要实现改造，首先面临的是生活出路问题，需要解决其具体生活困难。如对出狱人员来说，

是解决其重新生活的物质和精神需要，使刑释解教人员感受到重回社会后的温暖和关爱，从而预防和减少重新违法犯罪的发生。现有的直接的经济援助包括开展综合社会保障援助计划和补助金等对两类人员提供资金方面的援助。主要有以下方式：

第一，发放补助金。补助金主要是指临时困难补助金。如宜昌市规定，在刑满释放、解除劳动教养后，无须接受经济状况调查，每人发放生活救济金，只是不同区域发放救助金的期限不同，有的区域发放半年，有的发放两个月，这要视各区域不同情况而定。例如宜都市司法局为刑释解教人员每人发放半年生活救济金（农村120元/月、城市320/月），伍家岗区伍家司法所为每名刑释解教人员发放500元的困难救助金，猇亭区司法局为每名刑释解教人员发放两个月临时生活费，每月200元，半年后，司法所与民政部门协商酌情停发或减发，猇亭区为每名刑释解教人员发放两个月临时生活费，每月200元。同时，对辖区内生活困难的刑释解教人员进行帮扶，比如对"三无"人员（无家可归、无亲可投、无业可就）送去慰问金及生活物品。而荆州市采取节假日发放慰问金等方式，如2013年春节期间为全市"两类人员"中特困人员发放慰问金，对20人进行了大病救助。公安县持续实施对新近出狱刑释解教人员的帮教政策，每月发放200元救助金，连续发放3个月。各县市区为社矫对象的特困户送去大米、食用油等生活慰问品。湘西州2012年全州各县市先后28次组织干部深入困难刑释解教人员家庭走访慰问，共为安置帮教对象解决困难救济63200元、大米65000斤、棉衣棉被389件（床）。

第二，社会保障。如果辖区内刑满释放、解除劳动教养后遭遇经济困难，可以向民政部门申请社会保障援助。这一类人申请社会保障的条件是，符合"三无"人员，或是符合低保、"五保"和社会救济条件。凡是符合这一条件的刑释解教人员可以向民政部门申请社会救助，并予以纳入社会保障范畴，有关申请办理的程序和标准与其他人员享受同等待遇。如荆州2013年在刑满释放新增人员中，失业登记26名、就业援助26名、办理低保170名、办理医保151名、社会救济150名、落实五保20名。宜昌市2013年共落实困难救济47名，申请低保32名，这些措施切实保障了公民享有的从国家和社会获得物质帮助的权利。当然，政府提供的资金和社会保障援助是非常有限的，仅能支付基本的生活开支，可以暂时性地解决刑释解教人员的生活困难。

2. 就业支持法治化

社会保障支持只是在刑释解教人员的生活很难维持情况下的补救措施，三峡流域各地政府更关注对刑释解教人员就业上的支持。由于刑释解教人员中的多数已被原单位开除、除名或解除劳动合同，而留场就业的目前已占很小比例，故刑释解教人员的就业主要通过社会来重新安置。随着劳动用工制度的改革，企业享有了充分的用人权，以往政府通过行政手段要求企业接纳安置刑释解教人员的情况有所改变，加之部分企业经营困难，使得国有企业、集体企业吸纳这类人员的渠道能力弱化。劳动力市场的存在，也使综合素质处于相对劣势的刑释解教人员在就业中处于不利地位。为了让罪犯、劳教人员掌握一技之长，回归后适应并顺利融入社会，三峡流域各地采取的具体措施主要包括三种方式：

第一，安排工作机会。如宜昌市辖区各县市都建有一个过渡性安置基地，重点解决"三无"（无家可归、无亲可投、无业可就）人员和有重新违法犯罪倾向的刑释解教人员的职业技能培训、日常管控和过渡性安置问题。援助媒介主要是通过过渡性安置基地，宜昌市通过挂靠、租赁、合建等方式给予企业支持，建立过渡性安置基地，引导更多的企业吸纳刑释解教人员就业。比如，宜都市司法局与宜都市超美粮食机械有限责任公司合作，建立了"宜都市司法局阳光就业安置基地"，每年安排7名以上刑释人员就业，与湖北省农业广播学校宜都市分校合作，建立了"宜都市司法局阳光培训基地"；枝江市与宜昌医用材料公司签订用人协议，建立了"枝江市社区矫正安置帮教基地"，每年安排5人以上就业，秭归县与湖北匡通有限公司合作，建立了"秭归县司法局社区矫正人员过渡性安置基地"，夷陵区与浙江亚华建设有限公司签订合作协议，建立了"夷陵区司法局过渡性就业基地"，每年安排7人以上就业，猇亭区司法局与爱奔物流公司合作，建立了"猇亭区司法局爱奔物流过渡性安置基地"，目前已安排多名刑释解教人员就业；伍家岗区司法局建立了"伍家区司法局江海机电社区矫正过渡性安置基地"，每年安排5名以上人员就业。

湘西州2011年全州各县市社区矫正机构以解决社区服刑人员生活实际困难和问题为主要任务，以未成年人和老弱病残社区服刑人员为重点对象，积极开展社区矫正社会适应性帮扶工作。州人民政府办公室印发了《关于进一步加强刑释解教社区矫正人员就业和社会保障工作的通知》，州政府办以规范性文件下发到8县市和州直各部门，就刑释解教人员就业、低保、过渡性安置等作出了明确的规定，加大了安置帮教工作力度。就解决社区矫正人员的就业等社会救助等问题明确了一系列的政策措施。一是争取政府安置。各县（市）积极给政府汇报，争取在居民生活服务、清洁卫生、绿化等公益性岗位，拿出一部分岗位来安置刑释解教人员。二是创建安置帮教基地。目前，截至2013年年底，全州已建立10个过渡性安置帮教基地，过渡性安置刑释解教人员305人，常年安置183人。三是积极帮助解决就业和生活困难。全州帮助回原单位安置42人。荆州2013年在刑满释放新增人员中，推荐就业261名、失业登记26名、就业援助26名。

第二，提供就业培训。宜昌各县市都建有一个过渡性安置基地，对刑释解教人员进行就业技能培训和职业技能鉴定，制定针对特定对象、提供特定服务的就业培训，为刑释解教人员提供职业培训和创造就业机会。经过一个时期的生产和职业培训，以及行为养成教育，使刑释解教人员巩固或重新学到有关生产或服务技能，转化思想，为最终得到社会安置创造条件，促使其顺利融入社会。从援助的效果来看，宜昌市针对刑满释放、解除劳动教养人员的各项就业援助旨在鼓励其重新投入劳动力市场。截至2013年年底，宜昌市各县区已先后建设过渡性培训安置基地10个，共安置56名刑释解教人员就业，较好地解决了少数刑释解教人员生活生存困难，为刑释解教人员融入社会创造了条件。

为了进一步推进有关工作，依据2012年《关于对全省刑释解教人员开展"三帮一促"主题帮教活动的实施意见》湘安帮领〔2012〕12号文件，湘西州将对两类人员的帮扶工作列入全州绩效考核和综治考核的重要内容，与8县市签订了责任状。组建成立了专门的工作班子，各县市安帮办专门成立了活动领导小组，制订了活动方案，明确了分管领导和责任人，强化了组织机构。为了进一步开展"三帮一促"主题帮教活动，湘西州结合刑释解教人员调查摸底专项活动进一步澄清底子，摸清辖区内刑释解教人员的基本状况，重点对混杂在外来人口中的外地籍刑释解教人员、未回本地报到落户、外出打工和"三假""三无"（无亲可投、无家可归、无业可就）刑释解教人员进行了重点排底排查，共排查出123人，做到六清楚：基本情况清楚，行动去向清楚，生活状况清楚，社会关系清楚，现实表现清楚，思想动态清楚，并根据不同的情况和特征采取不同的思想教育方式方法，做到有的放矢。2013年，湘西州社区矫正办〔2013〕1号文件下发了《关于春节期间刑释解教人员安置帮教对象开展"走访排查、结对帮扶"活动的通知》，成立了活动领导小组，明确了分管领导和专抓人员，做到有人管、有人抓，确保组织保障到位。并将湘安帮领〔2013〕1号文件及时转发给全州8县市安帮办，要求及时组织开展好相关工作并向党委政府汇报，争取支持，制订方案，组织人员，狠抓落实。湘西州2011年至2013年每年对两类人员进行技能培训的人数都超过100人，2013年达到了177人。

恩施州州委办、政府办2011年转发了《州综治委关于进一步加强服刑在教人员教育改造、刑释解教人员安置帮教工作的实施意见》。各县市加大经费投入，全州2012年共落实社区矫正工作经费86万余元，该费用一部分就用于技能培训。

第三，税收优惠政策。为鼓励两类人员创业，三峡流域各地区采取措施，认真落实有关税收优惠政策，人力资源和社会保障部门负责对参加待业保险的核发失业救济金；工商行政管理部门对依法申请从事个体工商业经营和开办其他经营实体的刑释解教人员，免登记、证照和管理等各项行政性收费；税务部门对从事个体经营的刑释解教人员依法减免所得税；银行对从事生产经营的刑释解教人员给予小额贷款扶持。

（四）对刑满释放、解教人员和社区矫正对象的社会帮教法治化探索

社会帮教是依靠社会各方面的力量，对违法犯罪人员尤其是违法犯罪的青少年进行帮助教育的群众性社会教育管理措施。调查表明，刑释解教人员回归社会后的半年内重新犯罪的可能性较大。因此在帮教中，要坚持帮教者与被帮教者在政治、经济、法律、人格等方面平等的原则，坚持解决实际问题与教育管理相结合的原则。下面以宜昌市为例进行介绍，宜昌市在落实帮教责任集中在以下几方面：

1. 建立"一帮一""多帮一"帮教制度。刑满释放与解教人员往往具有思想不稳定、生活不稳定、自我控制能力弱等问题，需要继续对其进行帮教，使其成为合格的社会成员。对此，宜昌市通过与刑释解教人

员签订帮教责任书,建立"一帮一""多帮一"帮教制度,落实跟踪回访、定期谈话、信息报告制度等,与刑释解教人员签订帮教责任书,规定双方的权利和义务。刑释解教人员要遵纪守法,参加劳动,服从各级帮教组织指导并定期汇报;基层帮教组织则定期进行调研,负责教育、安置,适当解决生活困难等。帮教工作在刑释解教人员回归社会后的三年内应集中做好,经帮教转化,确无重新违法犯罪表现的,不再列为帮教对象。

2. 非政府组织支持。由于目前收押收容的罪犯和劳教人员的成分日益复杂,犯罪原因多种多样,犯罪行为涉及各个方面和层次,犯罪的恶习程度和服刑期间的改造程度也各有不同,引发重新犯罪的社会消极因素依然大量存在。这些因素决定了刑释解教人员回归社会是一个复杂、艰巨、长期的过程,仅仅靠一个单位、一种手段来解决问题是远远不够的。因此,充分发挥工会、共青团、妇联、和其他社会团体的作用,扩大安置帮教工作的社会志愿者队伍,广泛动员社会各界力量积极参与帮教工作。延伸帮教工作领域,丰富帮教工作内容,把帮教工作向监所延伸,向家庭延伸,增强服刑在教人员自我改造的勇气和信心,帮助解决刑释解教人员的实际困难。

3. 心理矫正。由于种种原因,部分单位、家庭和社会舆论对刑释解教人员存有歧视和冷落现象,有可能加剧刑释解教人员的自卑感、悲观情绪和变换角色后的困惑。市场经济的负面影响和社会上客观存在的腐朽思想,不良的生活方式、价值观念,对思想、文化、心理素质、认知能力和自控能力等方面存有某些缺陷的刑释解教人员具有极强的渗透力、感染力和诱惑力。因此,应加强刑释解教人员心理矫正,以帮助其融入社会。

针对刑满释放、解教人员回归社会后的社会歧视、适应社会能力弱的状况,宜昌市对其采取分类管理分阶段教育,具体来说分为三个阶段,第一,入矫教育阶段。结合判决书引用《刑法》条文的内容开展在刑教育,帮助他们正确认识行为的危害性,引导其认罪服法。第二,常规教育阶段。主要侧重进行与现实生活紧密相关的法律法规教育,帮助他们增强法制观念、培养健康人格。第三,解矫教育阶段。此阶段重点围绕社区服刑人员回归社会可能遇到的法律问题开展法律教育,帮助其学会用法律手段解决工作、生活中碰到的纠纷和困难，巩固矫正成果。另外，一些地区针对特殊人员还采取了一些特殊的方式进行心理矫正，如荆州开展"特别家书"活动，2013年全市共收到各地监狱矫正学员"特别家书"800余封，同时还处理了一批来信中请求解决的问题，这一活动反响很好。

第二节 三峡流域刑释解教人员和社区矫正对象管控帮教工作法治化存在的不足

刑释解教人员和社区矫正对象的管控帮教工作是一项极具挑战性的工作，尽管三峡流域地区各级政府不断努力，但由于种种原因，该项工作的法治化仍然面临诸多的不足，主要为：

一 刑释解教人员管控帮教工作法治化存在的不足

近年来，为保障刑释解教人员的权益，三峡流域各地政府依据国家和地方有关法律法规和其他规范性文件，围绕加强和创新社会管理，突出预防和减少重新犯罪，着力抓好三项（刑释解教人员衔接接收、服务管理、教育帮扶）重点工作，不断提高刑释解教人员安置帮教工作质量和效果，努力构筑社会治安综合治理的"第一道防线"，取得了较好的成效。为维护全州社会和谐稳定，服务经济建设做出积极贡献。但是，由于经济的、历史的种种原因，对刑释解教人员的安置帮教工作仍然存在许多问题和不足。

（一）刑释解教人员衔接配合工作不够密切，有脱节现象

按照中央四部委《关于进一步做好刑满释放、解除劳教时衔接工作的意见》的规定，刑解人员在释解前一个月由监所以《通知书》形式将释解人员基本情况通知释解人员户口所在地安置帮教工作机构以便做好管理、监督、考察、帮教、安置工作。但部分监狱、劳教部门，在刑释解教人员出监后不及时将人员信息、档案材料转到当地司法行政部门，有的半年后才寄回；有的虽然及时寄回了档案材料，但出现姓名、住址、家庭情况不实，无法查找。因此安置帮教组织对刑释人员情况得不到及时了解和掌握，有可能造成释解人员脱管失控。两劳回归人员的衔接管

理包括与监狱、劳教所、公安机关和原籍街道、社区等多个部门衔接，其环节较多，必须做到环环紧扣，才能防止脱漏管现象的发生。

（二）部分基层党委政府和相关部门思想认识不到位，政策执行不力，安置帮教工作缺乏坚实的组织基础和有效的工作机制

部分基层党委政府和相关部门思想认识不到位，政策执行不力，安置帮教工作缺乏坚实的组织基础和有效的工作机制，其具体表现是：一是部分基层党委政府和相关部门，不能站在全局的高度来认识刑释解教人员安置帮教工作的重要性，对这项工作的长期性和艰巨性也认识不足。工作上支持不力，认为安置帮教工作是"软任务""虚要求"，对安帮工作往往"说起来重要，做起来次要，忙起来不要"。二是各级综治部门虽然普遍把帮教安置工作纳入社会治安综合治理目标考核的内容，但大多没有明确工作目标，落实工作责任，考核也往往停留在排查统计数据和档案资料管理的表面。三是帮教安置工作组织基础薄弱。各级刑释解教人员安置帮教工作领导小组属于非常设性的指导和协调组织，缺少硬性手段和制约措施，工作缺乏力度。四是许多相关部门和单位，特别是部分领导小组成员单位，没有切实履行自身职责。从而导致多渠道安置刑释解教人员的工作难以落实，特别是一些优惠政策和扶持性措施没有得到很好落实；基层基础建设薄弱，工作措施尚未完全到位，少数地方安置帮教工作仅靠司法行政机关单兵作战，难以抓出成效、抓出成果。五是社会各界和广大人民群众对帮教安置工作在认识上存在着误区和偏见，缺乏参与热情。

（三）刑释解教人员就业安置工作压力较大

目前，城镇籍回归人员的安置问题压力很大。究其原因：首先是受国际国内整体经济形势的影响，企业经济效益不好，很多企业精简裁员，下岗失业人员增多，社会就业压力增大，再就业形势严峻。其次是刑释解教人员普遍文化程度低，缺乏专业技能。再次是部分刑释解教人员长期与社会隔离，不能适应新形势的变化，思想观念陈旧、落后，不积极谋求就业，一味等待政府的救济、安置。最后是社会各界普遍对刑释解教人员存在着歧视和偏见，一些单位和企业不愿接纳刑释解教人员就业。

（四）人力保障不足，基层司法所力量薄弱

受机构改革因编制所限，街道（乡镇）安置帮教工作站（司法所）

缺编缺员严重，如宜昌市 109 个司法所中，一人所和二人所占到了 78%，全市 109 个所空编 53 个，在编不在岗的人员有 13 人。司法所人员老年化的倾向也较为明显。统计显示，宜昌全市司法所工作人员的平均年龄是 46 岁，35 岁以下的仅占总数的 16.3%，46 岁及以上的占 64.8%，其中 56 岁以上的占 11.6%，也就是近两年即将面临退休，如以当阳市 10 个司法所为例，23 名工作人员的平均年龄是 51 岁，有 16 人都是 50 岁以上，40 岁以下的仅有 1 人，还有 4 人患有重大疾病，再过两到三年，有大量司法所即将成为一人所。司法所人员素质也有待提高，从宜昌市司法所工作人员文化结构上来看，高中及以下文凭人员 70 人，占 30.0%；大专文凭人员 95 人，占 40.8%；本科以及以上文凭 68 人，占 29.2%；尽管大专及以上学历的已达 70%，但有大一部分是通过自修取得文凭，业务能力不高，全日制大学专本科毕业生不多，只占到 33%，由此可知，司法所普遍缺乏有较高的法律专业素质的人才。[1] 同样的情况也发生在湘西州，湘西全州 164 个司法所，共有编制 258 名，在编 183 人，其中在编不在岗 26 人，有 93 个司法所只有一名司法员，44 个司法所处于司法员空缺状态。现有的力量状况，与工作要求十分不相适应。帮教安置工作任务重、压力大。基层司法所工作人员除要承担帮教安置工作外，还要承担人民调解、法制宣传、依法治理、法律援助、社区矫正等专项工作，从中央到地方都说帮教安置工作是当地政府的工作，而实际上都是由司法所在具体落实，导致工作人员力量不足，协调工作难到位，就业安置难解决等一系列问题，由于人员力量明显不足，严重制约了帮教安置工作的质量。

（五）经费保障不到位，工作积极性受到影响

中央《关于进一步加强刑满释放解除劳教人员安置帮教工作的意见》（中办发〔2010〕5 号）、司发〔2010〕13 号和央综治委《关于进一步做好刑满释放、解除劳教人员促进就业和社会保障工作的意见》综治委〔2004〕4 号文件，以及三峡流域各级相关文件也明确规定了各级财政部

---

[1] 骆东平、任燕：《社区矫正运行状况实证研究——以鄂西某市为例》，《三峡大学学报》（人文社会科学版）2015 年第 2 期。

门要将刑释解教人员帮教安置业务经费列入年度预算,①但由于三峡流域地区各地普遍财力弱,经费紧张,从目前情况看,还存在个别县市没有专项安置帮教经费,多数乡镇也无安置帮教工作经费,即使有的纳入政府财政预算,也是杯水车薪②,在一定程度上影响和制约了安置帮教工作的开展。安帮工作办公设施陈旧,活动场所简陋,工作经费捉襟,有的乡镇甚至陷入无电话、缺纸张、少路费,更不用说探监探所超前帮教、委托管理跟踪帮教、建档立卡定人帮教等安置帮教措施更是无法落实。使基层从事帮教安置工作的人员积极性、主动性不高,帮教安置工作在一定程度上受到影响。

(六)刑释解教人员帮教难度大

由于三峡流域地区总体而言经济不发达,规模较大的厂矿、企业、公司偏少,大部分青壮年人员都外出务工,有的刑释解教人员出监后就不回原籍报到,直接外出打工;有的报到后就外出,多年不回家,也不与当地帮教安置机构联系,导致脱管。尽管各乡镇、村(居)委会的帮教工作人员尽很大努力进行查找,但有部分人员还是很难找到,帮教措施很难落到实处,在管理方面还存在着档案资料不齐、档案管理不规范等问题。更由于对释解人员的救助能力有限,安置帮教实体建设等社会保障体系没能完全建立起来,政策规定不明确、不具体等,导致释解人员社会保障工作乏力。

二 社区矫正对象管控帮教工作法治化存在的不足

(一)社区矫正工作人员刑罚执行者的身份未能通过法律予以明确

新修订的刑事诉讼法对于被判处管制、宣告缓刑、假释或者暂予监

---

① 如湖南省委办公厅、省政府办公厅《关于进一步加强全省刑满释放解除劳教人员安置帮教工作的实施意见》(湘办发〔2011〕38号)、湘西州《关于进一步加强刑释解教社区矫正人员就业和社会保障工作的通知》(州政办发〔2011〕18号),文件中均就经费列入财政预算作了规定。

② 如以2013年为例,鄂西某市各司法所年平均工作经费是4.71万元,人均公用经费保障2.02万元,基层司法业务经费保障仅为所均1.2万元,其中有三个区县的社区矫正工作经费、安置帮教工作经费没有落实。参见骆东平、任燕《社区矫正运行状况实证研究——以鄂西某市为例》,《三峡大学学报》(人文社会科学版)2015年第2期。另外,根据2014年7月在湘西州司法局调研结果显示,湘西州个别地方乡镇规定列入预算的经费为每年1200元左右。

外执行的罪犯，依法实行社区矫正，由社区矫正机构负责执行。《社区矫正实施办法》明确了县级司法行政机关社区矫正机构对社区矫正人员进行监督管理和教育帮助，司法所承担社区矫正日常工作。但对有关人员现行法律知识的培训明显不足，同时，社区矫正工作人员刑罚执行者的身份也未予以明确。

（二）社区矫正方法措施简单，管理手段不多

由于社区矫正工作人员受执法主体资格限制，对不服从监管的矫正对象，相应的制约办法不多；对未经批准外出的矫正对象查找、抓捕，缺乏强制措施。在矫正教育过程中，由于场地、经费、人力资源缺乏，学习培训工作开展不够，公益劳动的时间和效果也得不到保障，矫正只能做到基本的"控制"，而无法实现较高矫正水平的"教育"和"矫正"。

（三）社区矫正工作力量薄弱，职责履行不够充分

总体而言，三峡流域的社区矫正工作力量较为薄弱，如张家界全市现有102个司法所，每年平均每个司法所接收、监管矫正对象7人左右，平均每个司法所工作人员不到1人（有的所工作由其他所人员代做），在实际工作中还要身兼数职，大部分精力或长期投入到矛盾纠纷调处、信访和开发拆迁等事务性工作中。使专门从事社区矫正工作力量难以保证，工作量与人员配备之间矛盾较为突出。由于社区矫正工作的特殊性，社区矫正队伍人才奇缺，而社区矫正志愿者中既能够开展社区工作又懂法律、心理咨询的十分少。

（四）社区矫正经费投入少，经费保障水平不高

如前所述，三峡流域地区总体上经济不发达，财政困难。如某市市区县社区矫正工作经费每年总计不到30万元，平均每名矫正对象每年不足500元，连基本的审前社会调查评估的办案经费、社区矫正工作经费、装备费都不足，也就很难保证学习宣传、活动奖励、培训场所等费用，导致不少乡镇社区矫正工作只是简单停留在转接材料、建立矫正档案等工作上。

（五）少数社区矫正部门衔接配合机制不完善

社区矫正机构与相关监所以及村（居）社区的衔接配合不理想，如部分社区矫正对象居住地与户籍地不一致的，少数社区以"空挂户"不

好管为由，拒绝接收或都接收后不履行监管职责，可能导致脱管、漏管。

第三节 促进三峡流域刑释人员和社区矫正对象管控帮教工作法治化的建议

如前所述，既有关于规范三峡流域刑释人员[①]和社区矫正对象的管控帮教工作规范性文件不能很好地满足现实需要，三峡流域地区各级政府为此进行了积极有益的探索，其诸多经验通过总结后，需要进一步走向制度化和法律化，促进刑释人员和社区矫正对象的管控帮教工作进一步走向法治化的建议如下：

一 促进三峡流域刑释人员管控帮教工作法治化的建议

对于刑释人员的安置帮教从主体组成来看，我国与其他国家或地区存在一定的差异。从世界范围内看，主要包括政府的官方组织、社区、非营利组织、民间团体、社会企业和商业界以及亲属和家庭构成。我国内地主要由政府、社区、社会团体以及家属和家庭等组成，并且各组成主体在整个支持系统中的作用也是不一样的。如在我国香港地区，非政府组织是社会支持的核心力量。[②] 而在内地，政府显然是社会支持系统中的主导力量，在我国社会组织系统依法完全健康发展起来之前，这种状况在相当长时间内仍然会存在。因而，促进三峡流域刑释解教人员管控帮教工作法治化的建议也是基于这一现实而提出，而非照搬其他国家或地区的做法。

（一）加强组织领导，进一步明确部门职责

安置帮教工作是一个社会系统工程，既需要有领导的高度重视，又需要各有关部门密切配合、通力协作。建立党委政府统一领导、相关部门各负其责、社会各界和人民群众广泛参与的帮教安置工作长效机制。

---

① 如前所述，由于劳动教养制度的废除，对解除劳动教养群体的有关工作仍将持续一段时间，但从长远看，此类人员的管控帮教将不再单列，故其有关建议将不涉及此类人员。

② 刘祖云：《弱势群体的社会支持——香港模式及其对内地的启示》，社会科学文献出版社2011年版，第150页。

各级党委政府要把帮教安置工作纳入社会发展总体规划,作为社会治安综合治理和平安建设的重要内容,做到同规划、同部署、同考评、同奖惩。综治部门要加强对帮教安置工作的检查和监督,细化、量化考核目标,明确工作责任,建立目标责任制,纳入社会治安综合治理"一票否决"。各级刑释人员安置帮教工作领导小组要切实发挥领导、指导、协调的职能作用,每半年召开一次成员单位会议,研究前一阶段工作情况,部署下一阶段工作任务。各相关部门要在各级综治部门的统一领导下,制定工作目标,明确工作职责,积极发挥自身的职能作用,确保帮教安置工作落到实处。各级工会、共青团、妇联等群团组织及村(居)委会要广泛参与,建立帮教安置志愿者队伍,并将帮教安置工作纳入社区安全、文明创建、平安建设等活动之中。

(二) 完善各项相关制度,以便拓宽安置渠道

根据市场经济发展规律和各地的实际情况,对非农户口刑释人员的安置工作应采取以下几种方式:首先是对刑释人员开展就业指导和职业技能培训,为他们上岗就业或自谋职业创造条件。劳动部门和就业指导服务机构,要把刑释人员的就业指导和职业技能培训列入就业规划和工作范围,建立就业信息指导"绿色走廊",方便刑释人员了解就业信息。其次是出台更详细的鼓励扶持刑释人员从事个体经营的制度,社区和有关部门要为他们办理各种营业手续提供方便,并要照中办发〔2010〕5号、司发〔2010〕13号,以及各地制定的有关文件精神,给予税收、管理费等方面的政策优惠。再次是引导、动员国有企业、乡镇企业、民营企业、私营企业主消除偏见,增强责任感和义务意识,根据实际,择优接收部分表现好、有一技之长的刑释人员就业,并明确给予政策上的优惠和扶持。最后是劳动保障部门要认真贯彻执行有关政策,落实刑释人员最低生活保障制度和社会保障待遇。

(三) 不断规范基层司法员队伍建设制度

司法所是具体实施帮教安置工作的基层单位,只有配齐配强司法所工作人员,才能通过司法所具体落实好帮教安置工作。因而需要对司法所相关工作人员加大帮教安置工作的培训力度,努力提高他们的工作能力和水平,才能保证进一步做好帮教安置工作。

（四）不断规范基层基础工作制度

每年年初，司法行政部门要对上一年度回归社会的刑释人员进行全面登记造册，抓好对刑释人员的清理排查和衔接管理工作，重点抓好有重新犯罪倾向的刑释人员的重点防范控制，逐一落实管理安置和帮教措施，确保不脱管、不失控，重新犯罪率严格控制在3%以内。要按照中央四部委《关于进一步做好服刑在教人员刑满释放、解除劳教时衔接工作的意见》精神，重点加强对刑释解教人员出狱（所）后直接流散于社会，不落户或人户分离以及"三假"（假姓名、假身份、假地址）人员的查找，摸清底数进行登记，最大限度地减少刑释解教人员的脱管漏管。

（五）建立健全安置帮教工作体制机制

安置帮教工作体制机制的完善主要包括以下几个方面：一是要尽快制定出台规范性文件，把帮教安置工作政策性规定上升到法律规定，把政府行政行为上升到法律行为。帮教安置工作开展了几十年，有着一套较为成熟的政策规定和工作方法，但约束力不强，缺乏法律定位，因此，制定《帮教安置法》《回归人员保障法》等法律、法规或规章，对帮教安置工作的机构、性质、目的、工作范围、工作职责、责任主体、保障措施、培训就业等作出明确规定，强化法律保障和约束机制，推动帮教安置工作依法开展。二是整合资源、沟通信息、实行信息化管理。帮教安置机构和监管部门要建立良好的信息互通机制，及时反馈信息、沟通信息。公安机关要将刑释人员列入重点人口管理，加强对流进、流出的刑释人员的管控，摸清去向、掌握动态；法院应及时将刑事判决结果告知户籍地（常住地）帮教安置办公室，协同帮教安置办公室建立服刑在教人员登记台账；劳动就业部门应在外出务工刑释人员较为集中的地方建立委托监管制度，配合帮教安置部门做好刑释人员的鉴定工作；监狱等监管部门要按照规定将服刑在教人员和即将释放人员及时告知相关的帮教安置办公室，建立全国统一规范的操作办法，司法行政部门要加强与公安、监管单位协作，及时核实刑释人员基本情况，建立规范的管理信息库。从而切实有效地解决刑释人员数据不一致、脱管、漏管问题。

二 促进三峡流域社区矫正对象管控帮教工作法治化的建议

（一）加大宣传力度，完善社会力量的参与制度

要积极通过新闻媒体等多种宣传媒体，加大对社区矫正工作的宣传力度，通过宣传社区矫正工作的职能、作用和做好这项工作的意义，不断扩大社区矫正的社会影响力，使全社会都能够正确认识、理解、支持和帮助社区矫正工作，建立和完善社会力量参与社区矫正工作的制度，让更多的社会志愿者理解并参与到这项工作中来，为该地区的社区矫正工作的开展创造良好的舆论氛围和社会环境。

（二）进一步规范矫正工作手段和方法

要加强科技管理手段的运用。进一步完善信息网络平台建设，加大投入，加快电子监狱的建设，最大限度地减少社区矫正对象的脱管漏管。继续深化个案矫正、分类管理、分阶段教育，继续探索心理咨询、心理矫治等科学手段，不断提高管理教育的实际效果。

（三）大力完善建设高素质的矫正工作队伍的制度

不断加强街道、乡镇司法所力量，保证人员编制到位和配好配足社区矫正执法人员。根据三峡流域前期一些地方的实践经验，建议按照该地区所属省市司法厅的要求和其他地方的经验，通过政府购买岗位的形式，为司法所配备1名专职社区矫正社工。按1名矫正对象配4名社会志愿者的要求，广泛吸纳社会志愿者参与社区矫正工作。形成以司法所干部为主体，专职社工协助，社会志愿者参与的社区矫正工作队伍模式，同时要交流出去一些不适合社区矫正工作的人员。

（四）为进一步加强社区矫正工作经费的保障力度提供制度保障

按照国家和三峡流域各地关于进一步加强社区矫正经费保障工作的实施意见等方面的文件要求，县级司法行政部门社区矫正经费财政应按照社区矫正对象每人每年不低于一定的标准纳入同级财政预算。对不纳入财政预算区县出台相关硬性的制约措施，同时加强监督。

（五）完善社区矫正涉及各部门的协同机制

要做好社区矫正对象管控帮教工作。必须不断加强部门沟通与联系。特别是与公、检、法、监狱的联系，完善社区矫正工作机制，对社区矫正人员要真正做到"底数清，行踪明"，对法院拟判处缓刑、裁定假释、

管制和法院、监狱管理机构决定暂予监外执行的罪犯进行有效评估以及加强监管，防止脱管、漏管情况发生。

（六）调整基层司法工作人员队伍建设制度

公安派出所是社区矫正执法的主体，而司法所是社区矫正工作的主体，基层所没执法权，但工作还需要做，常常存在别扭和尴尬，为利于工作的开展，提高司法所社会地位，希望能够授予矫正工作人员人民警察身份和解决基层所升格的问题。

总之，社区矫正已经成为我国刑罚执行方式的重要内容，弥补了我国非监禁刑执行中的不足。虽然目前还处于探索阶段，发现了一些问题，取得了一些经验，随着社区矫正体系机制的逐步完善，社区矫正工作必定会更见成效，为社会的和谐稳定做出贡献。

第五章

三峡流域城市社会组织管理法治化研究

　　社会组织作为一股新兴的力量，日益成为我国社会经济发展中的一支重要力量。但我国对社会组织管理的法律规范较为滞后，主要体现在社会组织自身发展及监督管理的相关法律规范位阶普遍较低，没有一部法律对社会组织的行为予以全面、明确的规定，有关社会组织的法理分析也不够。不过，三峡流域地区对城市社会组织管理的法治化进行了有益的探索，本书将主要以宜昌市、重庆黔江区、湖南的怀化市和张家界市为例，探寻城市社会组织的法治化之路。

第一节　现行国家层面的社会组织立法

　　新中国对于社会组织的法律规制实际上始于新民主主义革命时期，共产党在革命根据地不同时期颁布了一些社会组织的管理办法。在1934年颁布的《中华苏维埃共和国宪法大纲》中明确规定：保证工农劳苦群众的结社自由，但禁止剥削者的结社自由。随后在1937年的《中国共产党抗日救国十大纲领》、1941年的《陕甘宁边区施政纲领》、1946年的《和平建国纲领》和1949年的《中华人民政治协商会议共同纲领》中都规定了人民的结社自由。在对具体的社会团体管理方面也有一些规定，如在1942年的《陕甘宁边区民众团体登记办法》中规定，民众团体的成立，要由民政厅审核后发给登记证，并明确规定了登记的条件是：文艺团体需5人以上，社会团体则至少需要20人。在1949年颁布的《陕甘宁边区人民团体登记办法》中规定保障人民的集会、结社自由。新中国成立后，有关社团立法和社团管理进入新的阶段。在1950年，由政务院颁布的《社会团体登记暂行办法》明确规定了社团的类别、登记的程序等有关事宜，并在其中确立了分级管理体制。在 1951 年，内务部制定的《社会团体登记暂行办法实施细则》则为当时清理和解散社会团体提供了相应的法律依据。通过 1984 年和 1989 年分别颁布的《关于严格控制全国性组织的通知》《社会团体登记管理条例》等，我国开始确立了"归口登记、分级管理、双重负责"的严格管理模式。[①]

我国现行全国性的社会组织法律规制的体系主要如下：

一 社会组织的宪法层面规制

宪法中关于结社自由及其相关权利的规定，是社会组织存在和发展的基础，是我国社会组织合法性的主要法律渊源，也是制定社会组织相关法律法规和规章的依据。现行宪法关于社会组织的法律规制主要体现在第 35 条和第 47 条。第 35 条明确规定："中华人民共和国公民有言论、出版、集会、结社、游行、示威的自由"。第 47 条规定："中华人民共和国公民有进行科学研究、文学艺术创作和其他文化活动的自由。国家对于从事教育、科学、技术、文学、艺术和其他文化事业的公民的有益于人民的创造性工作，给予鼓励和帮助。"

二 社会组织的法律层面规制

在我国现行法律中，还没有关于社会组织的专门法律，有关社会组织的法律主要分为两类：一类是法律中涉及社会组织的有关条款；另一类是对一些重要社会组织的专门性法律。前者有《民法通则》《公益事业捐赠法》《民办教育促进法》《律师法》等，这类法律并不是专门规范社会组织的法律，但其中的若干法律条款涉及社会组织，如《律师法》第五章中关于律师协会的成立、协会章程和职责的规定；后一类主要有《红十字会法》等。

三 社会组织的行政法规和行政规章层面规制

正是由于我国没有一部关于社会组织的专门法律，涉及社会组织的

---

① 方程：《我国社会组织法律规制研究》，硕士学位论文，西南政法大学，2013 年。

性质、权利、责任等方面的内容主要是由行政法规和行政规章等来规定的。关于社会组织的全国性法规规章主要是国务院行政法规、部门规章，目前主要是三大条例，即1998年的《社会团体登记管理条例》、1998年的《民办非企业单位登记管理暂行条例》、2004年的《基金会管理条例》。这几部行政法规主要规范我国社会组织的申请成立、基本权利和地位、政府管理社会组织及对其进行监督等方面的内容，这是社会组织生存发展的基本法律制度框架。

规范社会组织的部门规章则内容较为繁杂，依据行政规章的制定主题主要分为三类：一是民政部制定的规章。主要有《取缔非法民间组织暂行办法》《关于全国性社会团体异地设立分支（代表）机构问题的通知》《民办非企业单位年度检查办法》等。二是民政部与其他部委联合颁布的规章。如民政部与财政部联合颁布的《关于调整社会团体会费政策等有关问题的通知》、民政部与公安部联合颁布的《民办非企业单位印章管理条例》等。三是国务院其他部委颁布的。如教育部颁布的《教育部主管的社会团体管理暂行条例》等。①

第二节　三峡流域城市社会组织管理法治化实践及成效

三峡流域地区各级政府依据宪法、法律和行政法规和行政规章等分别制定了相应的规范性文件，其社会组织管理法治化实践和取得的成效如下：

一　湖北宜昌市社会组织管理法治化实践及成效

（一）宜昌市级社会组织管理法治化建设及成效

1. 完善"枢纽型"和"社区型"社会组织建设制度

2011年1月5日，宜昌市委、市政府召开全市社会服务管理创新综合试点工作动员大会，宜昌市委、市政府还出台了《宜昌市社会服务管理创新综合试点工作实施意见》及5个配套办法。该实施意见提出宜昌

---

① 方程：《我国社会组织法律规制研究》，硕士学位论文，西南政法大学，2013年。

市综合试点主要任务是构建包括社会组织管理体系在内的"七大体系"。这表明宜昌市委、市政府高度重视社会组织发展及管理工作，将社会组织建设纳入经济发展主要内容。在社会组织管理方面，强调"枢纽型"和"社区型"并举，创新社会组织管理体系，其重点是大力发展"枢纽型"和"社区型"社会组织。在进一步扩大工、青、妇等社会组织对群众工作的覆盖面的同时，以人民团体为骨干，将性质相同、业务相近的社会组织联合起来，认定、新建、提升一批市级"枢纽型"社会组织。大力发展服务性、互助性、公益性等"社区型"社会组织，以充分发挥此类社会组织服务群众、反映诉求、参与监督的积极作用，扩大群众工作的覆盖面，同时丰富社区群众的物质文化生活。为此，宜昌市出台了《宜昌市推进"枢纽型"和"社区型"社会组织建设实施办法》（宜办发〔2010〕32号），把各类社会组织纳入党和政府主导的社会组织工作体系，以"规范管理，稳定发展，强化服务"为方针，发挥"枢纽型"社会组织在社会组织管理中的凝聚、导向和纽带作用，大力培育发展适合经济发展需要的社会组织。随后，宜昌市根据《宜昌市推进"枢纽型"和"社区型"社会组织建设实施办法》规定的认定条件和认定程序，在有关人民团体自愿申请的基础上，认定了8家人民团体为宜昌市第一批市级"枢纽型"社会组织，分别是：宜昌市总工会、共青团宜昌市委、宜昌市妇联、宜昌市科协、宜昌市社科联、宜昌市文联、宜昌市工商联、宜昌市体育总会。认定后的"枢纽型"社会组织将按照分类管理、以专业分类为主、人员分类为辅的原则，对新申办的社会组织和原来直接管理的社会组织进行联系、服务和管理。"枢纽型"社会组织主要承担其构成体系内社会组织的政治领导、业务指导和管理服务等职能。"枢纽型"社会组织集中性地承担业务主管单位职责，既可以发挥其专业管理优势，又可以切断行政主管部门与其所管理的社会组织之间的内在联系，避免不同部门之间的权责和利益矛盾，增强管理的有效性。根据规定，这些"枢纽型"社会组织工作职责主要如下：

一是按照宜昌市委要求，承担有关社会组织的政治领导责任。团结带领有关社会组织认真贯彻执行党的路线方针政策和国家法律法规，建立有效的社会动员机制，突出特色、发挥优势，推动科学发展、促进社会和谐服务；按照业务建设和党建工作一起抓的要求，负责在所管理和联系的社会组织中开展党建工作,逐步推进党组织和党的工作的广泛覆盖;积极反映各方利益诉求,做好思想政治工作,加强精神文明建设,化解社会矛盾,维护社会稳定。

二是按照宜昌市政府授权,承担国家有关法规规定的业务主管单位职责。负责有关社会组织成立、变更、注销登记前的审查工作;负责有关社会组织的日常管理工作,指导、监督社会组织依照法律和章程开展活动;负责有关社会组织年度检查的初审;协助有关部门查处相关社会组织的违法行为。

三是按照宜昌市社会服务管理创新综合试点工作领导小组的要求,积极为相关社会组织发展、管理提供服务。加强业务指导,为相关社会组织开展工作提供指导和支持;搭建服务平台,在业务发展、服务社会、教育培训、对外宣传、信息交流和人力资源开发等方面创新工作方式、拓展服务渠道,整合有效资源,发挥整体合力,优化发展环境;扩大工作交流,协调相关社会组织围绕全市经济社会建设和社会组织自身发展中的重点和难点问题,加强沟通、交流与合作,研究提出意见和建议。

2. 完善对社会组织的监管和培育制度

我国对社会组织的监管制度主要规定于《社会团体登记管理条例》和《民办非企业单位登记管理暂行条例》中,概括起来就是三大制度,即"归口登记、双重负责和分级管理"。[①] 2014年以来,湖北省宜昌市不断完善监管和社会组织的培育制度,采取监管和培育并举,一手扎实推进社会组织行业自律监管体制机制建设,一手大力完善制度培育发展社会组织,收到良好效果。

首先,宜昌市推进深化行政审批制度改革,降低社会组织登记门槛,大力培育发展社会组织,大胆创新登记管理制度改革,取消行业协会商会业务主管单位前置审批,实行行业协会商会在民政部门直接登记。对行业协会商会类、科技类、公益慈善类、社区服务类四类社会组织实行

[①] "归口登记"是指除法律、法规明确规定免予登记以外,所有民间组织统一由民政部门登记。"双重负责"是指民间组织管理由登记机关和业务主管党委分工合作,共同实施对民间组织的管理监督。"分级管理"是指规模不同的民间组织分别由中央和地方不同级别登记管理部门和业务主管单位监督管理。参见谢海定《中国民间组织的合法性困境》,《法学研究》2004年第2期。

直接登记。

其次,宜昌市在中介领域社会组织和社会团体涉企违规收费问题开展专项治理。为落实国家、湖北省和宜昌市有关规范社会组织发展的法律法规和其他规范性文件的有关规定,宜昌市围绕中介领域社会组织和社会团体涉企违规收费问题开展专项治理。宜昌市民政局从加强市场中介领域规范管理、维护良好的社会主义市场经济秩序、深化反腐倡廉建设的高度出发,重点排查整改了109家具有中介性质的行业协会商会、研究会、联合会、促进会与行业主管部门机构的人员、财务、职责不分,强制发展会员、强行服务、乱收乱支、设立"小金库",只收费不服务,不设银行账户,违规使用票据,以及违反规定举办评比达标活动或提供展览会、交易会、研讨会、培训、出国考察服务等问题。为确保治理工作取得实效,建立了由宜昌市民政局主要领导挂帅的专项治理工作机构,制订了具体工作方案,印发、回收了各类自查表109份,针对发现的重点问题,责令立即整改,提出了整改要求和整改时限。宜昌市民政局还针对全市以企业为主要会员的涉企协会、学会、研究会,开展了涉企违规收费问题专项整治工作。重点整治行政机关主管的涉企协会、学会、研究会近年来强制企业入会收取会费、超标准收取会费、利用办培训班违规收费等问题。按照自查自纠、监督检查、规范总结三个阶段展开,凡存在问题的涉企协会、学会、研究会限期整改,完善细化制度规定,建立健全自律监管机制,切实发挥社会组织为企业服务、为经济发展服务的桥梁纽带作用。并向全市社会组织通报了查找出的四类问题,处理了一个社会组织负责人。①

最后,加强对社会组织运行的实地检查。从2014年6月开始,宜昌市民政局组建检查小组,由分管领导带队,分别深入各社会组织,采取听情况汇报、查档案资料、看建章立制等方式,详细了解各社会组织在会员发展管理、重大事项决策、报告、社团换届和法人离任审计、协会活动、遵纪守法等方面的运作情况,对发现的问题当即予以指出,并督导纠正,同时引导社会组织建章立制、规范行为。另外,2014年6月以

---

① 肖作华:《宜昌:监管、培育并举 促进社会组织健康发展》,《中国社会组织》2014年第22期。

来，宜昌市民政局专门从局监管中心抽调财务人员，对部分社会组织的财务管理情况进行专门检查，重点察看会费标准制定、收取、使用的原始文件，票据和相关单据凭证，检查社会组织会费收据使用范围，督促社会组织健全财务管理制度，严格遵守国家财务管理规定。对检查中发现的超范围使用会费收据、不按程序制定会费标准、不按标准收取会费和超范围使用会费的情况，下达了限期整改通知。①

3. 制定社会组织信用诚信管理制度

为切实提高社会组织诚信自律水平和公信力，规范社会组织行为，增强社会组织的服务能力，2014年10月1日，《宜昌市社会组织信用信息管理办法（试行）》正式实施，与此配套的网络公共服务平台也将采用"红""黑"榜的形式，定期发布全市社会组织的信用等级。这标志该市社会组织诚信制度正式建立运行，开湖北省社会组织信用信息管理先河。

宜昌市社会组织信用诚信管理制度的内容主要有：社会组织基本情况的完整性与真实性、遵纪守法与章程履行情况、业务活动情况、登记变更事项的及时性与真实性、良好行为（县级以上表彰奖励）、不良行为（受到查处或公开谴责）、信用等级（千分制量化）等内容。评价社会组织的信用信息主要源于各级民政部门向社会组织征集，并根据行政审批、年度检查、社会或专项评价、日常管理等工作中掌握的情况，以及经查证属实的举报、投诉等进行整理，按既定的程序予以确认。

社会组织的信用等级严格按照社会组织信用管理评分标准进行评定，实行动态管理，并与社会组织等级评估相结合，获得评估等级的可直接认定为相应级别的信用等级，在宜昌市政府信用信息公共服务平台发布，供社会组织活动、社会交往和部门日常监管中使用。进入"红榜"的予以重点扶持、优先推荐表彰和承接政府购买服务项目等；对进入"黑榜"的则重点监控检查，不得参加各类评优和承接政府购买服务项目。同时，将社会组织的信用等级记录入库，方便社会公众和相关单位查询、了解其诚信度，一旦有失信行为者，将在相关领域和一些活动中受限。为保证信用信息的准确性，维护公众和社会组织的合法权益，信用信息的征

---

① 万育新：《现代民政管理体制的改革与实践——宜昌市夷陵区民政局社会组织建设创新》，《领导科学论坛》2015年第8期。

集、披露、使用遵循合法、公开、公正、准确、及时的原则，并接受社会监督，因工作人员不依法履职造成信用信息失真或恶劣影响的，给予行政处分直至追究法律责任。

(二) 宜昌所属区县社会组织法治化建设及成效——以夷陵区为代表

宜昌市夷陵区2014年荣膺"全国社会组织建设创新示范区"称号，成为湖北省唯一获得该称号的区（市、县），下面将就其社会组织管理法治化的情况予以介绍。

1. 加强社会组织建设的顶层制度设计

为了加强宜昌市夷陵区的社会组织建设，宜昌市夷陵区委、区政府出台了《关于加强全区现代社会组织建设的实施意见》，明确了社会组织发展与管理的目标、路径和政策保障措施，将中介机构和农村专业合作社纳入社会组织建设范畴，实现社会建设效益最大化。提出了建立和完善社会组织依法参政议政机制，逐步增加社会组织代表在党代表、人大代表、政协委员中的比例，并探索在政协中设立社会组织界别，保障社会组织参政议政权益，优化发展环境。成立夷陵区社会组织管理局，配备相应的工作人员，完善了社会组织监督管理工作保障机制。

2. 完善社会组织的登记制度

从2013年年初开始，夷陵区开展以行业协会商会类、科技文化类、公益慈善类、城乡社区服务类社会组织为试点，试行登记体制改革，开展直接登记实践。降低社会组织登记门槛，实行宽进严管。除法律法规规定的前置行政审批中有开办资金要求的以外，社会组织申开办资金可降低至1万元；行业协会商会类、科技文化类、公益慈善类、城乡社区服务类社会组织开办资金为零。同时取消社团筹备登记，重新制定审批流程图，将所有事项审批环节压缩在3个工作日以内，审批时限控制在5天以内，实行一次性告知，推出人性化服务。截至2014年12月，夷陵区登记社会组织共计335家，其中新成立的是30家，直接登记的有5家。根据夷陵区委、区政府"用发展市场主体的力度来发展社会组织"的要求，适度降低了社会组织开办资金的要求，降低了准入门槛，加大了对公益类、城乡社区服务类社会组织的支持培育力度。为适应网格化管理要求，创新基层社会组织形态，夷陵区将网格理事会作为基层社会服务类社会组织在民政部门进行备案，纳入夷陵区社会治理创新范畴。截至

2014年12月,夷陵区已经完成了441个"网格理事会"的组建工作并进行了备案。① 稳步推进政社分开,按时完成规范离(退)休领导干部在社团兼职行为的工作,督促指导区矿业协会、区房地产协会等行业协会完成了与行政机关财务、人事等方面脱钩。

3. 完善支持社会组织发展资金的制度

积极探索支持社会组织发展资金的制度化渠道,夷陵区政府主要采用了政府购买服务和专项财政预算两大主要方式。夷陵区政府印发了《宜昌市夷陵区政府购买社会工作服务实施办法》《夷陵区政府向社会组织购买服务项目目录》和《夷陵区社会组织具备承接政府职能转移和购买服务资质目录》,开展网格员、社工、养老、职业培训、乡镇转制单位、公益性岗位6项服务的购买。另外,夷陵区区级财政预算了20万元作为启动资金,专门用于培育引导社会组织开展公益服务,完善社会组织的法人治理结构和加强社会组织诸如财务管理等方面的自身能力建设。与此同时,夷陵区还不断加大社区社会组织培育发展力度。将社区社会组织备案权限下放到乡镇,引导成立社区老年协会产业协会、红白理事会、艺术团等社区服务类社会组织,引导基层群众强化自我服务、提升自我管理能力。截至2014年12月,全区共备案社区社会组织1264家,城乡社区服务类社会组织呈现蓬勃发展的格局。

4. 进一步完善社会组织的等级评估制度

2008年1月,宜昌市夷陵区就已经在全区全面推行社会组织等级评估制度。2009年11月,区政府召开全区社会组织工作会议,对61个社会组织颁发等级牌匾,评估工作取得阶段性成果。2012年4月,按照《社会组织评估管理办法》(民政部令第39号)相关规定,夷陵区启动了第二轮社会组织评估工作,通过动员部署、自我评估、实地评估、复核四个阶段,完成了对全区229家社会组织开展检查评估工作。2013年,社会组织评估采取按属地分块、按行业分类、区评估委员会组织协调、各专业评估委员会具体实施、夷陵区复核委员会审定的方法进行评估。2013年共有133家社会组织参与评估,其中评估等级3A级及以上的社会

---

① 万育新、谭佳萍:《夷陵区努力走在社会组织建设创新前沿》,《中国社会组织》2014年第12期。

组织共 25 家。①

对社会组织进行评估的过程中，夷陵区通过照部省市评估工作要求和标准，参考先进地区评估做法等方式，登记管理机关、业务主管单位和社会组织代表讨论和分类分批召开社会组织会议论证，细化、完善了夷陵区社会组织评估标准和评分细则，完善了评估程序制度。如在评估程序方面，夷陵区采取先由被考评单位开展自评，再由评估小组进行实地评价。评估小组所到之处，采取"一听二看三访四评"的方式进行，即听参评单位工作汇报、看相关档案资料、访服务会员、评估打分。针对评估小组的打分，区复核委员会对考评结果进行复核；评估最终结果在宜昌社会组织网和相关新闻媒体进行公示。随后，各评估小组分别就评估工作做小结，最后再形成总体结论。

通过对社会组织的评估，初步实现了三个目标：一是对夷陵区登记注册的各类社会组织的运行情况进行了较为全面、客观评价；二是摸清了全区各类社会组织的基本情况，弄清了"五个要素"：位置、牌子、章子、班子、场子；三是根据检查发现存在的问题，采取了有针对性的措施以指导社会组织依法依规地开展工作。

二 重庆市黔江区社会组织法治化实践及成效

重庆市黔江区通过不断完善规范社会组织的制度来提高社会组织管理服务水平，发挥社会组织功能作用，激发社会组织活力，并采取有效措施，优化发展环境加强统筹规划和领导组织，健全工作协调机制，有序推进社会组织建设。黔江区将加快社会组织培育和发展纳入《黔江区国民经济和社会发展第十二个五年规划纲要》，该纲要规定在"十二五"末，力争使全区社会组织数量达到 300 家（平均每万人 5 家以上），社会组织专职工作人员达 1.5 万人。为实现社会组织的健康发展，并使其管理逐渐走向法治化，黔江区主要从以下几个方面入手：

（一）改革登记程序制度，开展直接登记

黔江区对于行业协会商会类、科技类、公益慈善类、城乡社区服务

---

① 万育新、谭佳萍：《夷陵区努力走在社会组织建设创新前沿》，《中国社会组织》2014 年第 12 期。

类社会组织实行直接登记；对如教育、人事、卫生、司法类等需要政府部门提供前置性审批的民办非企业单位，则由举办人提出申请，持许可证、章程、验资报告可直接办理登记注册，不再保留筹建审批环节。截至 2014 年，进行直接登记的社会组织 20 余家。推行备案登记制度，对达不到登记条件、但社会发展又迫切需要、主要在社区范围内开展活动的社会组织，由街道办事处或乡镇人民政府审查成立，然后报民政部门审核备案。条件成熟以后，再由登记管理机关登记注册。

（二）通过制度调整以加快政府职能转变，促进社会组织参与管理和承接服务

黔江区各级部门不断简政放权，将行业行规制定以及协调、准入、评比等行业管理与协调性职能，法律服务、宣传培训、社区事务、公益服务等社会事务管理与服务性职能和业务咨询、统计分析、决策论证、资产项目评估等市场监督与技术性职能等，通过授权、委托等方式依法转移给相关社会组织实施。实际上自 2010 年以来，黔江区就已经探索了引入第三方力量、以购买服务的形式，委托社会组织实施城乡低保家庭收入核查，使不符合条件的退出低保、符合条件的按程序纳入低保。全区城乡低保保障比例更趋于真实，促进社会救助力度不断加大，民政公信度提高。目前，黔江区正在探索修订政府购买社会组织服务项目目录，凡可委托社会组织承担的，以政府采取招标或委托的方式向符合条件的社会组织购买，以支持社会组织的发展。2014 年，仅在农业科学实用技术普及、就业培训、社会养老服务等方面，政府就向相关社会组织购买服务投入资金 600 余万元。为促进社会组织的进一步发展，黔江区正在打造社会组织孵化基地，为培育发展搭建平台，筹建黔江区领舞社会组织公共服务中心。拟在黔江区正阳新城区征地 20 亩用于服务中心的建设，建设好后将吸引大量的社会组织进驻。其主要功能是宣传普及公益、慈善理念，为社会组织提供办公场地、人员培训、技术支持、管理咨询和代理代办等公共服务。

（三）不断完善社会组织的监督管理制度，确保年检工作规范有序

一是完善登记审批程序，把好"入口"。将社会组织管理政策及登记工作流程公布在"黔江区民政信息网"，把调查核实、集体研究、逐级审核批准等落到实处，把好成立、变更、注销登记等审批关口，确保登记

合格率为100%。二是建立重大事项报告制度，凡社会组织开展各类评比、达标表彰以及有重大社会影响的活动，组团出国出境、与境外社会组织交流交往、接受境内外捐赠等，事先必须向登记管理机关报告，并按有关规定报批。三是加强年度检查和日常监督工作，每年2月初在公共媒体和网络上发布年检公告，5月31日各社会组织按程序申报，重点强化与财政、税务、质监、银行等部门的配合，采取会计师事务所审计与业务主管单位内审相结合的方式，严格实行一年一检制度、年检公示制度、连续两年年检不合格或两年及以上不参加年检的社会组织撤销登记制度等措施，历年年检率均达100%。

（四）建立分类等级评估管理制度

黔江区根据重庆市民政局2012年8月9日发布的《重庆市全市性社会组织评估实施办法》（渝民发〔2012〕111号）出台了《重庆市黔江区社会组织评估实施办法（试行）》，探索开展社会组织等级评估工作，研究制定具体办法和标准，并将评估结果与社会组织承接购买社会服务挂钩，与相关扶持政策衔接，更好地发挥了评估的导向、约束和激励作用。2014年以来，黔江区共有5家社会组织进行了等级评定申报，其中：黔江区慈善会、民族医院为5A级，黔江区房地产协会、黔江区石会新兴幼儿园、黔江区民营经济协会为3A级。加大培育城乡基层社会组织。黔江区把城乡基层社会组织作为扶持地方经济发展、脱贫致富的重要举措，常抓不懈。几年来，通过政策推动、典型带动等措施，推动了城乡基层社会组织的培育发展。在政策推动方面，先后出台了一系列政策措施，引导扶持城乡基层社会组织的发展。截至2004年10月底，全区共有注册农村社会组织109家（社团92家，民办非企业单位17家），并培育城乡自发基层社会组织50余个（主要是社区坝坝舞、腰鼓队等）。这些社会组织对当地的经济、文化起到了很大的推动作用，得到辖区内广大人民群众的高度认可。[①]

[①] 郑训东、冉晶：《重庆市黔江区：为社会组织服务社会创造良好环境》，《中国社会组织》2014年第22期。

三 湖南怀化市社会组织法治化实践及成效

怀化市在社会组织法治化实践中,主要围绕全面推进社会组织登记管理和执法工作、建立社会组织的社会管理体制机制不断完善相应的制度,使怀化市的社会组织登记管理工作与社会组织社会管理综合治理工作得以有效推动。

(一) 完善社会组织的登记制度

2013年,湖南怀化市积极开展四大类社会组织的直接登记工作,逐步探索了社会组织"政社分开"的新路子。2013年9月,怀化市民政局在发布的《关于对四大类社会组织实行直接登记的公告》中,就社会组织直接登记的时间、对象、基本条件、流程和监督管理五个方面做了明确规定。截至2014年年初,怀化全市13个县(市、区)和市本级共直接登记社会组织17家,其中社会团体8家、民办非企业单位9家。[①]

(二) 完善社会组织的资金支持制度

2013年5月,怀化市民政局制订了《2013年怀化市福彩公益金支持社会组织参与社会服务项目实施方案》,方案中明确了项目资金性质和分配原则、项目服务内容、申报社会组织应具备的条件、项目申报、项目评审和立项、项目资金管理、执行要求、项目审计和评估、宣传总结等,全市为此安排购服资金共计78万元。

(三) 完善社会组织的监管制度

根据湖南省民政厅《关于开展民办非企业单位塑造品牌与服务社会活动的通知》要求,怀化市开展了民办非企业单位塑造品牌与服务的活动,明确了活动标准,分为3大类和16个小类,分值共计100分。还制订了《怀化市民政局规范社会办学行为专项治理工作实施方案》,随后又下发了与之相关的治理通知。经过3个月共计三个阶段的专项治理,怀化市要求本级77家教育、培训类民办非企业单位进行了自查自纠,并对部分社会组织进行了抽查,其中自查自纠54家,抽查9家,注销和撤销14家。与此同时,怀化市所属13个县(市、区)也同期开展了规范社会办学行为的专项治理工作。此次专项治理活动使社会办学行为得到有效

---

① 李长生:《怀化:创新社会组织登记管理体制》,《中国社会组织》2014年第8期。

规制，招生收费行为得到有效监管，教师从业行为得到有效规范，办学场所安全隐患得到有效整治，促进了社会办学事业的健康发展。①

四 湖南张家界市社会组织法治化实践及成效

张家界市坚持培育发展和监督管理并重，不断通过完善制度来加强和创新社会组织管理，按照"既定规矩办事"的做法充分发挥了社会组织在服务经济社会发展中的积极作用，使社会组织得以健康有序发展。

（一）完善社会组织的直接登记制度和优化社会组织的网上审批手续

张家界市根据民政部有关文件和湖南省民政厅《关于对四类社会组织实行直接登记管理的暂行办法》，行业协会商会类、科技类、公益慈善类、城乡社会服务类四大类社会组织可直接在社会组织登记管理机关申请登记，实现了登记管理体制的新突破。同时，为了进一步优化社会组织的网上审批流程，张家界市民政局按照"专人受理、严格审批、优质服务"的运行模式积极开展社会组织网上审批服务，合理确定审批环节，充分授权，实施简易事项个人审批负责制，压缩了审批时限，减少了申请人的往返次数。张家界市组织市本级共计17个社会组织完成了网上审批。社会组织网上审批的执行，积极推动该市民政行政审批优质、高效、便捷、低成本目标的实现，进一步提高了张家界市民政部门服务社会组织的效能。②

（二）完善社会组织的资金支持制度

张家界市根据湖南省民政厅要求，为进一步发挥社会组织参与公共管理的作用，加快政府职能转变，张家界出台了《关于开展社会组织承接政府职能转移购买服务试点工作的意见》。市老年保健协会、门球协会、旅游协会3个社会团体承接了政府职能转移的服务项目。

（三）完善社会组织参与属地社会管理工作的制度

张家界市坚持"政府引导、社会参与、属地管理"原则，出台了《关于进一步加强我市社会组织参与属地社会管理工作的实施意见》，该实施意见明确了社会组织参与属地社会管理工作的责任，强化了相关措

---

① 李长生：《怀化：创新社会组织登记管理体制》，《中国社会组织》2014年第8期。
② 邓晓：《张家界：科学管理推动社会组织发展》，《中国社会组织》2014年第8期。

施，有力地指导了社会组织参与属地社会管理工作。

（四）完善社会组织评估制度

为规范社会组织建设管理，根据民政部《社会组织评估管理办法》规定，张家界市就社会组织评估定级出台了《关于在市本级社会组织开展等级评估工作的实施方案》，对张家界市本级社会组织进行评估定级。该项评估工作按照实施方案的要求，从基础条件、组织建设、工作绩效、社会评价四个方面进行综合评判。①

第三节　三峡流域城市社会组织法治化实践中存在的不足

从国家到三峡流域各地区县，对社会组织管理的相关法规制度总体而言层次不高，数量不足，配套不够。一方面三峡流域各级政府主要依照国务院《社会团体登记管理条例》《民办非企业单位登记管理暂行条例》《基金会管理条例》等国家法律法规对社会组织进行登记和管理，而国家层面上关于社会组织管理的法律法规体系尚未十分完善；另一方面由于三峡流域大部分地区尚不具备立法权，因此现行的关于社会组织管理的政策规定，只能以规范性文件的形式颁布。尽管其中有民族自治州或自治县有相应的立法权力，但由于经济发达程度等种种原因，未能就社会组织制定专门的法规和规章，这使得某些社会组织管理工作存在无规可依的情况。三峡流域地区的社会组织管理法治化实践中存在的不足主要有：

一　社会组织登记制度不完善

一直以来，我国社会组织登记制度门槛较高，所有的社会组织想要合法注册登记，不仅要通过登记管理机关的审批许可，还必须得到业务主管单位的审批同意，使社会组织获得合法身份遭遇到严重障碍。业务主管单位也常常为社会组织的登记设定一些障碍，现有的法律法规只规定了业务主管单位的职能范围，而对其义务却并未明确设定，所以一些

---

① 邓晓：《张家界：科学管理推动社会组织发展》，《中国社会组织》2014年第8期。

政府授权单位和政府职能部门并不愿意成为社会组织的业务主管单位。三峡流域地区个别地方为了促进社会组织的发展，在登记方面进行了初步的探索，2013年《国务院机构改革和职能转变方案》要求对行业协会商会类、科技类、公益慈善类、城乡社区服务类社会组织实行民政部门直接登记的规定使得前述问题有所缓解，但是除此以外还有大量专业类、学术类等社会组织需要业务主管单位，这在一定程度上影响了社会组织的健康发展。

此外，由于公共需求向多元化发展，社会组织的部分业务范围无法找到相关的政府部门的职能范围与之匹配，因此找到业务主管单位难度很大。三峡流域地区登记在册的新增社会组织数量比实际存在的社会组织要少，这是因为部分社会组织受限于自身规模及其活动范围，未能取得社会组织法人资格；部分社会组织由于所服务的领域属于新兴行业或范畴，现行的相关业务指导单位不能与其对应，而无法到民政部门进行登记，被迫处于非法境地；而部分社会组织则以企业法人资格进行登记，虽然一直开展公益事业却无法享受应有的税收优惠等。

二 社会组织评估机制不完善

在推进社会组织评估法治化过程中，存在的不足主要有两大方面：

（一）社会组织自身方面存在的不足

一是社会组织管理水平不高。部分社会组织管理机构设置不规范，管理层次不清楚，缺乏专职工作人员，社会组织难以正常开展工作。二是社会组织缺乏运行所需要的基本条件。社会组织设施设备条件参差不齐，部分社会组织缺乏必要的办公设备和条件，阻碍社会组织活动的正常开展。三是社会组织的日常工作缺乏痕迹管理意识。大量社会组织缺乏收集和整理资料的意识，对相关资料用完就丢，不留下痕迹，或者不注重整理归类，社会组织工作无迹可查；部分社会组织不开展活动，或者开展活动之后不备案，登记管理机关无法准确及时地掌握社会组织的工作运行状况。四是社会组织财务管理制度不健全。少数社会组织挂靠相关权力机关，成为半官办性质的组织，社会组织财务不独立，没有专职财务人员也没有建立财务账目。

（二）社会组织管理机关管理方面的不足

一是登记管理机关与业务主管单位之间协调不够。社会组织登记管理工作采取归口登记、双重管理的登记管理体制，登记管理机关侧重于社会组织的注册登记，业务主管单位侧重于社会组织的日常业务指导，导致政出多门、标准不统一，评估、检查、登记、年检等多项管理制度不协调。二是社会组织的登记管理机关对社会组织管理存在滞后现象。部分社会组织变更地址或者负责人没有及时登记，或者已经没有开展活动却没有进行注销登记，登记管理机关也未能准确及时地掌握社会组织的相关情况；三是业务主管单位对社会组织关注程度不够。部分业务主管单位对社会组织的运行状况处于"四不"状况，即不了解、不关心、不重视、对社会组织的活动不组织。①

三 社会组织发展的经费支持制度不完善

三峡流域地区各地为了支持社会组织的发展，出台了专项财政资金支持、福利彩票资金支持、向社会组织购买公共服务等措施，但这些措施多为临时的，需要进一步制度化。除此之外，还有几方面的制度需要完善：一是社会组织免税资格认定制度。社会组织从事社会治理和提供公共服务，其成立初衷及从业过程均不以盈利为目标，政府应通过加强监管规范社会组织的相关行为，但同时也应该考虑对其合法所得实行相应的税收优惠，以更好地促进其加快提升服务能力和治理水平。但由于相关法律法规在社会组织税收制度方面的缺失，导致地方政府在推动相关政策时无法可依。二是对向社会组织的捐赠行为缺乏税收激励制度。西方某些国家采取了公益事业捐款的税收激励政策，即对部分高收入群体所承受高税率的收入部分可考虑向社会公益组织捐出，而对捐款部分享受免税优惠，以此避开高税率，同时亦使得社会组织增加捐款收入。

四 社会组织的监管制度不完善

虽然社会组织具有志愿性的特征，但同样会面临"志愿失灵"，甚至

---

① 谭家萍、任翼：《社会组织评估机制研究》，宜昌民政网，http://www.ycmzj.gov.cn/art/2014/7/4/art_ 14693_ 542602.html。最后访问时间：2015 年 8 月 14 日。

有部分社会组织打着非营利的旗号寻求组织或个人自身利益，损害公共利益。尤其当下政府正在实施简政放权，由政府层层下放的一些权力常常由部分社会组织承接。当社会组织承接其部分政府下放职能，其监管问题则显得尤为迫切。然而，从实际情况来看，受历史传统及法律不完善等因素的影响，我国社会组织监督机制实质上还存在一些问题。

一是对社会组织的监督理念未能完全贯彻。纵观我国社会组织的相关法律，无论是《社会团体登记管理条例》还是《民办非企业单位登记管理暂行条例》，绝大部分内容均为登记管理制度，为社会组织的登记设立了一些阻碍，显示出对社会组织极其严格的管理取向。然而，在立法中却很少重视对社会组织设立后的实质监管。这种"严进松管"的立法指导思想已经使对社会组织的监管变成了严格的审查，这一方面阻碍了我国社会组织规模的扩大，另一方面也助长了社会组织牟取私利、进行违法犯罪活动，已严重偏离监管理念。

二是法律法规关于监管内容不清晰。虽然《社会团体登记管理条例》等法规确定了"双重负责""分级管理"机制，规定社会组织应接受县级以上人民政府的年检和监督，但却并未明确划分政府职责。登记机关监督什么？如何监督？监督过程中如发现问题该采取何种措施？管理条例对这些监管中的实质性问题规定不是十分明确。

三是监管机制单一。基于我国特殊的国情，"政府包办一切"的理念根深蒂固，公民社会尚未真正形成，除却政府监管，鲜有来组社会资源的监管。且就我国当前立法来看，也并未赋予其他社会力量监管的权力。而政府能力有限，仅仅依靠政府监督这一单一机制是远远不够的。

五 社会组织法律救济制度的不完善

当前我国社会组织的法律救济主要包括：社会组织与政府之间发生纠纷时的法律救济、社会组织与其他民事主体间发生纠纷时的法律救济以及社会组织与其内部成员发生纠纷时法律救济。针对这些情形我国目前存在的主要救济方式有：立法上的救济、司法救济和行政救济。就我国当前社会组织的法律救济现状而言，概括起来主要存在以下三个问题：

（一）社会组织法律主体定位不明确

如前文所述，我国社会组织具有行政相对人、准行政主体和民事主体三种法律地位，在不同领域有着不同的角色定位，如在登记设立过程中是政府实施具体行政行为的行政相对人，在设立后又可能因管理内部成员或接受政府委托履行部分政府职责而成为准行政主体。社会组织身份定位的模糊直接导致了适用法律的混乱与实现法律救济的困难，在实际生活中也常常因为身份模糊导致不同部门之间相互推诿，尤其是对于社会组织主管部门对社会组织作出处罚行为或社会组织与内部成员发生纠纷的案件，因未有法律明确规定，实现救济尤为困难。

（二）社会组织法律救济制度不完善

行政救济是社会组织最主要的救济方式，同时也是当前最为不完善的方式，不少社会组织与政府间纠纷因不符合现有行政救济条件而难以得到法律保障。如对于具有一定公共权力、作为准行政主体的社会组织，其履行公共职能时所发生的争议理论上应通过行政诉讼的方式解决，但因其行政主体身份不明确，在现实中也难以通过行政方式救济。与此同时，我国关于社会组织的司法救济也存在一定缺陷，如在社会组织设立登记制度中仅仅规定了符合登记的条件、程序等，对于政府不予登记、存在登记瑕疵等却并未规定司法救济制度。

（三）社会组织内部成员的法律救济制度不完善

作为普通公民加入某一社会组织后，就必须遵守该社会组织的内部章程；接受该社会组织的管理，社会组织此时自然成为管理者，而社会组织成员则成为被管理者，因成员与组织之间是不平等的关系，一旦双方发生纠纷，在救济方式的选择上则可能存在问题。因此种内部管理关系与私法不同，故不便于适用《民法》，而同时，在行政法领域对此也未予以明确规定，这则导致社会组织内部成员权利救济方式的缺乏。

第四节　三峡流域城市社会组织管理迈向法治化的建议

总体而言，为全面推进社会组织管理与运行的法治化目标的实现，我国应该全面修订"三大条例"，制定统一的上位法《社会组织法》，并尽快出台相关配套的法律法规，以法治化手段实现对社会组织的科学分类、全面综合的管理，促进社会自治能力的不断增强。统一立法首先要进一步明确登记管理机关、行业主管部门以及相关职能部门的职责,其次要把重点放在改革登记体制、完善资金支持制度、完善监管机制和强化法律责任等方面,完善社会组织的内部治理制度和法律救济制度。三峡流域城市社会组织管理迈向法治化的努力应主要在以下几个方面:

一 进一步完善社会组织的登记制度和备案制度

为进一步促进社会组织发展,我们赞同刘厚金先生的观点[①],建议加大改革力度,除政治类、宗教类社会组织外,一律不设业务主管单位,做到社会组织设立自由,行为合法。只要符合条件,任何公民和组织都可以直接向民政部门申请登记,成立社会组织。加快修订登记管理条例,制定社会组织分类登记的标准和具体办法。在社会组织登记管理上尽量取消不必要的前置性审批,下放审批权限,取消对社会团体筹备成立和社会团体分支(代表)机构设立、变更、注销登记的审批,将基金会和异地商会登记审批权限从省级以上民政部门下延至县级民政部门。如此,才能真正做到政府还权于社会,以市场的力量培育社会组织,逐步提高其在自治基础上承接社会管理事务的能力。完善社会组织备案制度,完善社会组织备案制度,创新负面清单制度,确立社会组织综合服务平台。负面清单管理模式是指政府规定哪些经济领域不开放,除了清单上的禁区,其他行业、领域和经济活动都许可。

二 建立完善的评估制度

社会组织的健康发展离不开完善的评估制度,其具体制度有:

(一)建立和完善专业的评估队伍制度

组建由有关政府部门、研究机构、社会组织、会计师事务所、律师事务所等有关专业人员组成的评估委员会和复核委员会,评估委员会负责审查社会组织提交的评估报告、实地进行考察并提出初步评估意见,复核委员会负责复核社会组织对登记评估结果的异议。对评估委员会和复核委员会成员进行培训,落实评估委员会和复核委员会成员补贴,提高其专业化水平。建立评估动态机制。实行随时申报、随时评估的动态

---

① 刘厚金:《完善社会组织直接登记制度》,《党政论坛》2014 年第 12 期。

机制，由社会组织根据自身的发展情况和需求，向评估委员会提出评估申请，对照评估标准提交资料，评估委员会迅速对其开展评估工作，保证评估结果的动态管理和实效性。

（二）制定社会组织的综合评估标准

根据《社会组织评估管理办法》的要求，结合本地社会组织发展实际情况，针对不同类别的社会组织制定详细的综合评估标准，社会团体从基础条件、内部治理、工作绩效和社会评价等方面进行评估，民办非企业单位从基础条件、内部治理、业务活动、诚信建设和社会评价等方面进行评估，保证评估标准的实际性。

（三）建立充分运用评估结果的制度

将等级评估结果作为承接政府向社会组织转移职能和购买服务的资质要求之一，只有等级评估达到3A级的社会组织才具有承接政府向社会组织转移职能和购买服务的资格；将等级评估结果与社会组织年度检查结合起来，评估等级达到3A级的社会组织可以简化年检程序。通过充分运用登记评估结果，提高社会组织参与评估的积极性，发挥等级评估的作用。[①]

三 完善支持社会组织发展的经费保障制度

总体而言，三峡流域的社会组织与全国多数地区的社会组织一样，其筹资渠道相对单一，筹资能力较低，因而需要完善相应的制度以保障社会组织生存与发展所必需资金的制度化保障。这种资金支持的制度化保障主要包括三个方面：

（一）明确各级政府每年以一定数额财政预算的方式支持社会组织发展

在中国，社会组织资金的关键来源是政府财政资助，这些财政经费可以以公共服务购买和专项支持经费等方式来支持社会组织的发展。社会组织则可以利用这些资金更好地服务当地的公益性事业。

---

① 谭家萍、任翼：《社会组织评估机制研究》，宜昌民政网，http：//www.ycmzj.gov.cn/art/2014/7/4/art_ 14693_ 542602. html。最后访问时间：2015年8月14日。

(二) 完善对社会组织的税费优惠制度

社会组织是为实现一定的公共利益为目的的,其基本特点是非营利性。对于非营利性的社会组织,在税法中规定了一系列关于税收减免的优惠办法。但从目前的进展情况来看,免税政策在三峡流域地区的推进执行力度还不理想,部分社会组织不清楚免税申报的相关程序。同时,逐步健全和完善相关针对社会组织捐赠、收入的税费减免政策。

(三) 建立和完善对社会组织成员的社会保障制度体系

要保障社会组织的发展,除了对社会组织本身给予一定的资金支持外,社会组织成员的队伍建设同样不能忽略。[1] 目前,三峡流域社会组织的专业人才匮乏已经严重的影响和制约了社会组织自身能力建设。因而,需要安排相应的经费来解决社会组织成员的户口、社保、职称、福利等一系列问题,为三峡流域地区社会组织留住人才提供保障。

四 完善社会组织监管制度

首先,转变立法指导思想,强化监管理念。政府应将对社会组织严格的控制型监管转为服务、指导和监督,实现从管理到治理的转变,并且将这一理念作为立法指导思想,融入相关制度的设计构建。这就要求政府改变当前重登记、轻监管的做法,并完善评估制度,既不能用过于苛刻的监管制度去阻碍社会组织发展,也不能放任自流。

其次,完善社会组织的有关法规内容,明确监管方式。完善社会组织监管制度主要明确监管的主体、对象、权限,并制定出相关辅助监管制度,具体包括:(1)建立日常监管机制,可在部分领域借鉴美国政府委托国家慈善信息局、人类慈善咨询服务组织和宗教财务委员会等机构,制定相应的管理标准,来评估社会组织的日常运营情况进行监督和管理的做法,对我国社会组织进行监管。[2] (2)建立专项检查制度,这主要针对社会组的项目运营、章程制定、人事安排等专项事项,通过专项检查督促社会组织依据章程开展活动。(3)建立社会组织问责机制。社会组织虽然与政府看似相对,甚至截然相反,但就掌握一定公共权力的社会

---

[1] 参见邓曦炎《东莞市社会组织管理研究》,硕士学位论文,华南理工大学,2013年。
[2] 参见李本公主编《国外社会组织法规汇编》,中国社会出版社2003年版,第406页。

组织而言，则与政府无异。有权必有责，故对社会组织的监管可仿效行政问责制，可对社会组织管理人员进行问责。（4）建立社会组织财务监管机制。无利益则无腐败，财务监管制度是杜绝社会组织违法犯罪的重中之重。在该点上，可借鉴日本的社会组织监管机制，发布社会组织会计基准，要求社会组织定期向监管部门进行财务汇报，政府则设专人对社会组织进行审计监督。最后，动员社会资源，构建多元监督体系。要保证社会组织健康发展，在强化政府监管的同时还必须动员社会资源，强化社会监督，构建多元监督体系。社会监督主要包括公共媒体、社会组织捐赠人、被服务人员以及普通公众的监督。这需要赋予相应公众一定的监督权限，并制定相应的监督制度，以强化社会监督的权威性，如可借鉴异域经验，通过独立的、专业的评估监督机构与公众一起对社会组织的活动进行相应的评价与监督。[①]

五　完善社会组织法律救济制度

首先，明确社会组织的法律地位。只有明确了社会组织的法律地位，方可根据社会组织的不同身份明确其行为性质。当社会组织作为行政相对人，即处理社会组织与政府之间纠纷时，可作为政府行政行为，纳入行政救济范畴；当社会组织作为准行政主体，从事部分政府部门职能或进行内部管理时，可视为行政主体，仿照政府部门进行行政行为处理；而当社会组织作为民事主体，则可以列为普通民事行为，依据民事诉讼相关法律进行救济。其次，拓宽社会组织法律救济范围。尤其是对社会组织设立登记的法律救济，同样应允许社会组织就登记纠纷起诉政府有关部门。最后，完善社会组织内部成员法律救济制度。社会组织内部成员法律救济制度分为内部救济和外部救济，内部救济指的是社会组织仿效行政部门在组织内部建立一套纠纷解决程序，负责处理组织内部成员与组织以及内部成员之间的纠纷，而该程序适用于全体组织内部成员。在具体制度设计上可仿效《公务员组织法》的纠纷解决制度，可包括成员申请、组织受理、审查、作出裁决以及执行等具体环节。为保证纠纷

[①] 参见季念勇《公共产品的社会组织供给及其法律规制研究》，硕士学位论文，广西师范大学，2012年。

解决的公平性，尤其在处理成员与组织间矛盾时，外部救济制度不可或缺。外部救济分为行政救济和司法救济，行政救济指的是当组织内部成员对组织内部作出的裁决不服时向政府机关提出的复议，类似于行政法中的行政复议。而司法救济则作为最后的救济途径，当内部救济、行政救济任不能解决争端，则可由组织成员向法院提起诉讼，启动司法救济程序。

第六章

三峡流域城市交通管理法治化研究

近些年来，我国的社会经济发展迅速，带动了我国的城市化迅猛发展，城市人口和产业规模也迅速增长，大量的流动人口拥入城市，汽车使用量急剧增加，从而使城市道路交通量增大，这给我国交通管理工作带来了一定的压力，三峡流域城市也不例外。现有相关研究主要集中在自然科学技术层面的对策研究，人文社科层面的研究普遍处于一种相对缺失状态。正如郑州大学法学院教授沈开举所说："交通问题不仅是技术建设问题，还是管理和法制问题。"本章通过梳理三峡流域城市交通管理的主要制度和措施，结合法律的原理以及国内外城市的交通法治经验，以期完善相关的制度和措施建设，促进三峡流域城市交通法治的发展，为市民创造更为安全、便捷和环保的交通环境。

第一节 三峡流域城市车辆管理的法治化

城市车辆主要是解决市民出行的需求，这里针对市民出行的私人车辆和公共交通车辆的特殊管理制度从法律的角度做一点分析。

一 私人出行车辆管理制度

私人出行车辆管理涉及私家车和其他代步工具的管理，三峡流域城市对私家车的管理遵循一般的做法，而其他代步工具，主要是摩托车和电动车，在三峡流域城市管理制度方面有些不同于其他地方的做法，下文主要从行政许可的视角并结合行政法基本原则来对其进行详细的分析，完善对摩托车和电动车的管理制度。

(一) 宜昌市城区禁止摩托车（含燃油助力车）通行的制度

1. 摩托车的管理

为维护市中心城区道路交通秩序，缓解中心城区交通拥堵局面，减少城区道路交通事故，确保人民生命财产安全，创建全国文明城市，宜昌中心城区（西陵、伍家区）从 2002 年 6 月开始停止对摩托车上牌，2004 年 8 月，市政府发布《关于加强宜昌市中心城区摩托车交通安全管理的通告》，禁止非西陵、伍家岗区籍号牌的摩托车（运输农副产品的除外）通行，即禁止其他区域号牌摩托车进入中心区。2009 年 4 月，再次发布《关于重申宜昌市城区对部分车型禁止通行的通告》，重申禁止通行的路段、车型。此后根据情况[①]逐步扩大禁止的区域，2014 年 11 月，禁行区域新增了城东大道从桔城路口到港窑路口段。

宜昌市城区"禁摩"措施采取的是逐步消解的方式，尽管如此，公民还是提出了很多的质疑：法律依据何在？摩托车主的权利如何保障，包括路权、财产权、知情权等？

2. 燃油助力车的管理

2011 年 9 月 1 日起，宜昌市中心城区禁止燃油助力车通行。由于宜昌市城区坡多且陡的特点，燃油助力车为市民所青睐，据交警部门不完全统计，当时宜昌城区燃油助力车的数量已突破了 5 万台。市交警支队副支队长董平介绍，宜昌市城区道路行驶的燃油助力车，假借非机动车的名义，既不办理号牌，也未取得驾驶证，随意闯红灯、超速、违法载人、乱停乱放，已经严重扰乱了城区道路交通秩序。据统计，2009 年、2010 年两年，宜昌城区共发生与燃油助力车有关的一般以上交通事故 600 余起，占交通事故总起数的一半，共造成 160 人死亡、989 人受伤。在借鉴了武汉、南京、长沙、合肥等地的经验后，最终出台了这条中心城区"禁行令"。这个措施有些突然，导致一些刚刚买了燃油助力车的市民却

---

① 2014 年 1—10 月，宜昌市城区与摩托车有关的交通事故超过千起，20 余人在车祸中丧生，平均每天有 4 人在"涉摩"交通事故中伤亡。不仅如此，严重的摩托车交通违法行为，还影响了道路通行环境，破坏了宜昌的文明城市形象。新增该禁行区域将有利于新建的宜昌火车站的交通通行环境。

被告知不能上路。①

(二) 宜昌市和铜仁市电动自行车实行目录和牌照管理制度

为加强对电动自行车（以下简称电动车）质量安全管理，宜昌市根据国家的相关规定，对电动车实行标准、目录和牌照管理，逐渐将不达标的电动车从城市道路上予以清除，以保障人身安全，维护道路交通秩序，正确引导消费。电动自行车的车速20公里/小时以下，车重40公斤，有脚踏装置，可以在中心城区通行。2011年宜昌市出台了《宜昌市电动自行车登记上牌合格目录管理办法》，对全市电动自行车销售进行目录管理。2011年11月10日下午，贯彻实施《宜昌市电动自行车登记上牌合格目录管理办法》的会议在市质监局召开，会议由市质监局牵头组织，市工商局、公安局领导出席会议，全市40余家电动车经销商参加会议，传达了文件的主要内容：全市电动车经销商要将样车送到法定检验机构完成检验，然后填写《宜昌市城区电动自行车目录申请书》向市质监局申请纳入目录。市质监局将根据国家标准和法定检验机构的技术检验结果，对宜昌市销售的各类型号电动自行车进行审核，对合格型号的电动自行车建立"宜昌市电动自行车登记上牌合格目录"数据库，并对社会公示。该数据库依据各电动车经销商的申报，实行实时更新，与公安部门、工商部门共享。市质监局向销售商颁发"宜昌市电动自行车登记上牌合格目录证"，并张贴在门店显眼处。第一批电动自行车合格目录申报日期截至2011年11月25日，首批合格目录在12月15—20日完成。在电动车销售实行目录管理的过程中，市质监局不收取任何费用。从2011年12月20日起凡未经质监部门审定进入合格目录的，一律不能在宜昌市公安交警部门登记上牌上路。②

与此同时，从2011年9月初开始启动宜昌市城区电动车上牌，首个星期即有1253辆电动车登记办牌，根据目前已登记的电动车类型，超过国家标准的电动车占七成，可办临时牌照，有效期两年；符合国家标准

---

① 陈春：《今起中心城区执行"禁行令"五万车主如何重新上路?》，《三峡商报》2011年9月1日。

② 《宜昌市电动自行车管理出新规》，《三峡日报》2011年11月11日。

的电动自行车仅占三成，可办理长期牌照。① 截至2012年的统计，城区注册登记（含备案登记）的电动车共1万多台，其中，时速20公里以上的"超标"电动车共计4336台，而合格电动自行车则在9000台左右。

经过这些措施，目前城区基本没有超标的电动车了。

铜仁市对电动车也是实行标准、目录和牌照管理，其依据是省政府出台的《贵州省电动自行车管理暂行办法》，不符合国家安全技术标准的电动自行车临时通行号牌和行驶证有效期为5年，期满后不得上道路行驶。

（三）宜昌市城区禁止摩托车管理制度的法律评析

各城市"禁摩"的类型主要是"禁路"和"禁牌"。"禁路"是指在城区规定的区域和规定的时间内禁止摩托车通行，如2009年5月长沙市公安局交通警察支队发布的《关于长沙市区部分区域道路禁止摩托车通行的通告》，其中规定2009年5月1日起，禁止摩托车（包括两轮摩托车、正三轮摩托车、侧三轮摩托车）在城市一环、二环和三座大桥通行。"禁牌"是指政府停止办理摩托车牌照与行驶证，即使符合办理摩托车牌照与行驶证的条件，如2002年1月6日下午广西南宁市政府宣布，从2002年1月10日起，停止办理摩托车入户登记。宜昌市是结合了二者，先采用"禁牌"，后采用"禁路"，并且是逐步扩大"禁路"的范围。宜昌市"禁摩"虽然采取的是逐步消解的方式，用10年左右的时间来逐渐等待摩托车报废，但是当初2002年禁止城区摩托车上牌照、2004年起禁止非城区的摩托车进入主城区是否合法，有无法律依据？对于燃油助动车，在没有禁止的情况下，公民有权选择其作为交通工具，政府突然的禁止决定是否对公民权利构成侵害？

1. "禁摩"合法性问题探讨

对于摩托车多地有相应的管理办法，如成都市、南昌市、六盘水市摩托车管理规定……全国已有百多个城市向摩托车"宣战"，"禁摩令"的法律依据一般都集中在《中华人民共和国道路交通安全法》（以下简称《道路交通安全法》）和《中华人民共和国行政许可法》（以下简称《行政许可法》）。

---

① 《昨起宜昌城区电动车上牌》，《三峡日报》2011年9月16日。

第一,"禁摩"是否符合公共利益的问题。"禁摩"城市一般以《行政许可法》第八条第二款作为禁止摩托车登记上牌的法律依据。该条款规定:"行政许可所依据的法律、法规、规章修改或者废止,或者准予行政许可所依据的客观情况发生重大变化的,为了公共利益的需要,行政机关可以依法变更或者撤回已经生效的行政许可。由此给公民、法人或者其他组织造成财产损失的,行政机关应当依法给予补偿。"根据该条款,"禁摩"城市认为其可以撤回已取得上道路行驶资格的摩托车的行驶资格,甚至在今后也绝对禁止摩托车登记上牌。对此,质疑"禁摩"合法性的意见主要是"禁摩"作为一种行政许可的废止,是否符合所保护的公共利益?据有关人士预测,在"禁摩"后,将会有六分之一的摩托车族转而购买汽车,而且小汽车的增加速度将会比现在更快,道路交通压力是增大还是减小尚属未知之数,也就是说"禁摩"不一定能达成改善交通状况的公共利益。但是有些城市,"禁摩"可以达成其他的一些公共利益,这些可以作为"禁摩"的理由。比如广州当时摩托车的存在的确给广州市各个方面造成了很多社会问题,当时涉及摩托车的交通事故占了所有交通事故的一半,特别是治安问题,使得摩托车成为"两抢"和威胁人民群众的重要工具,因此,公众有要求政府治理摩托车的利益诉求。另外,2003年广州市人均生产总值达到了5000美元,广州市民的生活方式和出行方式也有改变的需求,加上汽车行业利益集团背后推动汽车行业的发展需要扫清市场障碍,当然愿意将摩托车行业踢出局。①

第二,权限问题。各地"禁摩"令多以地方政府规章和规范性文件的形式发布,宜昌市当时就是以规范性文件作为"禁摩"的依据,少以地方性法规的形式发布,如《长沙市道路车辆通行若干规定》。以《道路交通安全法》第39条作为禁止摩托车通行的法律依据,该条款规定:"公安机关交通管理部门根据道路和交通流量的具体情况,可以对机动车、非机动车、行人采取疏导、限制通行、禁止通行等措施。遇有大型群众性活动、大范围施工等情况,需要采取限制交通的措施,或者作出与公众的道路交通活动直接有关的决定,应当提前向社会公告。"根据该

---

① 王颖、何华兵:《政策过程理论的多维分析——以广州市"禁摩"政策为例》,《中国行政管理》2008年第12期。

条款,"禁摩"城市认为其有权划定某些区域甚至整个市区全面禁止摩托车通行。

《道路交通安全法》和《行政许可法》都赋予了摩托车在符合法律规定的情况下可以上路行驶的权利,对许可的具体实施加以规范时,《行政许可法》第16条对各层次的立法权限作了规定:行政法规可以在法律设定的行政许可事项范围内,对实施该行政许可作出具体规定。地方性法规可以在法律、行政法规设定的行政许可事项范围内,对实施该行政许可作出具体规定。规章可以在上位法设定的行政许可事项范围内,对实施该行政许可作出具体规定。可见,在法律、行政法规和地方性法规都未对限制摩托车上路作出特别规定时,规范性文件无权创设相应文件规定永久性全天候禁止摩托车的道路行驶权。地方性法规和地方政府规章可以对行政许可的具体实施问题进行规定,只要不与上位法相抵触,可以结合本地实际,制定某些法律文件。"禁摩"问题因其强烈的地域性,是一项关乎一地交通、环保、治安等因素的地方性事务,因此,地方性法规和政府规章可以在法律和行政法规尚未对"禁摩"作出明确规定之前为"禁摩"令提供相应的依据,也就是说可以通过地方性法规和政府规章对摩托车的许可实施问题作出具体规定,包括"禁摩"的规定。对于没有地方立法权限的城市来说,"禁摩"令作为一种对许可做出具体实施的方式,不能采用地方性法规和地方政府规章,只能采用规范性文件,这就不符合《行政许可法》的要求。宜昌市在实施"禁摩"令时并不具备地方立法权,仅仅以规范性文件的形式来推行"禁摩"就与《行政许可法》相违背了。

也有学者从法理角度做分析,在无任何上位法作为依据的情况下,可以自主制定规章,但是"如果在地方政府规章中要创设新的权利和义务,一定要有权力机关的特别授权。"① 由于"禁摩"必然导致已购买的摩托车无法使用,侵害了公民的合法财产,同时也实际剥夺了相对人已经取得或依据法律可预期取得的驾驶摩托车在道路行驶的权利,很明显已超出了具体行政管理事项,属于一种新增义务的行为。因此,如无权力机关的特别授权,政府规章无权制定"禁摩"令。

---

① 刘高林等:《"禁摩令"引发的法律思考》,《岭南学刊》2007年第3期。

总之,"禁摩"作为一项行政许可的实施问题,不能通过一个规范性文件来做出,在权限和形式上要符合法律的要求。随着宜昌市成为有地方立法权的城市,该问题应当而且能够尽快加以解决,使得权限问题合乎法律的要求。

2. "禁摩"合理性问题

行政机关作出一个行为的合理性问题,也就是是否符合比例原则的要求,即行为目的与手段是否存在紧密关联,且手段是否符合最小侵害原则。

首先,"禁摩"手段与目的虽然是存在联系的,但并不是"紧密"的联系,因为交通拥堵的根本原因是有限的城市道路不能满足日益增长的机动车需求;尾气、噪声污染是所有机动车共同引起,而不是排量小的摩托车就能够造成的;交通事故是由各种因素共同作用引起的,其中汽车的事故率高于摩托车。"禁摩"不能明显地达成治理交通拥堵、环境污染、交通事故的目的,手段和目的之间并不符合紧密的关联性。

事实上,宜昌城区"禁摩"后,并没有达到强化交通安全的目的。市民开始购买各类助力车作为交通工具,包括达标的电动车和超标的电动车以及燃油助动车。这与当时的公交滞后有关,宜昌城区常住和流动人口接近 70 万人,公交线路仅 35 条,公交车 462 辆,出租车 1704 辆,平均 1364 人拥有一辆公交车。而且公交车的运行时间和辐射空间较为有限,存在诸多公交死角,市民出行极为不方便。① 2002 年以后的十余年间,虽然摩托车数量逐渐减少,由于电动车、燃油助动车激增,这些车辆的驾驶员无法应对复杂的交通状况,对突发状况也不能及时进行避让处置,造成的安全事故不少,据统计,宜昌因摩托车引发的交通事故占事故总起数的 40% 以上,而其中电动车引发的交通事故占摩托车引发事故比例更高达 60%。② 2007 年 4 月至 2009 年 4 月,宜昌城区共发生涉及助力车(主要是电动车、燃油助动车)的交通事故 4854 起,占交通事故总起数的 21.8%,共造成 37 人死亡、4467 人受伤,直接经济损失 141.6

---

① 邬兴山:《是是非非"助力车"》,《三峡晚报》2009 年 6 月 8 日。
② 冯婷:《新国标下月实施宜昌 5 万辆电动车如何上路?》,《三峡商报》2009 年 12 月 4 日。

万元。助力车无牌无证，且没有购买保险，加上驾驶人经济赔偿能力有限，很多死亡者家属和受伤人员因无法得到经济赔偿而走上上访道路，引起了更多的社会问题。超标"助力车"在道路上行驶，既不办理号牌，也未取得驾驶证，随意闯红灯、超速、超员，严重扰乱交通秩序。①

其次，摩托车的管理问题可以有多种适合的手段可供选择，如科学规划城市道路，强化规范摩托车的管理，提高市民交通意识等，实际上，很多城市没有"禁摩"，通过其他的措施，交通秩序依然有序。政府并没有选择对人民侵害最小的手段，"禁摩"是政府选择的最方便的一种懒办法，但对市民造成很大损害显然是违反最小侵害原则的。

3. 程序正当问题

行政机关必须遵循正当的法律程序（包括从事先到事后的程序），才能作出影响行政相对人权益的行政行为。从事先到事后的程序包括对相对人进行告知；向相对人说明行政行为的根据及理由；听取行政相对人的陈述及申辩；事后为行政相对人提供相应的救济途径……"禁摩"是在本地区社会涉及面广，与人民群众利益密切相关的交通管理方面的行政决策，是一项重大的行政决策事项，对众多市民产生重大影响，处理不好将会影响社会稳定，如湖南郴州"禁摩"引发千人散步发展成为掀翻警车的损害公物事件。应适用重大行政决策程序进行调查研究，向相对人说明根据及理由，同时要充分听取行政相对人的意见和建议尽量全面、准确掌握所需信息，提供两个以上的决策方案进行选择，进行成本效益分析，并对其合法性进行论证，政府在作出决策前应当对此举行听证会，严格按照听证程序的要求听取公众的陈述与意见。②

4. "禁摩"与公民权利的保护问题

第一，摩托车主的平等权。行政机关实施行政行为时都必须依法平等地对待，不能因行政相对人的性别、身份、民族、宗教信仰等的不同而对之予以不平等的待遇。《道路交通安全法》第 39 条赋予了行政机关可以根据交通流量对交通参与者进行管制的权利，从此法条看，首先行政机关管制的对象是交通参与者，包括机动车、非机动车、行人，而不

---

① 邹兴山：《是是非非"助力车"》，《三峡晚报》2009 年 6 月 8 日。
② 宋迎娟：《"禁摩"的行政法分析》，硕士学位论文，湘潭大学，2011 年，第 22 页。

是针对某种特定车种或特定车型；其次，交管部门管制的前提是交通流量过大，这种"流量"是所有道路交通参与者共同组成的，流量过大是由包括机动车、非机动车和行人共同造成的，并非体积较小、调动相对灵活的摩托车造成，因此进行管制应在分析道路和交通流量的具体情况下，合理地管制机动车，包括汽车，而不应随意地只针对摩托车，否则，这便是对摩托车实行区别对待。交通管制不应只针对摩托车，是指所有机动车、非机动车和行人的流量，这种区别对待似有滥用职权之嫌。而且，局部的交通管制不应变相为全面的禁止通行，城市道路交通属于稀缺性资源，即使是在十分特殊的情况下需要对某一特定的车种（如摩托车）或车型（如小排量汽车）作出限制通行或者禁止通行等措施，也只能是一种分时段、局部性的交通管制措施。[①]

第二，摩托车主的财产权。公民基于国家机关所实施的某项行为（法规、政策或者行政处理等），依此安排自己的生产生活，做出了一定的处分行为，国家机关对于公民这种基于行政行为形成一定的事实或行为的正当信赖而产生的利益，应当提供一定形式和程度的保护。摩托车车主基于取得的牌照与行驶证、驾驶证享有使用摩托车和驾驶摩托车上路的期待利益，政府实施"禁摩"损害了摩托车车主的此种信赖利益，变相地剥夺了其财产权。甚至说，市区摩托车经销商与相关行业基于经营许可证取得了从业的资格，行政机关若要撤销应根据《行政许可法》的规定对行政相对人因此遭受的损失进行赔偿。

此外，"禁摩"也要考量该措施和车主的其他公民基本权利的轻重关系，"禁摩"无疑会影响一个城市几十万摩托车族的出行甚至剥夺数以万计以摩托车为职业的人的生存空间，这就涉及自由权和生存权。是否实行"禁摩"，需要在主要理由：一是阻碍城市交通；二是多引发交通事故；三是造成城市污染严重；四是影响社会治安，如摩托车抢劫；五是影响城市形象）和公民的基本权利之间做个权衡，不能只看到"禁摩"的理由而忽视了公民的基本权利。

5. 完善建议

宜昌市"禁摩"的现实依据主要是摩托车安全性低，造成事故多等

---

① 宋迎娟：《禁摩的行政法分析》，硕士学位论文，湘潭大学，2011年，第12页。

弊端，难以管理。这个有摩托车自身的原因，一方面，摩托车交通违法"风险成本"低。由于摩托车的机动、灵活，一旦遇有交警在路上执勤示意停车，他们大多数选择的是一跑了之，或加速强行通过，或掉头逃逸，被交警逮着的概率比较小。另一方面，交警对摩托车交通违法的执法难度大、执法成本高。为了制止、纠正和处罚摩托车交通违法行为，同时又要确保执勤交警和摩托车驾驶人的安全，不得不动用大量警力围追堵截，有时对那些肆无忌惮、屡屡强行通过的摩托车，不得不将行进中的其他车辆拦下来作为路障。路面执勤交警遇有强行通过的摩托车一旦躲避不及，就会有受伤甚至因公殉职的危险。

还有一些制度上的缺失放大了其安全性问题和管理难度。实际存在这样的现象：摩托车车主去办理相关手续及购买保险时，车管所不给摩托车办理上牌等相关手续，保险公司也不愿为摩托车承保；摩托车车主在购买了摩托车后还要到保险公司购买保险，才能上路行驶。这种分头办理的模式影响摩托车车主办理相关手续的积极性，导致部分摩托车在没有登记、无证件的情况下上路，埋下安全隐患，这是摩托车管理难的最主要原因。

鉴于以上的问题，部分地方的做法值得学习，比如湖北广水市2014年3月推广"流动车管所"集中办牌办证试点7个，办理摩托车牌证数、交强险投保数、车购税征收数与2013年同期相比大幅增加。此外，广水市还采取了整顿销售市场、划定摩托车专用车道、服务前移等举措，通过完善这些管理措施来加强对摩托车的管理。

宜昌市已经进入有地方立法权的城市行列，"禁摩"的权限将会合法化，即便如此，"禁摩"作为一项影响公众重大利益的行政决策，要进行充分的调研，将相关论据材料向社会公开，通过正当法律程序，采用更加公平公正、符合法律法规的方式去协调不同利益群体之间的矛盾冲突，保障每一个公民在国家法律框架下的生活生存空间。[①] 对于非"禁摩"的区域，加强对摩托车的管理，这样才使得宜昌的摩托车管理真正在法律的轨道上运行，克服摩托车的负面影响，这对于三峡流域其他城市摩托车管理的法治化也有参考意义。

---

① 刘高林等：《"禁摩令"引发的法律思考》，《岭南学刊》2007年第3期。

(四) 宜昌市和铜仁市电动车管理制度的法律评析

1. 各地电动车管理制度的主要类型

对于电动车的管理，各地不同时期有不同的做法，大体上包括禁止型、自由型和许可型。宜昌市和铜仁市属于许可型，很多中小城市属于自由型，只要电动车符合技术指标就可以上路，无须上牌和登记。少量发达城市实行或意图实行禁止型，如北京市的电动自行车管理经历了由"禁"到"限"的政策变迁。早在2002年北京便出台了3部关于电动自行车税费和交通管理的规定，全面禁止电动自行车上道行驶，这在全国各个城市中处于前列。2005年后实行上牌上路，并陆续颁布出台有关电动自行车的立法文件，北京市政府办公厅和北京市公安局先后下文，规定电动自行车经登记、核发牌证之后可以上道行驶。但是其实际规制效果并不理想，大量电动自行车超过国家标准，交通事故频发。目前正在起草《北京市电动自行车管理办法》，相关专家意见稿提出了一些解决的举措：实行电动自行车产品目录动态管理制度、在登记的基础上强化对电动自行车的审验力度；对超标电动自行车多管齐下治理，特别是第三者责任强制保险制度……

深圳市曾经对电动自行车局部禁行，由于电动车数量众多，事故多发，2010年深圳涉及电动车的交通事故268宗，造成64人死亡，影响交通安全和通行效率，深圳市公安局2011年5月26日发布了《关于在部分区域道路禁止电动自行车及其他安装有动力装置的非机动车行驶的通告》，从6月6日到12月5日，深圳的电动自行车禁止驶入福田、罗湖、盐田、南山、宝安等主要市区。

2005年5月28日，广东省珠海市人大常委会通过了《珠海经济特区道路交通安全管理条例》，规定自7月1日起禁止电动自行车上路，违者将被罚款500元。当时的民意调查96%的人反对，珠海市人大法工委负责人说："珠海市的实际交通状况并不具备电动自行车上路的条件。现在有些电动自行车车主缺乏法律意识，进入机动车道行驶，在非机动车道和人行道上行驶时常常车速过高，容易引发交通事故。"

早在2006年，广州就曾经推行"禁电"受阻，广州2014年10月再次提出拟全面禁行电动车，主要原因是危害交通安全，引发热议。《广州市非机动车和摩托车管理条例（草案征求意见稿）》（以下简称《条例》）

在市法制办官网公开征求社会意见,其中关于广州首次禁售、再次禁行电动自行车的规定,引发了市场、行业等多方质疑。广东省、广州市几乎所有媒体都在重要位置、第一时间报道了广东省政府批复、广州市执政者再次决定"禁行电动自行车"的报道,这是中国绝大多数城市特别是中国首都北京市由"禁行"到"放行"电动自行车之后,第一个再次决定禁行电动自行车的大城市。这除了关系到中国南方第一大都市——广州市这座800万户籍人口城市生活和未来的走向,还关系到13亿中国公民的出行问题。广东媒体在报道广州市执政者决策"禁行"电动自行车时,特别强调了"广东省政府正式批复广州市政府,同意广州市在全市范围内(含从化、增城市)对电动自行车不予登记、不准上路行驶"的决定,对此,广东学者巩胜利认为广东省政府批准广州市"电动自行车不予登记、不准上路行驶"(包括所有的电动自行车)的决定,依然与法律、生产销售、社会生活等产生了严重碰撞。①《中华人民共和国道路交通安全法》第58条规定:"残疾人机动轮椅车、电动自行车在非机动车道内行驶时,最高时速不得超过十五公里"。《广东省道路交通安全条例》第14条规定:"地级以上人民政府在本行政区内对电动自行车和其他安装有动力装置的非机动车不予登记、不准上道路行驶作出规定的,应该公开征求意见,报省政府批准。"可见,电动车一般只要符合时速标准设计的,都是可以上路行驶的,即使要禁止,也要征求公众意见,征求意见并不是仅仅形式上公开草案,而是要科学分析民意,以民意作为决策的一个重要的参考指标,而公众的意见显然是多数反对该项决定的,故而广州市"禁电"的立法一直被搁置。

2. 宜昌市和铜仁市对电动车管理采用许可制的法律问题

宜昌市和铜仁市对电动车采用上牌上路管理,这就是一种行政许可,而且是由各地自行设定的行政许可,下文将对此作细致分析。

第一,某一个地方电动车是否要采用行政许可的方式,须符合设定行政许可的条件。

这两个城市的电动车管理制度其实就是对电动车从自由放任到一种许可制,符合许可条件才能销售电动车,符合许可条件的电动车才能上

---

① 《广州禁行电动车惹热议 专家称违背国家法律》,《法制早报》2006年11月20日。

路。《行政许可法》第 11 条规定:"设定行政许可,应当遵循经济和社会发展规律,有利于发挥公民、法人或者其他组织的积极性、主动性,维护公共利益和社会秩序,促进经济、社会和生态环境协调发展。"第 12 条第 1 款规定:"下列事项可以设定行政许可:直接涉及国家安全、公共安全、经济宏观调控、生态环境保护以及直接关系人身健康、生命财产安全等特定活动,需要按照法定条件予以批准的事项……"

对电动车实行行政许可是否符合"公共安全、直接关系人身健康、生命安全等"许可事项的要求呢?是否符合许可法规定的法律依据要求?

根据 2012 年公安部的通报,全国的机动车保有量为 2.4 亿辆,电动自行车保有量为 1.2 亿辆。2012 年全国因交通事故共造成 59997 人死亡,其中因电动自行车死亡的人员共 5314 人,占比不到 9%,2.7 万人受伤。部分城市电动自行车交通事故状况如表 20 所示:

表 20[①]　　　　　部分城市电动自行车交通事故状况

城市	电动自行车交通事故状况
福州	2009 年电动自行车事故 431 起,死亡 64 人,占交通事故死亡人数的 14.22%
杭州	2010 年电动自行车事故 1012 起,死亡 178 人,上升 34.27%,另有 1133 人受伤
宁波	2011 年电动自行车事故死亡人数达 176 人
沈阳	2012 年电动自行车事故死亡 122 人,占交通事故死亡人数的 18.8%
台州	2013 年电动自行车事故 18796 起,死亡 183 人,占全年交通事故死亡人数的 38%

另外,据统计,电动自行车行驶过程中占用机动车道是引发交通事故的首要因素,占 36%,电动自行车超速问题排在第二,占据事故成因的 27%。

电动自行车交通安全形势不容忽视,从中央到地方都出台了一些法律法规进行规范化管理,目前全国共有 185 部电动自行车立法文本,其中

[①] 程波:《基于交通冲突的电动自行车交通安全研究》,硕士学位论文,西南交通大学,2010 年,第 11 页。

法律1部，法规20部，人大决定2部，规章14部，行政规定148部①，多地有相应的管理办法，如《山东省低速电动车管理办法》《上海市非机动车管理办法》和《上海电动车上牌规定登记管理办法》《武汉市电动车管理暂行办法》，一些中等城市如襄阳、宜昌等，甚至县城，如竹溪县也有电动车管理暂行办法。有些地方立法正在酝酿之中，如河南省正在起草《河南省电动自行车管理办法》，对电动自行车的生产管理、市场准入、登记管理、路面管理等进行规范，并拟对电动自行车上牌管理。2014河南省"两会"上，多名人大代表提出议案，建议将电动自动车管理纳入法治轨道，实施"上牌"管理，落实安全责任和严格管理。这些法律、法规、行政规定主要规范以下事项：

（1）电动车的标准。2009年，经国家发改委、公安交管等部门同意，根据国家标准制定和修订程序，在全国汽车标委会摩托车分会广泛征求意见的基础上，相关科研单位和专家多年反复论证制定的《电动摩托车和电动轻便摩托车通用技术条件》发布。这部被称作"电摩新国标"的国家标准明确规定：40公斤以上、时速20公里以上的两轮车称为轻便电动摩托车或电动摩托车，并且划入机动车范畴。这个标准划清了电动摩托车和电动自行车的界限，前者属于机动车，后者属于非机动车。

（2）电动车的登记管理。2011年公安部发出《关于加强电动自行车管理的通知》，针对电动自行车造成道路交通安全隐患突出的现象，为规范电动自行车生产、销售，作出了一系列要求，明确要求省级人民政府按照《道路交通安全法》第18条的规定，制定出台加强电动自行车管理的规定，在管理与服务并重的原则之下，对电动自行车的生产管理、市场准入等进行明确规范，公布在本省（自治区、直辖市）范围内准予注册登记的电动自行车生产企业及产品。要求对电动自行车实行登记管理。

从前述内容来看，电动车在交通安全中存在一定的问题，需要加强管理，可以设定许可来作为一种加强管理的方式，而且行政许可设定的法律依据包括法律、法规和规章，地方政府的规范性文件不能设定行政

---

① 《北京：全国首部地方性电动自行车管理办法专家稿出台》，中国轻工业网，http：//www.clii.com.cn/zhhylm/zhhylmHangYeZiXun/201402/t20140218_3848198.html。最后访问时间：2015年8月10日。

许可。

　　以电动车技术标准为据作为许可的条件，符合设定许可事项的要求。中华人民共和国国家标准——《电动自行车通用技术条件》对电动车的主要技术性能作了明确的规定和要求，如最高车速应不大于20km/h，整车质量（重量）应不大于40kg，等等，这个规定在法律层次来说至少属于规章，可以对行政许可的具体条件进行规定。宜昌市据此来核定电动车的目录，许可符合条件的电动车在市场销售。但是对于电动车的牌照管理，宜昌市设定这种许可就不符合《行政许可法》规定的法律依据要求，因为对电动车的许可设定依据问题，中央层面只有公安部的《关于加强电动自行车管理的通知》，要求对电动自行车实行登记管理，这是一个规范性文件，地方层面湖北省没有规定，相关草案一直处于制定之中，宜昌市先行制定了《宜昌市电动自行车登记上牌合格目录管理办法》，这也是一个规范性文件，以此为依据来实行牌照管理可以说是设定许可的法律依据不足。

　　相比较而言，铜仁市实行牌照登记管理则符合许可设定的法律依据要求，2013年省政府规章《贵州省电动自行车管理暂行办法》第三章专门规定了电动车牌照登记管理，而政府规章可以设定许可，这符合《行政许可法》规定的法律依据要求，铜仁市只是执行了贵州省政府规章对电动车设定许可的规定，符合《行政许可法》的规定。

　　第二，行政许可之外要有相应的配套措施来实现行政许可的目的。

　　一些公民反对电动车牌照管理的理由如下：牌照管理意义不大，如同普通自行车的管理，没有任何配套的制度，作用不大。也就是说，电动车如果只是单纯地上个牌照，没有其他措施相配套，就无法发挥作用。对此，《贵州省电动自行车管理暂行办法》规定了相应的管理措施，比如"伪造、变造或者使用伪造、变造的电动自行车号牌、行驶证；故意遮挡、污损或者使用他人电动自行车的号牌、行驶证，给予警告，处50元罚款"；"提倡电动自行车所有人参加相关责任保险"……有这些措施相配套，铜仁市实施牌照登记管理相比宜昌市就可以发挥更好的作用。因此，电动车牌照登记管理不能仅仅是登记，要配合其他措施发挥保障安全的功能，比如在登记的基础上强化对电动自行车的审验力度。

　　第三，超标电动车的处理与公民财产权问题。

对于超标的电动车，车主是在电动车牌照管理制度和新修订的标准出台前购买的，属于公民的合法财产，其使用价值在于上路行驶，政府为了保障公共交通安全和畅通，对这些超标的电动车在一定时间之后禁止上路，如宜昌市是 2 年，铜仁市是 5 年，武汉是 3 年，海口市在原定的 2 年基础上又延长了半年，如何合理确定时间呢？成都市不符合新规的"超标"电动自行车将有三年过渡期，"设置时间为 3 年，主要基于两大原因"，成都市交管局负责人解读称，一是基于国家明确要求各地要限期淘汰在用"超标"电动自行车，二是因为电动自行车的平均使用周期为 5 年，结合目前成都市大部分在用"超标"电动自行车已经使用了一定时间的现状，最后折中选取了 3 年时间作为过渡期。另外，主要从商家来控制超标电动车，消费者因购买到未纳入目录或者与目录技术参数不一致的电动自行车，导致无法在交管部门办理车辆登记上牌的，可要求经营者退换货，如果经营者故意拖延或无理拒绝的，或有违法销售电动自行车行为的，消费者可拨打"12315"向工商行政管理部门投诉举报。举报行为一经查实，将给予消费者最高 1000 元奖励。[①]

尽管给予超标电动车的过渡期有长有短，这实际上是政府通过一项命令限制了公民财产的正常使用，也是对财产权的一种侵害。笔者以为，禁止超标电动车上路，还是应该考虑车辆的正常使用年限，或者对超标电动自行车实行多管齐下的治理，特别是第三者责任强制保险制度，给公民选择权，而不是简单地加以禁止。

3. 其他城市电动车管理配套制度及其借鉴

主要以电动车管理做得比较好的两个城市为例，除了上牌登记制度以外，还有其他的制度来一并发挥作用。广西柳州 2012 年 4 月开始实施电动车上牌制度，"上牌不收费，办证不花钱"，政府投入电动车登记备案专项经费，还自主开发了电动车登记备案系统，方便长效管理和破获盗抢，促使几乎所有的电动车车主都主动上了牌。上牌与电动的防盗防抢相结合，保护电动车车主的权利，自然就获得更多的支持。交警部门还给予了电动车专用标线标志的优待、增设非机动车道和违章后选择缴

---

① 陈碧红、蒋君芳：《成都出台电动车管理新规 行驶时速超 15 公里将被罚》，《四川日报》2014 年 12 月 2 日第 08 版。

纳现金或接受教育的处罚方式这三种特殊待遇。这些措施实施一年，交警部门共暂扣违法两轮电动车 4131 辆，组织 4428 人参加不少于 3 小时的交通安全宣传教育。柳州市对电动车严格的规定加上人性化的处罚措施，处处体现了温情和法理，得到市民的认可和支持。部分保险公司还专门推出了两轮电动车的第三者保险及驾驶人保险。① 这些措施提高了电动车车主的交通安全和规则意识，提高了责任承担能力，减少纠纷的发生。

南宁现有上牌的电动车就达 130 万辆，超过机动车保有量 3 倍。按南宁 300 万城市人口计算，相当于每 3 人就拥有超过 1 辆的电动车，这个比例，还在以每天 1200 辆的速度增加，电动车的密度，南宁排在全国首位。南宁市公安局交警支队公布的数据显示，2014 年全年，南宁市共发生适用一般程序处理道路交通事故 835 起，死亡 373 人。其中，与两轮摩托车、电动车有关的立案事故多达 572 起，死亡 226 人，分别占总数的 68.50%、60.58%，涉及摩托车、电动车的事故占总数的一大半，比例之高令人震惊。其中涉及电动车的交通事故共发生 267 起，死亡 76 人。南宁电动自行车上牌制，始于 2013 年 8 月 15 日，但上牌制并不能抑制电动车驾驶员违法，对于电动车车主的违法行为，交警支队一直采取严管重罚的措施。拟定了 10 项管理目标：没有电动车闯红灯现象；没有电动车逆行现象；没有电动车在机动车道行驶现象；没有无牌无证驾驶电动车现象；没有电动车违法载人现象；没有电动车载物超长、超宽现象；没有改装电动车上路行驶；没有违法安装电动车太阳伞现象；没有与机动车抢道现象；没有电动车飙车现象。同时制定了 10 项配套措施：制作电动车安全教育视频，在南宁市所有企事业单位、社区（居民小区）、各个工地、城市核心地区播放；在城市中心区域、核心道路设置电动车禁行区域；联合团市委、青年志愿者联合会，征集志愿者，加强对道路上电动车行驶的管理；机关、事业单位干部、职工电动车违法行为，和诚信挂钩实行抄告制；加大电动车违法查处的力度，强制组织违法电动车司机学习《道路安全交通法》的人数，从每天 3000 人次扩大到 10000 人次；加强对学校周边电动车管理，组织引导学校师生在上学、放学的高峰期，劝导学生守法驾驶电动车；在街道增设电动车标志标牌，加强对

---

① 《电动车创新管理开启"柳州模式"》，《柳州日报》2013 年 5 月 2 日。

电动车的引导；对电动车实行网格化管理，明确电动车路权；加强各警种配合，强化对电动车的管理；加大宣传力度，使电动车守法深入人心。

特别是电动车违法不罚款，只要求进行交通安全学习，受到大家的广泛点赞。过去对于电动车违法行为，交警部门以罚款为主，教育为辅。电动车手违法被处罚以后，道路交通安全知识和意识都没有得到很好的提升。2014年7月开始，为进一步加强管理，开始对电动车违法人员执行"不罚钱，只强制要求学习道路交通法规"的措施，违法人必须参加3小时的交通安全教育学习。实施以来，至少有10万人次参加了交通安全教育学习。另外，从2014年8月4日开始，电动车上牌实行道路交通法规考试制[1]，必须知晓交通规则方可通过考试，方能上牌，将上牌与交通规则的学习相挂钩。

南宁市还出台了电动车的驾驶规则立法，2015年3月31日下午，备受关注的《南宁市道路交通安全条例》经南宁市第十三届人大常委会第二十七次会议审议并通过，将报自治区人大常委会批准后实施。其中规定：电动自行车在转弯时，应当开启转向灯，没有转向灯的，应当在确保安全的前提下进行。在夜间没有路灯、照明不良或者遇有雾、霾、雨等低能见度情况下行驶时，应当开启前照灯。驾驶电动自行车不得有下列行为："（一）拨打、接听、观看手持移动电话，以及吸烟、饮食等妨碍安全驾驶的行为；（二）向道路上抛撒物品；（三）手离车把、手中持物或者在车把上悬挂物品。违反以上规定的，责令改正，处50元罚款。"

此外，还有一些城市的措施也值得借鉴。《成都市非机动车管理条例》和《成都市电动自行车产品目录管理办法》2014年12月1日正式发布，对电动自行车的生产销售、登记管理、道路通行、法律责任等环节都作出了明确规定，于2015年1月1日起正式同步实施。成都市交管局从2015年1月1日起启动全市电动自行车集中登记核发牌证工作，计划为期6个月。集中上牌结束后，对驾驶未经依法登记无牌无证电动自行车上道路行驶的，处50元罚款。特别值得推荐的有两点：一是控制速度的措施。上路行驶，必须严格遵从"最高时速为20公里"的规定。为

---

[1] 方东云、梁成龙：《南宁电动车管理再推10项措施》，《南宁日报》2015年3月18日第5版。

从源头管住"超速"问题，成都在《目录管理办法》中对电动自行车的技术参数制定了十项强制性要求，如最高车速≤20公里/小时、最高车速不可调节，超速自动断电，具有脚踏行驶能力等。据成都市人大常委会法工委主任陈正伟介绍，不符合参数要求的电动自行车产品，将不能纳入《成都市电动自行车产品目录》；而未纳入目录的产品，禁止在本市销售和登记核发牌证。二是坚持"处罚和教育并重"的原则，逐渐加大对电动自行车闯红灯、违法载人、侵走机动车道、逆行、违禁驶入高架桥和下穿隧道、乱停乱放等突出违法行为的查处力度。对于阻碍交警执法，并拒绝接受处罚的电动自行车行驶者，根据相关法律法规，公安机关交通管理部门有权暂扣其车辆，构成犯罪的，还将追究其刑事责任。在三年过渡期，重点查处无牌无证或使用假牌假证上路行驶的电动自行车；三年过渡期满之后，重点查处"超标"电动自行车上路行驶，实现对电动自行车的规范管理。[①]

于2011年6月17日起正式施行的《武汉市电动自行车管理暂行办法》进一步强化了电动自行车通行管理制度。依据《道路交通安全法》等法律规定，对电动自行车驾驶人年龄、载人、载物规范、行驶道路要求、横过道路规范、停放规范等重申了相关要求；对鸣喇叭、从事载客营运及饮酒醉酒后驾驶等作出了禁止性规范。同时授权公安交管部门，可以根据道路和交通流量的具体情况，对电动自行车采取在特定的区域或者路段限制通行、禁止通行等措施。对电动自行车违反登记、通行管理规定的，如擅自改变车辆外形或已登记的结构、主要技术参数，或擅自加装动力装置及其他妨碍交通安全装置；故意遮挡、污损号牌；挪用其他车辆号牌、登记证、行驶证；无牌无证上路行驶；鸣喇叭、从事载客营运及酒后驾驶等行为，设置了警告、罚款、扣留违法车辆等处罚措施。武汉市通过立法对电动车进行全方位的管理，有利于有效解决电动车的安全问题。

总之，湖北省没有相应的电动车管理制度，由各城市来进行规范，宜昌市仅有上牌登记制度还是不足够的，可以借鉴一下其他城市的具体

---

① 陈碧红、蒋君芳：《成都出台电动车管理新规 行驶时速超15公里将被罚》，《四川日报》2014年12月2日第8版。

措施，充分利用新增的地方立法权来建立相应的配套管理制度，实现对电动车的良好管理。

二 三峡流域城市公众出行车辆管理的法治化

三峡流域城市市民出行的公共交通车辆基本上是公共汽车和出租车，随着城市的发展和服务型政府的建设，三峡流域城市纷纷开展公共交通车辆经营权制度改革，改善公共交通车辆的服务质量，以满足公众出行舒适度提高的需求。

（一）三峡流域城市公共交通车辆经营权制度改革的必要性

第一，城镇化和城市交通发展对公共交通的新需求倚重公共交通车辆经营权改革来满足。原来中小城市比较小，公共交通并不是大众的普遍出行工具，随着快速城镇化的进程，城市扩容，城市的人口和车辆急剧增加，二者结合在一起以后就使得我国当前的城市交通拥堵和停车位紧张的现象特别严重，大量的汽车尾气排放使得城市的空气质量大幅度地恶化，发展公共交通服务日益成为公民和政府认同的公共需求，而其最大的发展障碍是公共交通经营权体制问题。[①]

第二，公共交通车辆经营权问题引发了一系列的社会问题期待改革来破解。利川城市公交原来为挂靠经营模式下的私车私营，组建于2003年，经营模式基本上是公交车车主加入拥有特许经营权的利民公交公司，50个股东以2%的比例平均持有公司的股权，每个股东月缴纳150元的管理费。公司有公交车55辆，经营公交线路7条，其中正常运行的线路只有4条，另外3条线路长期处于停运状态。这种经营模式下的私车私营，使公交经营权私有化，经营方式市场化的"趋利性"更加突出，出现诸多乱象：一方面，50名股东平均持有公司的股权，权力均等，各行其是，公司无法集中统一管理，各项规章形同虚设，造成车辆维修保养不到位，车身广告规范不到位，车容车貌保洁不到位；另一方面，城市公交是微利经营，随着物价上涨，司机的工资、汽车维修、油气等费用也有较大增加，公交车辆只跑热线、不跑冷线，或者减少车次，缩短线路，以节

---

① 刘晓娟：《发展城市公交事业，重点改革经营体制》，《潮州日报》2008年3月26日第A02版。

省资源，社会义务基本不承担，老年人、残疾人、学生优免费落实不到位。城市公交乱象直接导致群众乘车不方便，政府形象受影响。①

来凤县在进行公交车经营权改革中，在政府和原公交车主没谈拢的情况下，从 2014 年 7 月 23 日起，城客公司强行让原公交车主停运，禁止上路，为此有公交车司机与城客公司的人员发生争执，受伤住院，部分公交车主联合起来将车辆开到县政府大楼前"请愿"。全城公交车停运，市民出行大受影响。

近期发生了多起出租车罢运事件，包括省会城市和中小城市，2015年 1 月 29 日，交通运输部新闻发言人徐成光在新闻发布会上表示交通部正在研究出租汽车经营权管理改革问题。

（二）三峡流域城市公交车经营权制度改革

1. 三峡流域部分城市公交车经营权制度改革的概况

（1）恩施州利川市公交车经营权制度改革。2012 年，利川市交通部门决定进行公交车产权制度改革，围绕"国有主导、多方参与、规模经营、有序竞争"的城区公交经营体制改革思路，按照"政府主导、科学运作、合理补偿、平稳推进、保障服务"的总体原则，稳步推进我市公交经营体制改革，初步形成"国有主体、集约经营、公益服务"的公交经营体制。② 2013 年，利川改革公交经营模式，吸纳外资对公司转让的股份收购控股，确保特许经营权和车辆所有权统一，初步实现了公车公营的改制目标。新公交公司投资 4000 多万元对原 36 台公交车的股金进行了收购，购置了 24 台新公交投入市场运营，新建了 121 个公交站台，经营线路由原来的 4 条增加到 6 条，基本实现了城区公交线路全覆盖，日均客运量达 4 万人次，公交出行分担率达到 30%，公司还发放了免费乘车卡3500 张。③ 实行"公车公营"，对公交站台等公交基础设施进行完善，对原破旧车辆进行维修，统一车身广告后旧貌换新颜，并要求所有车辆收班后统一停放、统一保养。为加强精细化管理，公司还为所有车辆安装

---

① 《改出新的风景线》，中国利川网，http://www.lc-news.com/art/2014/1/20/art_24_143444.html。

② 利川市 2012 年工作总结报告。

③ 湖北省交通运输厅网站，http://www.hbjt.gov.cn/zdzl/qmshgg/ggyw/86872.htm。最后访问时间：2015 年 8 月 20 日。

了硬盘录像机、摄像头和 GPS 卫星定位终端设备，建立了监控调度平台，用科技手段对营运车辆进行调度和管理。① 运营线路增加了、车容车貌变靓了、公交站台气派了、服务质量变好了，这种改变源于公交体制的改革，"改"出了新的风景线。

这种改革旨在通过清理挂靠经营，实行公车公营，实现经营权和车辆所有权统一。使城市公共交通突出公益属性，提高公交服务水平。私车私营改为公车公营，虽然只是一字之改，然而迈出这一步的阻力相当大。由于之前的体制不完善，公交线路经营权被随意买卖和转让，表面转让的是车辆，实质转让的是经营权。该公司大多数车辆都几易其手，多次私下重复转让，价格飙升到 70 万元至 96 万元不等。车主由于高价位进入公交运营，对投资回报的期望值过高，改革一旦触动他们的利益，势必引起停运、罢运和群体上访。市政府改制领导小组和交通运管部门，在改革前期做了大量艰苦细致的摸底调查工作，形成了比较科学合理的方案，经过市政府常务会议和改制领导小组以及所有股东充分讨论并一致通过。为了股东利益不因改革受到侵害，根据车辆使用年限采取直线折旧办法，综合考虑公益性服务造成的政策性亏损、新冷僻线路等造成的经营性亏损等各种因素，确定股份份额为每股 80 万元进行出让。通过改革，既平衡了各方利益关系，维护了社会稳定，又达到了特许经营权和车辆所有权的高度统一，实现了公车公营的改制目标。

（2）恩施州来凤县城市公交车经营权制度改革。因历史原因来凤县城市公交公司经营车辆均为挂靠公司营运。2014 年 7 月 18 日，来凤县城市公交车特许经营权即将到期，县委、县政府决定下一轮公交车特许经营将采用公车公营模式，目的是"进行统一管理、统一调配，体现出公交车的公益性"。经过来凤县物价局的价格事务中心评估，一辆公交车的价值大概在 8 万元，加上每辆车 10 万元的收购奖励以及 10 万元或 12 万元终止合同前的营运补偿，大部分公交车的收购总价在 37 万到 42 万元之间。车主代表认为：县城里一辆出租车的市场收购价都差不多 45 万元，而公交车每年的油价补贴、运营盈利都要超过出租车，"没道理收购价要

---

① 中国利川网，http://www.lc-news.com/art/2014/4/11/art_24_150545.html。最后访问时间：2015 年 8 月 20 日。

比出租车低"。根据他的说法,附近的利川市这两年也推行"公车公营",每辆公交车的收购价为81万元。城客公司法人代表田永友解释,利川城市公交公司是股份有限公司,每辆公交车的车主都是公司股东。"他们的收购价是涵盖股份和车辆的,而我们公司的公交车只是挂靠,车主也不是股东。"①

(3) 铜仁市城市公交车经营权制度改革。2014年铜仁市围绕"一城一交"工作重点,采取组建机构、制订方案、落实责任、公正评估置换比例、一对一服务、签订经营权置换协议、企业运作、加强过程监管等运行模式,先行启动并有序推进城市"公改的"工作。通过反复做思想工作、耐心宣讲政策,9路公交车所有车辆业主终于按协议比例签订了公交车置换出租车经营权协议,全市主城区87台个体公交车已按程序全部置换成出租车,并收归国有统一管理,这标志着全市"公改的"工作已全部完成。通过"公改的",该市主城区公交运力得到了合理调配和充实,服务市民的出行环境得到了极大的改善。

(4) 铜仁市思南县城市公交车经营权制度改革。思南县与铜仁市百舸城市公共交通有限责任公司签订了思南百舸城市公共交通项目投资合同书,将注册5000万元资金,在思南新港修建思南城市公共交通有限责任公司。作为思南县交通运输局招商项目,该公司将按市场需求逐步新投入30余台公交车辆运营,于近期内启动基础设施建设,工期1年左右,计划于2015年年底建成。2014年对现有的14台公交车辆按县政府"公改的"方案进行改革,进而规范城市公共交通运输,提升城市文明形象,2015年春节前,该县34辆新公交车和置换的30辆新出租车逐步投入运营。

2. 三峡流域部分中小城市公交车经营权制度改革评析

第一,确立公交车的公益理念。公共交通的建设发展和组织管理是体现地方政府行政能力最直接的窗口,中小城市公交发展相对滞后,随着人们对服务性政府构建的呼声渐浓,公交行业成为社会焦点,对现行公交体制改革势在必行。2004年我国正式提出公交优先发展战略后,各

---

① 王慧冬:《湖北来凤全城公交停运:不满遭强行收购》,腾讯新闻网,http://news.qq.com/a/20140728/102826.htm? tu_ biz = v1_ hnews。最后访问时间:2015年8月20日。

地城市陆续展开新一轮公交改革,"回归公益性"成为本轮改革的主题词,目标直指前阶段市场化改革引发的一些问题。地方政府必须提供有效的政策和资金支持来推动它的优先发展,应当承载更多便民服务、缓解城市拥堵等社会责任[①]。

三峡流域中小城市近些年来城市发展迅速,城市扩容,人口增加,提高政府服务功能的呼声渐浓,公交车经营权制度改革顺应这一趋势,将原来的个体车主营利性经营向公交企业公益性服务转化,改善公交行业的服务状态。

城市公交本来就应该是由政府提供的一种公共产品,政府提供的公共产品包括两大类,一是纯公共产品,是指那些为整个社会共同消费的产品,在消费过程中具有非竞争性和非排他性的产品,是任何一个人对该产品的消费都不减少别人对它进行同样消费的物品与劳务。如国防、外交、立法、司法、环保、工商行政管理,等等。二是准公共产品,是兼具公共产品和私人产品属性的产品,不能同时具有非竞争性和非排他性,或者在一定条件下具有非竞争性和非排他性,也就是说一个产品在一定条件下可以是公共产品,在另外一些条件下可以是私人产品。如教育、电视、医院、自来水、邮政、港口、城市公共交通,等等。一个产品或者一项服务成为公共产品要符合公共需求,并且政府有相应的购买力,通过直接支付购买或者转移支付来补贴相关的公共产品提供者。正如前文所述,三峡流域的部分中小城市公交日益成为一种重要的公共需求,而且在这些年的经济发展中政府具备了相应的经济实力,在确立公交公益的理念之下,将财政收入的蛋糕适当切割给城市公交这种民生事业,也符合当前加强社会管理,服务民生的大趋势。就国外的经验来看,发达城市有着成熟的票价定价模式,公交票价总体水平较低,其补贴政策也比较完善。公共交通票价制定的原则是将公众福利放在首位,公交企业在兼顾企业最大利益时要坚守公共交通公益性的固有地位。

第二,尊重原私营公交业主的合法利益。这些私营公交业主一般是支付了较高费用从政府手中获得经营权,比如铜仁市城区 9 路公交车经营权有偿使用费较高,平均价格为 45 万元/辆,11 路公交车经营权平均

---

① 卓健:《公交改革思路辨析》,《东方早报》2014 年 5 月 13 日第 03 版。

价格为 18.7 万元/辆。① 如果成本还没有收回就因为改革而终止其权利，显然会激化矛盾，政府可以采用返还一定费用的方式或者是给予其出租车经营权的方式（"公改的"），才符合诚信政府的要求。铜仁市城区公交体制改革的一方面凸显公益性；另一方面使业主合法利益最大化，减少社会矛盾。总之，改革须本着实惠于民的宗旨，以切实改善城区市民出行需求环境为大前提，充分考虑历史和现实因素，采纳职能部门建议，尊重个体公交业主意愿。但是，笔者认为，有一些费用不应该由政府来承担，比如前文所述的利川个体公交业主之间互相转让而增加的费用；个体公交业主因为经营权提前终止，其可能产生的预期收益（比如铜仁市就计算了经营权剩余期限的收益），因为即使是《国家赔偿法》也没有认可间接损失的赔偿，那么因为公共利益的需要而提前终止行政许可或者行政合同，补偿也应该仅限于直接损失，而不应延伸到间接利益。

邳州市公交经营体制改革实施方案值得借鉴：依照原来经营人与车辆所属公司所签订的经营合同，统一清算标准、统一回收时间、统一奖励与补偿政策、统一调整线路，全面实行公车公营，构建"出行便捷、价格优惠、节能环保、运营规范"的公交服务体系。经营合同到期的，终止经营合同，返还风险抵押金或委托经营保证金。短期内不到期的，按照自愿原则，可提前中止经营，车辆经评估后由所属公司收购，或车辆由经营人自行处理（公司收回车辆牌、证），根据车辆剩余经营年限，以 0.1 万元/月的标准给予资金补偿。对配合支持城市公交经营体制改革工作的经营人，给予一定的奖励。对于公交车经营权转让的特殊情况，也做了相应的处理，经营权转让系原经营人与现经营人之间进行的买卖合同交易，现经营人在签订合同时，应对合同的经济风险进行一定的预判，因政策变动导致现经营人无法正常经营公交车辆线路，原经营人收取现经营人数额较大的转让费没有理由，现经营人可以向接受其转让费的原经营人主张返还其不应当收取的部分转让费，因此，对现经营人的损失可通过法院以诉讼的方式向原经营人主张，政府将提供法律援助。

第三，经营方式可以多元化，目前公交经营模式主要是公交公营、市场化和政府购买公交服务。公交公营是指政府成立公交公司来负责交

---

① 2014 年 1 月 24 日铜仁市政府发布的《铜仁主城区公交体制改革实施方案》。

通运输，公交公司统一制定线路、班次、时间、票价、站点，统一管理、统一调度、统一结算。市场化则是允许多个主体来经营公交运输，早期有些地方政府不承担任何费用，由经营者自负盈亏，甚至还收取线路费，后来随着公交公益性的强化，部分地方探索公交营运的优惠政策，加强公交的服务色彩。政府购买公交服务是指政府将所要购买的公交服务交由有资质的运输企业来完成，政府再按照既定的标准对其服务的结果进行考核评估并支付相关的服务费用。近年来各个城市尝试着不同程度的改革，目前改革的方向是国有化和政府补贴或购买私营公交服务，以体现公益性，各地根据情况来选择公营模式或者政府购买私营公交模式。

公交公营的好处是管理整齐划一，能较充分地体现公益性，弊端在于缺乏竞争性，疏于成本控制；公交私营的优点在于引入市场竞争，有利于提高经济效益，但是个体经营者分散，流动性强，不宜管理，即使是采用公司制，由于补贴政策和标准不明确，导致部分地方的市场化改革以失败告终，比如湖北十堰市2008年的公交经营权民营化改革。

从国外的经验来看，以公益为主旨，以市场化营运为主要方式，有健全的监督和补贴机制，来调和公益目标和市场化营运的矛盾。如大巴黎地区公共交通经营模式采取所有权和经营权分开的模式，所有权归交通管理委员会管理，经营权由运营企业负责，交通管理委员会通过签署合同对运营企业进行监督和补贴。又如芬兰的赫尔辛基地区采用公交服务的招投标，促进了各运营商之间的适度竞争，保护了运营商在获得线路经营权后在一定的区域或线路上获取相对垄断，同时政府又通过服务合同迫使运营商改善服务管理，使得当地公共交通服务满意度得到了极大提升，公交运营成本和票价显著下降，公交服务的覆盖面更广泛，同时保障了员工自身利益。再如伦敦实行所有权的多元化和经营运作的市场化。政府为了保障公共服务质量，通过竞争性招标、签订合同来引进诚信可靠的私人企业。

从国内的经验来看，部分城市采用政府购买公交服务的经营方式，取得了较好的效果，比如东莞公交体制改革以政府购买服务为主线，建立"决策""管理""运营""评价"四层公交管理架构，实现管理对决策负责、运营与管理分离、决策由评价支持的分工明确的公交发展体系。决策层为市政府及相关职能部门，负责制定公交发展战略及扶持公交发展的配套政策措施，制定政府购买公交服务内容、标准和细则；管理层为政府全资成立的机构，主要负责对公交运营主体进行履约情况监督和考核；运营层为经决策层许可的公交运营企业，与管理层签订购买服务合同，负责以"合同兑现"方式提供公交运营服务；评价层为独立于决策层、管理层、运营层以外的第三方机构，每年度开展公交群众满意度测评，对公交服务水平、票价水平、设施建设水平等方面进行综合评价。①

因此，笔者认为可以明确的是公交车经营要采用公司制，不能再由个体户来分散经营，这样才能便于管理和核算，相关的补贴政策才比较好实施。目前的问题是，三峡流域中小城市公交数量不多，特别是小城市一般只有一个公司来承担，改革后多采用公车公营，即使是采用政府购买公交服务的方式，这个公司也不是采用招标制的方式来选择，难以形成竞争性机制，更不用说以详细的服务合同条款来约束公交公司的运营，政府和公交公司之间的权利义务不甚明了。因此，在经营模式上，根据各地的实际情况来选择是公车公营还是政府购买公交服务，如果采用政府购买公交服务的模式，不妨借鉴一下东莞的相关制度设计，才能将这种模式推行下去，避免出现十堰公交改革失败再次在其他城市上演。

（三）三峡流域城市出租车经营权制度改革

1. 三峡流域部分中小城市出租车经营权制度改革的概况

（1）恩施州来凤县出租车经营权制度改革探索。来凤县于2004年至2007年分6批共投入108辆出租车经营，2012年9月至2014年7月使用期限将全部到期。针对出租汽车公司在经营中将登记在公司名义且已取得特许经营许可的出租车实际上转让给实际经营者，形成名义车主与实际车主分离，名为公司经营实为个体经营的经营局面，造成在管理上出现了诸多弊端，来凤县人民政府对下一轮出租车的经营方式向广大市民征求意见。该县设置了三种模式，通过发放问卷调查、在"来凤新闻网"设置投票箱、在"来凤百姓网"展开公开讨论等方式，供全县人民理性

---

① 《东莞市全面推进公交体制改革》，《广州日报》2014年12月31日第16版（东莞版）。

选择，县人民政府将根据群众心声，择优确定实施方案。①

（2）铜仁石阡县推行以服务质量为主要竞标条件完成 40 辆出租车特许经营权有偿出让招标工作，石阡县佛顶山出租汽车有限责任公司、县腾达出租汽车有限责任公司、县泉城公交有限公司中 C 标段，新运力投放后，将在很大程度上缓解县城雨天和春节"打的"难的问题，将有力促进石阡县域经济有序发展。

（3）恩施州巴东县实行出租车"公司化经营、员工制管理模式"。按照有利于经济社会发展、有利于人民群众出行、有利于城市形象提升、有利于城区客运市场健康有序发展的要求，建立"公司化经营、员工制管理"模式的出租汽车营运机制，由出租车全面取代"面的"车。一方面，"面的"车分阶段逐渐被报废；另一方面，新出租车的经营权属于公司，通过这种方式自然实现了出租车经营权由个人转入公司。

2. 三峡流域中小城市出租车经营权制度改革评析

针对出租车营运中爆发的突出问题，结合三峡流域中小城市出租车经营权改革的措施，笔者以为出租车经营权改革的焦点集中在以下三个方面：

（1）出租车经营权是特别许可还是一般许可，是否要实行数量限制。有的观点认为出租车行业不属于特许经营范畴，政府人为地设置公共资源障碍，将广阔的市场缩小在固定的范围内。法律也规定，符合规定条件的经营者可以获得出租车经营权，以解决打车难和"黑的"盛行的局面。法律规定城市公用事业可以实行特许经营，但没有说必须实行特许经营，需要根据行业的具体特征进行选择，出租车行业与公交行业有所不同，其营利性决定了出租车行业的市场性大于其公益性，政府应当鼓励出租车行业正当的市场竞争。从国外的情况来看，英国限制数量，严格职业资格；法国巴黎在出租车数量上不做严格控制的同时会严格控制出租车司机的职业资格；美国的纽约州对出租车数量做严格控制。有些国家则相反，新加坡到 2003 年，出租车行业实现彻底的自由化，政府取消出租车经营权总量限制，但是获得经营权必须通过"出租车调配系统

---

① 田永祥：《来凤：出租车经营模式问计于民》，恩施州交通局网站，http://www.enshi-jt.gov.cn/show.asp? Id = 5843. 最后访问时间：2015 年 8 月 20 日。

可达性""安全性""乘客满意度"三个委员会的考核；日本20世纪末也进行改革，出租车营运牌照发放不再严格根据供求关系。由此可见，出租车是实行特别许可还是一般许可，无论是在法律上还是在各国的实践中，都是可行的方式，我们一直以来都采用的是特别许可，但是出租车行业却是问题多多，目前的改革只是在特别许可的基础上进行的局部调整，可否进行一般许可的试点性改革，也就是民间呼吁多年的市场化，来检测一下出租车实行一般许可的实际效果。

（2）出租车经营权主体是否必须是公司？出租车公司的角色定位如何？不同的城市面临的问题不一样，大中城市一般采用的是公司制，有承包模式（车辆和经营权均属于公司）和挂靠模式（车辆属于司机，经营权均属于公司）之分，中小城市有一些采用个体制，三峡流域中小城市的出租车改革有的就是从个体制转向公司制，以便利于对出租业的管理，提升服务质量。对此，有两种观点，不赞成公司制的理由主要如下：其一，出租车公司坐收盈利。从政府手中高价获得出租车经营权，雇用司机从事营运服务，司机每天要向出租车公司缴纳高额的"份钱"，司机收入的大部分用来缴纳"份钱"，于是只有加大劳动强度才能挣取自己的收入，服务质量下降。出租车公司已经异化为政府管理出租车市场的"代言人"。其二，行业管理应该依托行业组织。在政府和出租车经营者之间，行业协会是第三方社会组织，可以协调各方利益，在了解市场真实情况的基础上，使各方利益得到平衡。[①] 目前出租车公司部分充当了行业组织的角色，作为政府管理的延伸体，公司就不应该以追逐利益为目的，而是做好管理和服务工作。赞成公司制的理由主要如下：由私人竞拍牌照，当时为市财政带来一定收入。牌照资源高度垄断，造成持牌人收入丰厚，司机服务状况却每况愈下。重新确立出租车行业的公共事业性质，以企业竞拍牌照代替私人持牌。通过严格的考核体系，来加强对出租车司机和公司的管理，以服务质量来作为是否享有出租车经营权的主要依据，实现出租车行业的公益性和民生性。

---

① 段腾飞：《出租车经营权法律问题研究》，硕士学位论文，河北大学，2014年，第26、27、29页。

笔者以为采用公司制有利于对出租车的管理，对于大中城市来说比较明显，因为出租车多，城市范围大，行政机关难以进行有效监管，依托出租车公司可以分担部分管理的任务，但是对于小城市就不是那么有意义了，出租车的数量多则在200辆，少则50辆，政府监管也不难，而且，从政府和出租车司机之间多出一个公司的层次，无疑会增加成本，增加出租车司机和乘客的负担。

（3）出租车经营权投放的主要依据是什么？即出租车经营主体凭什么来获得经营权，是以竞标价的高低还是以服务质量的好坏来作为凭据？以竞标价的高低作为凭据会抬高出租车经营权使用费，从法理上看，城市公共交通资源并非政府固有资源，而是属于全体人民享有，人民将其交给政府代为管理，不能抬高出租车经营权使用费，经营者投资成本增加，最终把增加的成本转移到消费者身上。正如前文所说，提高服务质量是出租车行业目前的一个重要的任务，并且有详细的服务质量考核办法，应该主要以服务质量为凭据来发放经营权特别许可。考察国外的做法，国外授予出租车经营权以促进消费者福利为宗旨，规定了很高的服务标准以规范驾驶员的行为，如果经营者的服务不能达到标准要求，情节严重的将被取消经营资格。笔者以为应该确立出租车的服务理念，在合理估算成本的基础上进行费用核定，竞标只考虑服务质量，这才能从根本上提高出租车行业的服务水平。一方面，以服务质量作为是否获得经营权的重要依据，从源头上选择服务质量良好的企业和个人，提升整个行业的服务水平。如铜仁石阡县推行以服务质量为出租车特许经营权有偿出让的主要竞标条件。另一方面，加强出租车经营权行使过程中的服务质量监督和考核，如2014年7月铜仁市交通运输局道路运输部门全面启动了出租汽车服务质量信誉考核工作，将考核结果与经营权投放相挂钩，可以有效改变中小城市出租车服务质量普遍不高，拒载、甩客、乱收费等违规经营较为普遍的现象。

另外，改革中应采用听证的方式来听取意见，才符合《行政许可法》规定的程序要求，也有利于减少矛盾和阻力。改革意味着打破原有的利益格局，势必引发争议，要采用一定的方式来进行疏导，如德江县举行听证会，完善50辆出租汽车经营权工作方案。召开新增城市公共交通运力听证会，拟定新增城市公共交通客运出租车100辆、公交车

30辆，满足城市人口快速增长的需要。① 这些工作从法律上来讲涉及行政许可的问题，都关系到相关车主的切身利益，按《行政许可法》的规定，许可实施过程中涉及他人利害关系或者公众利益的，应该听证。

第二节　三峡流域城市路面管理法治化

三峡流域城市针对"车多路堵"的城市路面交通状况，在严格执法的基础上，不断创新管理制度和措施，减少路面违章现象，提高路面的流畅度，形成良好的城市交通环境。

一　三峡流域城市路面交通违章的管理制度

加强城市路面违章的管理，不仅要创新对违章人的管理制度和措施，而且执法部门要严于律己，使得市民不敢违章、不愿违章，增强遵守交通规则的自觉性。

（一）规范、严格交通违章执法

1. 完善执法的程序和措施

恩施市进一步完善查缴分离，交警只纠章，收缴罚款由银行和大队专门成立的处罚中心负责，不断提高公安交警执法的公信力。各地创新排除执法干扰的措施，如2013年7月30日晚19时30分，宜昌市公安局交警支队西陵大队参加夜查的交警一律关闭手机，现场集合，临时安排查处地点，杜绝人情干扰。恩施市在交通违章整治行动中，杜绝小城市交警执法说情多的客观情况，对扣押的违法车辆、证照实行五人连审放行制度，即执法交警、中队长、车驾管中队负责人、分管副大队长、大队长（或教导员）分别签字查验最后放行，让交通违法行为人真正地受到了处罚，使惯性违法行为大大减少。

---

① 该县正在服役的出租车共有150辆、公交车14辆，已经满足不了现有城市人口的出行需求。新增运力后，城市出租车可达250辆、公交车54辆，可以有效解决因运力紧张而打车难坐车挤的苦恼，能够满足5年内德江城市人口发展的需要，为保障公交事业持续稳定和谐健康发展夯实了基础。

2. 加强对执法的考核和监督

恩施市制定和完善了《执法质量考评细则》和《工作目标考核细则》，明确了2名专职法制员和6名兼职法制员，实行执法案件个案测评，进一步完善执法档案建设，形成了有效的执法考评机制。严格等级管理考核，先后建立了"学习教育制度""诫勉谈话制度""五条禁令监督员制度"，将警察的纪律作风、执法办案、管理服务等方面与评先评优、物质奖励挂钩，做到月考年评，奖优罚劣。强化外部监督机制，先后聘请警务监督员23人，人大政协委员15人，对警察的执勤执法服务形象跟踪监督，先后5次就公安交警队伍建设和道路交通管理工作开门纳谏，虚心听取各方意见，及时整改队伍管理和交通管理工作存在的缺陷和不足。

3. 评价

罚缴分离或者查缴分离是1996年实施的《行政处罚法》中的一项原则性要求，《行政处罚法》第46条规定："作出罚款决定的行政机关应当与收缴罚款的机构分离。"罚缴分离也有例外情况，《行政处罚法》第47条规定："依照本法第三十三条的规定当场作出行政处罚决定，有下列情形之一的，执法人员可以当场收缴罚款：（一）依法给予二十元以下的罚款的；（二）不当场收缴事后难以执行的。"第48条规定："在边远、水上、交通不便地区，行政机关及其执法人员依照本法第三十三条、第三十八条的规定作出罚款决定后，当事人向指定的银行缴纳罚款确有困难，经当事人提出，行政机关及其执法人员可以当场收缴罚款。"

具体到交通违法处罚领域，对于数额较小的罚款（200元以下，交通违章很多都是200元以下罚款）且采用简易程序作出的处罚，可不适用缴罚分离原则，或者当事人不便到指定银行缴纳，要求执法人员当场收缴的，也可以不适用缴罚分离原则。这导致交通违章执法领域许多的处罚因为符合这些条件而实行缴罚合一，带来了一些问题：个别无视法规的执法交警滥施罚款以及拖欠、截留、坐支、挪用罚款，给违法驾驶人造成了只要交罚款就可以了事的错觉，起不到威慑驾驶人、预防事故的作用。为此，公安部副部长黄明2011年11月24日在《坚持公正廉洁执法 坚决杜绝公路"三乱"》视频会上强调，各级公安机关要进一步严肃执法纪律，规范执法行为，切实实行罚缴分离，交警不得对机动车驾驶人罚款处罚时收现金，罚款必须通过银行上缴国库；交通协管员不得参与执法，严禁其从事交通违法处罚、开具法律文书等路面执法工作。各地纷纷对交通执法领域的罚缴分离采用收紧的做法，直到全部采用罚缴分离，无论数额大小。湖北省交通厅要求自 2014 年 11 月 1 日起，所有交通执法领域完全实行罚缴分离，恩施市在这个讲话之前已然作出了相应的举动，显然是对自身的严格要求，政府比法律的规定更严格地要求自身，这是值得推崇的。需要注意的是要建立缴纳罚款的便利化措施，否则，注意了控制行政权的滥用，却丢失了便民的要求。

五人连审放行制度，其初衷是防止小城市熟人社会，执法不严，通过多人签字来控制权力滥用，存在的问题是程序的复杂化与效率的冲突，多人参与决定，责任如何划分与承担，与现在通行的行政首长负责制如何协调，都需要进一步明确。

（二）探索公民参与交通违章执法——市民抓拍违章行为

从 2013 年 3 月到 9 月，宜昌市城区开展专项整治行动，严打机动车乱停乱放、压越单双实线、随意掉头变道穿插、开车打电话四种交通违法行为，市民举报、抓拍这四类交通违法行为有奖。[①] 这四类行为在没有监控的路段，违章很难取证主要是因为警力不够，如何对这些行为取证后加以制裁以维护交通安全和秩序，培养良好的交通规则意识，在学习其他地方的做法之后，宜昌也推行了市民抓拍违章取证的做法，作为一种创新性的措施，有几个法律问题需要进一步明确：

一是公民"随手拍"的照片能否作为执法依据的问题。在广州曾有过案例：2004 年 3 月，广州交警根据群众拍摄供给的交通违章照片认定车主赖某有违章行为，对其处以 100 元罚款。但赖某提出，行政违法行为证据的收集必须由执法机关进行，为此将广州市公安局告上法庭。同年 12 月广州市中院终审裁定，驳回赖某的诉讼请求，但认为调查取证是行政执法机关行使处罚权的组成部分，不能委托公民行使；指出市民拍摄的违章照片只能作为赖某涉嫌违法的线索，而不能直接作为公安机关交通管理部门行政处罚的证据。

二是公民"随手拍"的照片的证据力问题。深圳交警部门对市民拍

---

① 谭冰清：《四种交通违法行为宜昌市民举报有奖》，《三峡晚报》2013 年 3 月 7 日。

摄的彩信图片并不直接作为证据使用，依托严密的审核制度，有专门的软件对上传的彩信图片进行逐张审核，只有经调查属实后，才会作为处罚依据。广东星辰律师事务所欧湘富律师认为，执法机关拍摄的照片比较权威，可以被法院直接采纳；市民拍摄的照片只能作为旁证，可作为交警监控手段的一种补充。或者通过立法给"街拍违章"一个法律名分。

三是"职业拍客"谋利，职业司机苦不堪言。据媒体报道，在武汉，一年便产生了100多人的"拍客"队伍，一年举报交通违法行为40多万起，被采纳10多万起，交管部门发放奖金500多万元。有"骨灰级职业拍客"一周拍摄200多闯红灯车辆，获奖金近万元。司机开车变得谨慎，变得"人人自危"。对此，深圳实行"物质奖励"和"无奖励举报"相结合制度，对一般的16类交通违法采取无奖励举报制度，包括违法占用公交车道、"不排队、乱变线"违法行为、在道路上逆向行驶的，只对严重交通违法行为实行奖励举报。①

有学者将这种现象称为行政执法中公众参与性取证行为，指行政机关在行政执法过程中为调动公众提供证据的积极性，采取物质奖励措施鼓励公众提供违法证据的行为，认为是可行的，主要理由是两点：公开场合下秘密获取证据的行为对他人的权利不构成侵犯；公众参与性取证行为不会撕裂人与人之间的信任，因为不是特殊职业群体，只是一种公众监督。而且符合执法程序中的证据标准，即没有严重的实体违法时，该证据应予以接受。但是应明确公众提供证据的标准，行政机关对公众提供证据作出明确而具体的要求，对引导公众取证起重要作用。②

也有学者认为这是一种公民协助公务的行为，协助拍摄交通违章照片是公民履行法定义务的表现。由于行政优先的行政法理和法律规定，公民负有协助行政机关执法的义务，过去我们常将这种义务的承担者局限于行政机关向其发出要求的特定对象，实际上不特定的多数人也有可能作为此种义务的承担者。行政机关行使职权本身就是一个成本与效益

---

① 洪奕宜、赵琦玉：《深圳等地鼓励市民抓拍交通违规行为引争议》，《南方日报》2011年3月25日。

② 栾时春、孙琪：《行政执法中公众参与性取证行为研究——以交通管理执法为视角》，《中共青岛市委党校　青岛行政学院学报》2010年第6期。

的统一，囿于行政资源的有限性，也囿于行政的时空过程性，当行政机关或公务员执行职务"身单力薄"或"孤军作战"时，获得必要的社会及公民的协助便具有必然性和必要性，其实这也是社会共同体的自然内需。[①] 公民的这种协助义务，也许没有明确的法律依据，但是具有法理意义上的协助义务，而且也符合实际的要求。

可见，引入市民抓拍违章行为作为证据的方式基本上被认可，但是需要有细致的制度设计，才能起到协助执法的作用，否则会造成过度执法，带来一些负面影响，不能随意实施。

(三) 强化交通违章处罚与教育相结合

三峡流域部分城市创新交通违章处罚时的教育方式，增强教育效果。比如宜昌市采取通报家属到场措施，现场通知驾驶员家属到场，现场通报其违法行为，通过以案说法，现场教法的形式，达到了教育一人，影响一片的效果。再比如恩施市合理运用教育和处罚的方式，有些情况下只教育而不处罚，2009 年全年处理交通违法 28000 余人次，教育放行 9500 人，不处罚率超过了 25%。

行政处罚的一个原则就是处罚与教育相结合，不仅仅是要制裁行为人的违法行为，更为重要的是让行为人知晓其违法和危害性，防止以后再违法，教育的方式可以是多样化的，鉴于交警对交通违章人教育效果不佳的现实，实践中探索出了一些新的方式，让违法人的家属参与交警的教育工作，这体现了道路交通安全管理社会化的趋势，警察力量之外的诸多重要的社会力量，都可以从不同角度发挥独特的作用，这是一种管理方式的创新，其界限在于公安机关道路交通安全管理部门依据法律、法规的授权行使其行政权时，管理者是以行政主体身份向行政相对人做出行政决定或行政命令，社会力量就不能去参与，该领域也就不能实行社会化，这就是道路交通安全管理社会化的范围所在。[②] 此处的交通违法教育不是行政决定或行政命令，属于柔性行政，可以采用社会化的方式，通过吸纳社会力量来增强教育的效果，

---

① 杨阳：《论公民行政法上的协助义务》，《广西政法管理干部学院学报》2011 年第 3 期。
② 何树林：《道路交通安全管理社会化理论与实践研究》，《交通建设与管理》2011 年第 23 期。

另外，笔者认为此处的社会化不同于一般意义上的行政（公民）参与，因为行政法中的公民参与是对行政决定有影响力的方式，而行政管理的社会化有的属于行政参与的性质，有的不属于，对违法人的教育是与行政处罚决定并行的一种方式，本身对行政决定没有影响，所以交通违章教育的社会化不是一种公民参与，无须遵循公民参与的一系列要求，相对来说是非常灵活的，值得继续推行和推广。

在行政执法中，处罚的功能主要是一种威慑，通过增加行为人的义务来迫使违法人遵守规则，而教育则是一种说服，使得行为人从内心深处认同行政机关的执法，相比而言，行政机关采用处罚的方式较教育的方式更为简单省事，但是对行为人的影响，可能教育的方式较处罚的方式更为有效，所以，针对一些轻微的违章行为或者违章有一定的客观原因，只教育而不处罚更容易获得当事人的认同，从而在内心树立交通规则意识，因为很多人认为对有些行为的处罚主要是因为行政机关要获利，并没有认识到行为的危害性，在交通违章处理中加大教育的力度很有必要，而不是仅仅一罚了之。

二 三峡流域城市路面交通拥堵的管理制度

城市交通拥堵问题直接关系到人们出行的效率，也折射出政府管理一个城市的水平，如何合法有效地治理城市拥堵是当前城市管理的一项重要工作，三峡流域部分城市因地制宜地采取了一些措施。

（一）治理交通拥堵的警务模式

恩施城区采用"高峰站点、平峰走线、夜勤排堵"的勤务模式，深化、细化岗位责任，在州城21个堵点落实了大队领导站堵点、中队领导包堵点、民警和交通协管员定岗定责定时地排堵保畅措施，全年没有发生长时间的拥堵。舞阳中队还根据辖区特点，实行了商业街区的"错时下班"模式，结束了舞阳坝夜间拥堵的历史；在州委幼儿园，对接送幼儿车辆采取集中指定停放的办法，解决了该路段高峰期的严重拥堵。

（二）交拥堵通时段对违章的灵活处理

恩施市对上下班高峰期的轻微交通违法明确提出只纠章不处罚，以畅通为第一目标。① 这一做法体现了行政法原则之间的选择适用,即合法性原则与高效便民原则之间的协调。《道路交通安全法》第 87 条规定:"公安机关交通管理部门及其交通警察应当依据事实和本法的有关规定对道路交通安全违法行为予以处罚。对于情节轻微,未影响道路通行的,指出违法行为,给予口头警告后放行。"按照合法性原则的要求,情节轻微的道路交通安全违法行为也是要给予口头警告处罚的,但是,这样一来会导致车辆停滞,影响交通的畅通,特别是在高峰期。恩施市交警的做法似乎不是完全符合合法性原则的要求,但是考虑客观实际,符合高效便民原则的要求。行政机关在作出相关行为时,有时须在几个原则之间权衡,再作出相应的选择,很难同时兼顾。其实,对于轻微的交通违法行为,在交警纠正违章的过程中已经基本完成了口头警告的任务,只不过是较为简略,这种做法原则上符合法律规定,这样一来既符合合法性原则,又考虑了高效便民的原则,这种改革是值得推荐的,对于缓解交通拥堵有一定作用,也体现了执法的人性化,受到老百姓的认可。

(三) 整合全社会力量参与治堵保畅工程

城市道路拥堵主要是因为车多,但是违章和不文明驾驶也会加剧拥堵,对此,恩施在全市抽调交警、城管组成 6 个治理专班,负责查处路面违法、纠正违章和日常勤务;市直各单位包路口,每个单位每天派出 2 班 4 人次负责在路口附近开展文明引导和劝道;市纪委、监察部门每天对各单位上岗情况实行签到督察;按照恩施市公务用车违法追究办法对公务员私家车、单位公务车违法每月清理通报、处理。《恩施市国家公职人员违反交通法规责任追究办法》的出台,对公职人员交通违法"零减免""零容忍",有效规范了干部职工的文明行车。经过几个月来的试行,路面违法大幅下降,市民自觉遵守交规比例大大提升,路面基本畅通有序。

向社会招聘了 73 名年轻的交通协管员,通过严格的交通专业培训后上岗,现已经成为州城治堵保畅工作中的重要力量。

以上做法,有的学者将交通管理部门以外单位和个人参与交通管理统统归入交通管理社会化,笔者不以为然,对此,须澄清两个问题:一

---

① 见恩施州交警大队工作报告。

是这类事务是否可以采用社会化管理的方式；二是在行政法上属于何种性质的行为，以便确定其适用的法律规范。一般来说，管理者是以行政主体身份向行政相对人做出行政决定或行政命令，社会力量就不能去参与，纠正路面违法事务是一种行政决定，应由法定行政主体来行使，应当交由具备特定职权的交警和城管来承担，如果确实要委托给其他单位行使，也要符合相应的委托条件，不能实行社会化；路口的文明引导和劝道，属于柔性行政，行政权的色彩非常淡，可以社会化，任何单位和个人只要愿意都可以来承担；监督单位上岗情况以及对公务员私家车、单位公务车违法每月清理通报、处理是市纪委、监察部门本来的职责，不属于社会化的问题。

第三节 三峡流域城市道路交通事故处理法治化

随着城市人口和车辆的增多，交通事故的数量也有所增加，如何快速、公正地解决交通事故造成的损害赔偿问题，是当事人尤为关心的问题，三峡流域部分城市做了有益的探索，相关的制度建设值得推介，有些制度也有待完善。

一 交通事故处理"调处分离"制度：职能分离，控权制衡

恩施市2009年针对交通事故绝对数多、工作量大、警力严重不足的现实，大力推行勤务模式改革，实行"调处分离"，继续推行"两快两公"（即快出警、快处理，公平、公正）、"一站式服务"（在交警事故处理中心设立法律援助站，提供全方位的法律服务），既大大提高了工作效率又充分体现了公平公正，从制度上杜绝了人情案、关系案，减少了纠纷淤积，化解了大量的纷争，事故责任认定准确率达99.9%。

恩施市所推行的"调处分离"，是将事故调查办案、责任认定与事故民事赔偿的调处结案两部分的工作分离，前一部分工作的责任主体是事故处理民警，后一部分工作的责任主体是综合管理中队的法制民警、司法局法律服务中心的工作人员、法院的法官，实现了事故认定处理与事故赔偿调解相互脱钩和相互监督。这在本质上是将交警在交通事故处理中的两种行为即行政确认行为和行政调解行为加以剥离，这种做法的依

据如何呢?《中华人民共和国道路交通安全法》第73条规定:"公安机关交通管理部门应当根据交通事故现场勘验、检查、调查情况和有关的检验、鉴定结论,及时制作交通事故认定书,作为处理交通事故的证据。交通事故认定书应当载明交通事故的基本事实、成因和当事人的责任,并送达当事人。"第74条规定:"对交通事故损害赔偿的争议,当事人可以请求公安机关交通管理部门调解,也可以直接向人民法院提起民事诉讼。经公安机关交通管理部门调解,当事人未达成协议或者调解书生效后不履行的,当事人可以向人民法院提起民事诉讼。"立法只是明确了公安机关交通管理部门的两项职能,即对交通事故进行责任认定的行政确认行为和对交通事故导致的民事损害赔偿进行的行政调解行为,对于这两种行为,很多地方的做法是交警在作出责任认定之后直接根据当事人的愿意来调解,责任认定和赔偿调解是由同一交警前后相继来完成的。这两项工作主体合一的主要原因在于工作的连续性和关联性,在效率上有优势,而且赔偿调解中行政权的影响因素从法律规范的角度来讲并不大,当事人对调解协议可以完全置之一旁,通过诉讼来解决,交警在赔偿调解环节滥用职权或者不公正的做法似乎无须考虑,因此这种"调处合一"是很多地方采取的方式。

但是据笔者了解的情况,不少的交通事故赔偿当事人还是非常愿意在行政机关主持下调解解决的,不愿意到法院再另起炉灶,希望在一个较为公平的环境下快速解决纠纷,所以对交警的依赖性较强,交警的调解意见对当事人有很大的影响力,所以,交警在交通事故赔偿的调解中虽然在法律规定层面上并没有运用权力,但是实际上对公民影响较大,潜在的权力不容忽视,需要给予合理的规制。

法律对交警调解赔偿问题的规定也是经过了一个演变的过程:1992年12月1日最高人民法院、公安部下发的《关于处理道路交通事故案件有关问题的通知》第1条规定:"当事人因道路交通事故损害赔偿问题提起民事诉讼时,除诉状外,还应提交公安机关制作的调解书、调解终结书或者该事故不属于任何一方当事人违章行为造成的结论"。第30条规定:"公安机关处理交通事故,应当在查明事故原因、认定交通事故责任、确定交通事故造成的损失情况后,召集当事人和有关人员对损害赔偿进行调解。"

这一规定，对于充分发挥公安机关的专业优势，对于正确、及时处理交通事故赔偿纠纷，对于减轻法院审判工作的压力，起到了一定的积极作用。但是这种行政调解作为必经程序和诉讼前置程序，又遭到批评，认为与民事诉讼法不相符合，侵害了当事人的诉权，后来取消了该种行政调解作为诉讼前置程序的规定，削弱了行政机关的权力，也减轻了行政机关的责任。

由此可见，交警的赔偿调解是老百姓需要的，如何设计好其运行至关重要，恩施"调处分离"的做法是否符合法律的要求？

行政法强调对权力进行制约，方式之一是职能分离。它是指在行政机关内部运用分权原则，要求行政机关将其内部的某些相关职能加以分离使之分属于不同的机构或不同的工作人员掌管或行使，如行政处罚中调查、控告职能与作出处罚职能的分离，处罚决定职能和决定执行职能的分离等。职能分离的意义在于使行政机关内部建立起相互制约的机制，从而有利于遏制腐败，有效防止权力过于集中所造成的弊端。对于行政机关的一个行政行为尚且可以分为多个阶段，由不同的机构和工作人员来承担，在前述的交通事故处理过程中，是由两个行为组成的，即对交通事故责任认定的行政确认行为，以及以交通事故认定为基础来解决赔偿问题的行政调解行为，其分开行使是没有问题的。"调处分离"相比"调处合一"的不足之处显而易见是效率问题，一个案件由两拨人来处理，第二拨人需要重新熟悉案件，有重复劳动之嫌，在一定程度上造成人力浪费，降低效率。优点在于可以发挥职能分离的控权作用。因此，笔者认为，可以采用"调处分离"，并且要充分发挥分离的优势，配备足够的人员来进行调解工作，选择擅长调解的人员来担任赔偿调解人员，提高调解的效果，同时加强调解程序的规范化建设，促进调解公正，满足公民希望通过行政调解公正而快速解决交通事故损害赔偿问题的需求，而不是简单地加以职能分离。

二 律师提前介入交通事故处理制度：监督权力，保护权利

恩施市2009年在交通事故处理过程中，推行律师提前介入制度，让律师在当事人发生交通事故之后介入到事故的整个处理过程中来，从案件初始阶段的证据收集到后期的调解、保险理赔等，特别是律师在交通

事故责任调查和认定的过程中可以为当事人提供法律帮助。

律师介入交通事故处理的时间和事项一般是后期的代理行政复议、行政诉讼等法律明确规定的事项，对于损害赔偿的行政调解，依据《道路交通事故处理程序规定》第63条的规定①，在交通事故调解阶段当事人可以委托代理人，这就包括了律师。对于责任调查和认定环节中是否要律师介入，法律没有明确提及，怎么办？多年来，交通事故赔偿的案件处理过程一般是出了交通事故交警立即介入调查，作出事故责任认定，然后交警招集双方调解，如果调解不成才想到委托律师上法院打官司，律师是最后介入的。那么律师有无必要、能否提前介入？何时可以介入呢？

律师提前介入交通事故处理的必要性或者说好处主要是监督交警依法执法和帮助当事人最大限度维护权利，具体来说一是有效监督交警责任认定书公平公正。交警对相关当事人的询问笔录是一类证据，对责任认定是有作用的，很多人对此并不够重视，一旦被采用，方才想起要更正，但没有充分相反的证据是很难推翻之前的陈述的。律师提前介入，可以提醒当事人注意该类问题。二是为日后解决赔偿问题做好相应准备，提高效率。被委托的律师可以要求交警提供关键资料，如事故相对方身份证、驾驶证、行驶证、保险单等证件资料的复印件；在责任认定书出来后10日内，根据受损程度、责任分担比例、相对方车辆价值及买保险情况，判断要不要申请法院查封肇事车辆；被委托的律师可以及时收集受损方居住及收入相关证据，有些交通事故中又属工伤的更应该注意要双份的赔偿；出院时要求医院出具的休息时间及护理人数、天数的证明，诊断证明，入院、出院及相关住院资料的复印件等；判断要不要做伤残等级鉴定，等等。

可见，律师的提前介入，将使交通事故当事人的合法权益得到最大

---

① 第六十三条 参加损害赔偿调解的人员包括：（一）道路交通事故当事人及其代理人；（二）道路交通事故车辆所有人或者管理人；（三）公安机关交通管理部门认为有必要参加的其他人员。

委托代理人应当出具由委托人签名或者盖章的授权委托书。授权委托书应当载明委托事项和权限。

参加调解时当事人一方不得超过三人。

限度的保护，不仅能在寻求有利证据方面帮助当事人，更可以对警方的工作程序起到监督作用。①

律师能否提前介入？何时可以介入呢？

从《律师法》第 28 条的规定来看，律师的业务范围包括：担任法律顾问；参加诉讼；参加调解、仲裁活动；代理申诉；提供非诉讼法律服务；解答有关法律的询问、代写诉讼文书和有关法律事务的其他文书；为犯罪嫌疑人提供法律咨询，代理申诉、控告，申请取保候审。2004 年 4 月 30 日发布的《交通事故处理程序规定》（公安部令第 70 号）和 2008 年 7 月发布的《道路交通事故处理程序规定》（公安部令第 104 号），对于律师的介入问题法律规定没有变化，都只明确规定在调解阶段可以委托律师，其他环节均没有提及。

从交通事故处理的法律实务来看，律师介入交通事故的处理有个变化的过程。最初，不少当事人在发生交通死亡事故时聘请律师共同出席公安机关交通管理部门召开的公开调查取证会，期待自己的意见被采纳后作出有利于自己的《交通事故责任认定书》，最大限度维护自身合法权益。律师在交通事故责任认定前即提前介入，通过律师的帮助，从法律专业的角度将当事人想到说不出，或者想说说不好的观点作了准确清晰的表达，对交警分析判断交通事故各方责任具有重要的参考作用，改变了到最后阶段才委托律师维权的现状。其主要依据是《道路交通事故处理程序规定》第 47 条第 2 款规定：发生死亡事故，公安机关交通管理部门应当在制作《道路交通事故认定书》前，召集各方当事人到场，公开调查取得证据，听取各方意见或者让各方补充提供相关证据。虽然此条规定并没有明确是否可以委托律师，但这类似听证会，按一般原理推定当事人有权委托律师。后来，根据公安部颁布的十六项便民措施，其中之一规定：从 2007 年 9 月 1 日起，交通事故立案后当事人在接受交管部门的调查询问时，可要求自己委托的律师到场，从案件的初始阶段着手收集相关证据，交管部门不得拒绝律师查阅、复制有关事故的证据材料。

对此各地纷纷响应，恩施市也认可了提前介入制度，但缺乏细节规定，对此可以参考一下相关城市的具体规定，制定细致的实施措施，以

---

① 安然：《律师提前介入交通事故》，《家庭科技》2007 年第 10 期。

便将这项便民措施落到实处,在交通事故处理中充分发挥律师的作用,保护当事人的合法权益。天津市就该问题做了细致性的规定:接受询问当事人可当场书面委托律师旁听交警询问过程;律师旁听交警询问当事人时,不得妨碍交警询问,遇委托的律师在旁听询问当事人时有暗示、提示、阻止行为,交警应及时制止,制止无效时,交警可请委托的律师离开询问场所;交警在询问笔录中应记录当事人委托律师的姓名、性别、年龄等内容,询问结束后律师应在询问笔录上签字,拒绝签字的,交警应在询问笔录中注明,整个询问过程应全程录音、录像;当事人委托的律师查阅、复制、摘录交通事故相关证据材料时,须提交当事人委托文书、律师执业证、查阅证据申请,查阅证据申请应写明查阅、复制、摘录的具体内容;当事人及代理人或当事人委托的律师查阅、复制、摘录交通事故相关证据材料以一次为限,因特殊原因须再次复制相关证据材料时,由当事人及代理人或当事人委托律师自费复制。[①] 通过这些具体规定,一方面,保障了当事人的权利,监督了交警执法;另一方面,也防止了律师对交警执法的过度干扰,影响执法效率,所以不仅要推行律师全程介入交通事故处理的制度,而且要有具体的实施规定来加以落实。

三 交通事故处理一站式服务平台:便民高效

恩施市2009年在交通事故处理中队设立法律援助室,为人民群众提供一站式服务,极大地方便了人民群众,又加大了调解力度,平息了很多不必要的纷争。其职责主要是帮助交通事故中的当事人可以就近申请法律帮助,包括咨询、调解矛盾等,是行政机关不断创新便民利民措施的又一新举措。

交警部门通过整合社会资源,在事故处理中心引进交通事故处理各相关部门,形成集法医鉴定、办理公证、车辆鉴定、物价定损、律师咨询、法院受案、保险理赔和值日警官接待等多个项目的一站式服务平台,此外,在确定当事人符合法律援助条件后,承办律师与受援助人或其法定监护人、法定代理人签订无偿委托代理协议,为群众处理交通事故提

[①] 《天津市交管局出台交通事故办案十三条措施》,新华网,http://www.tj.xinhuanet.com/2007-09/10/content_11102591.htm。最后访问时间:2015年4月9日。

供一站式无缝隙服务。将交通事故处理中的各个环节和问题全部覆盖，集中提供服务平台，让当事人免受奔波之劳。这是行政法上便民和效率原则的体现，将相对人处理某件事务所涉及的各个单位在一个地方一起设立办事窗口，便于相对人在一个地方提交各个单位需要的材料，而且也便于各单位之间的衔接，既方便了老百姓办事，又提高了效率，与目前政府正实施的"政务服务中心"是一个模式。

四 创新交通事故损害赔偿调解机制——快速、稳妥解决纠纷

(一) 恩施市的交通事故损害赔偿大调解机制

恩施市2010年起陆续设立了交通事故巡回法庭、法律服务室、人民调解室、保险理赔联动室，形成了律师及时提供法律服务法律咨询、法官提早介入、保险及时理赔、人民调解及时跟进的大调解机制，促进交通事故赔偿问题通过调解完满解决。并且为做好人民调解工作，独创了"调解员库"模式，将职业操守好，具备相应专业知识和群众工作经验的各行各业人才45人纳入调解员资料库，并公示调解员名单，提供给当事人选择。经过一段时间的运行，提供法律咨询600余人次，提供诉讼保全7起，通过人民调解事故纠纷11起，其中"老大难"案件4起，事实证明大调解机制的建立，社会效果和法律效果明显：一是大大缩短了一般事故的办结时间，为事故双方和解、社会和谐提供了可靠保障。二是最贴近于当事人的法律服务让事故处理的透明度大大增强，减少了因当事人对事故处理程序不清、对交通法规不熟悉导致的上访和久拖不决。三是以人民调解员为主体的调解工作，让当事人更放心更舒心。大调解机制的建立，既节约了办案成本又弥补了警力不足，既及时化解了社会矛盾又提高了事故处理效率，深得人民群众的拥护。

(二) 宜昌市的交通事故损害赔偿联动调解机制

按照有关规定，交通事故责任认定出来后，当事人对交通事故损害赔偿的争议，双方一致申请调解的，民警应组织行政调解；如果一次调解不成，双方只能通过司法途径来解决纠纷。但是在现实生活中，通过司法途径解决交通事故纠纷的毕竟有限，群众对公安交警部门调解纠纷的需求很大。

据统计，自2007年以来，宜昌市城区交通事故年平均增长率高达

17%，2010年道路交通事故达21000余起，比2009年上升2000余起。交通事故带来的人身和财产损失也大幅增加，由此引发的社会矛盾越来越突出。面对大量的交通事故，事故处理大队现有的36名民警，在勘查现场、收集证据、询问当事人和证人并准确作出事故认定方面已是不堪重负，不可能有太多的时间和精力接待当事人、对损害赔偿纠纷进行耐心细致的调解，这就严重影响了调解的效果，导致群众不满意，而且不利于社会和谐稳定。从2010年12月开始，宜昌市公安局交警支队事故处理大队在全省率先推行行政调解、人民调解、仲裁调解和司法调解对接联动、"四位一体"的矛盾纠纷联动调解机制。经过近一年的实践和探索，联动调解工作取得明显进展，初步形成了具有宜昌特色的交通事故大调解工作体系，不仅满足了人民群众对交通事故损害赔偿调解的紧迫需求，推动了交通事故处理工作发展，而且维护了社会稳定、促进了社会和谐。截至2011年12月底，联动调解中心已成功调解交通事故1800多起，调处成功率达98%。

宜昌市交通事故纠纷联动调处创新的主要做法，可以概括为"4441"实践模式："四方力量整合"，即整合公安局、法院、司法局、仲裁委四方力量，成立联动调解中心；"四大职能赋予"，即赋予联动调解中心以调解、司法确认、监督执行和法制宣传四大职能；"四种调解联动"，即行政调解、人民调解、仲裁调解、司法调解相互对接、联动；"一站式运行"，即联动调解中心统一协调管理，市司法局、市中级人民法院、市仲裁委委派或聘请专职调解员进驻并实行坐班制，按照各自职责开展日常调解工作。

各种调解之间要实现联动，一是需要在各单位之间加强沟通。协调交警支队安排专人，主动与法院和保监部门进行沟通协调，得到它们的支持和认可，确保调解的实施效果。二是要建立规范的管理机制和调解程序。完善的规章制度有利于明确联动调解的工作职责、工作程序、工作制度、工作纪律，不仅将有关制度规定制成清晰醒目的标牌上墙公布，而且加大制度落实力度，确保联动调解工作依法进行，做到调解的程序和实体均合法有效，一系列制度的建立和完善为联动调解工作取得实效打下了坚实基础。规范的调解程序如下：调解员对交警部门移交的案件进行登记，做好案件的建档工作，根据《交通事故认定书》了解案件的基本案情，及时通知双方当事人到场调解；对每个案件都认真做好案件登记表、申请调解书、权利义务告知书、调解记录表、调解协议书、交通事故赔偿凭证、终结书等法律文书的制作；调解结束后，及时做好归档工作，注明案件办理情况、肇事方的履约情况；对那些还没有完全履行的案件，调解员和办案民警要适时回访受害方，并督促肇事方及时履约，避免双方当事人产生新的矛盾。

（三）评析

调解作为人类社会最基本的纠纷处理手段和激化预防手段，在中国有着渊源悠久的历史，传统社会的宗族调解、乡邻调解等发挥了巨大的纠纷解决和社会稳定作用。在现代社会调解能满足民众日益增长的权利救济和纠纷解决的需要，以及国家低成本和低对抗性社会控制的需要。之所以要重视并力推交通事故损害赔偿纠纷通过调解来解决主要是因为这种纠纷本身就具有较强的调解基础，采用调解来解决比较符合民意，调解效果也比较好。纠纷在组成上是个案性的，个案纠纷的处理必须根据纠纷的性质和纠纷的冲突状况，启用相应的纠纷解决机制乃至纠纷控制方式，因此，不同纠纷的可调解性是不同的，有些纠纷适宜采用调解的方式，比如交通赔偿纠纷。据笔者所在课题研究组在宜昌市道路交通事故损害赔偿人民调解委员会的调研，多数的交通纠纷当事人都是愿意调解解决的，有一组数据可以作为佐证，宜昌市城区2007年交通事故数量6258起，通过行政调解结案的6085起；2008年交通事故数量7331起，通过行政调解结案的7094起；2009年交通事故数量8531起，通过行政调解结案的6193起。这些数据表明当事人行政调解比例高达95%以上，如果加上人其他调解，调解结案的比例更高，足见交通事故损害赔偿纠纷诉诸调解方式来解决的意愿之高。当事人在交通事故损害赔偿中有争议主要是因为许多法律问题不懂，看问题的视角不同，调解员通过细心地解释和引导，多数当事人都能给予理解，交通赔偿纠纷，多数属于事故性，肇事方多没有主观恶意，容易取得受害方的谅解，关键是有个中间人或者组织来引导，宣泄情绪，处理公正，把事情安排得比较圆满。这都不仅仅是法律问题，调解可以综合发挥作用，最后解决纠纷。

调解作为一种纠纷解决机制，其实质是淡化纠纷双方当事人的权利义务关系，要求当事人忍让，通过劝和的办法折中妥协地解决私人之间的纠纷,从而达到息事宁人的目的。人民调解更能实现理性化的公正,或者说追求的是另一种实质正义,在纠纷解决过程中,调解和"调解人"假定,所有的当事人都能够从一个协定性的、创造性的解决方案中受益,并且这种情形是独特的,因此就不会受制于任何一般性的原则,除非是当事人所能够接受的程度上。[①] "调解的核心特征,是能使当事人双方彼此调整其价值取向,不是通过法规迫使他们这样做,而是帮助他们对彼此的关系产生新的、共同的认识,致使他们改变彼此间的态度与取向。……调解者的恰当功能,不是引导当事人接受一些正式规范去支配他们将来的关系,而是帮助他们去接受一种相互尊重、信任和理解的关系……"[②] 我们发现,交通事故损害产生的赔偿问题其实事实和法律依据都是没有什么难的,关键是执行,而这个是要综合考虑当事人的情况的,也就说通过调解,达成某种协议,实现理性正义,单纯"依法"裁判的结果很可能是难以执行,引发当事人的不满。

而且,这种调解机制实现了民众的调解需求与立法之间的衔接。立法上以往行政调解是必经程序,[③] 后来变成当事人的选择性程序[④],立法变化的目的是控制交警权力,而现实的结果是交警在调解环节基本属于懈怠状态,原因有二:一是调解需要做大量的解释说服工作,交警处理纠纷的人数少,工作量大,本来就没有足够的时间和精力来调解,据宜昌市道路交通事故联动调解中心的工作报告,城区交警支队事故处理大队仅有交警36人,每年交通事故接警、出警1.5万余起,平均每人每年处理417起案件,除开休息日,每人每天至少处理1.5起案件,要勘察现

---

① [美] 史蒂文·苏本、玛格瑞特·伍:《美国民事诉讼的真谛》,蔡彦敏、徐卉译,法律出版社2002年版,第224页。

② 转引自陈弘毅《调解、诉讼与公正——对现代自由社会和儒家传统的反思》,《现代法学》2001年6月。

③ 1992年12月1日最高人民法院、公安部发布《关于处理道路交通事故案件有关问题的通知》(已经被废止)第1条规定:"当事人因道路交通事故损害赔偿问题提起民事诉讼时,除诉状外,还应提交公安机关制作的调解书、调解终结书或者该事故不属于任何一方当事人违章行为造成的结论。"

④ 《中华人民共和国道路交通安全法实施条例》(2004年) 第89条规定:当事人共同请求调解的,交通警察可以当场对损害赔偿争议进行调解。《道路交通安全法》(2011年) 第74条规定:对交通事故损害赔偿的争议,当事人可以请求公安机关交通管理部门调解,也可以直接向人民法院提起民事诉讼。

场，收集证据，询问当事人、证人，以便做出准确的事故认定，这就已经不堪重负了，无法花大量的时间和精力对赔偿进行调解；二是调解之中难免有冲突会波及交警，调解之后当事人反悔的，交警的调解工作就白费了，所以，交警对于交通事故赔偿纠纷的行政调解基本是不愿意承担的，当事人自己不能达成协议的，就直接推向法院，造成事态的扩大和久拖不决，这种处理方案其实与多数当事人的意愿是相违的，多数当事人考虑到行政调解门槛低、交通事故赔偿事情清楚，一般都希望交警部门在认定责任之后负责督促赔偿到位。联动调解机制可以克服以上的问题，行政调解无法解决的，转入人民调解程序，以弥补行政调解时间和精力不足导致的调解不成，人民调解结束后及时进行司法确认，增强了人民调解的法律效力，[①] 避免调解达成协议后当事人反悔而致调解徒劳无功。虽然法律赋予了调解协议书民事合同的性质，使调解结果有了一定的法律约束力，但是当事人不履行时其执行还是需要通过诉讼来解决。司法确认实现了人民调解制度与诉讼制度的对接，完善了人民调解的司法救济制度，特别是避免了事实部分的重复审查，重点是将协议内容落实到位。

这种调解机制以切实解决问题为主要目的，制度设计上突出一个"大"，即在人民调解时整合各方力量，包括公安、保险等，保证调解有理有据并能迅速解决实际问题，这样才能促成当事人达成某种妥协性的协议，实际上完全按法律走也不一定能达成当事人最希望的一种结果，调解就是根据一些实际情况，在一定让步和妥协的基础上，以最利于当事人的方式来了结纠纷。"大调解"在一定意义上具有社会动员的性质，而这种动员，主要涉及的对象包括具有纠纷解决职能的司法机关、主管人民调解的司法行政机关、行政职能经常性地与民事纠纷相联系的其他行政机关，以及在纠纷中实际承担责任或者义务的医疗、消费、教育等单位、组织、行业，这样的社会动员能实现政治效果、社会效果与法律效果的统一，真正解决纠纷，而不是简单地做出一份难以执行的法律

[①]《人民调解法》第31条：经人民调解委员会调解达成的调解协议，具有法律约束力，当事人应当按.照约定履行。人民调解委员会应当对调解协议的履行情况进行监督，督促当事人履行约定的义务。

文书。

　　这种制度设计上还突出一个"联动"的特点，将行政调解、人民调解、仲裁调解、司法调解有效连接起来，笔者前文较为详细地分析了行政调解和人民调解的互补和连接，四种调解之间的衔接见图3。针对不同情况，无缝隙地提供调解服务。正如前文所述，交通事故损害产生的赔偿问题到了法院，其实事实和法律依据都是没有什么难的，关键是执行，而这个是要综合考虑当事人的情况的，法院又承担不了细致的劝导工作，如果仅仅依据法律作个裁判而后又难以执行会导致司法公信力下降，引发社会矛盾，而调解可以发挥这种劝导和说服的作用，促成当事人达成妥协性协议，并督促协议的履行，彻底解决矛盾和纠纷。所以，对交通赔偿纠纷处理设置联动的调解制度，设置多重调解，最大限度地将此类纠纷通过调解的方式来解决，特别是人民调解，有利于有效解决这种特殊纠纷。

　　另外，因为通过司法确认赋予人民调解协议可以直接执行的法律效力，这意味着人民调解协议对当事人的影响意义重大，所以就需要加强对人民调解的监督和控制，而人民调解的内容可以是妥协性的，不好评价其公正性，应重点对其程序进行严格要求，比如可以在人民调解室设置监控，对调解全过程实施监控，有利于保障调解的公正，有利于增进当事人选择人民调解的意愿度和对调解结果的认可。日本学者川岛武宜曾依据日本明治维新以来法制建设的经验认为，把调解纳入审判体系并使其制度化，是在传统社会解体、市民权利关系生成的过程中，运用调解这种非权力的纠纷处理手段，来压制权利意识或权利观念的一种政治策略。季卫东也指出，"在调解制度化的过程中，确实存在着统治者支配社会的意图以及为此而牺牲当事人权利的事实。"[①] 现实中部分人不恰当地将诉讼与人民调解对立起来，民间调解在主流意识中被描述成"和稀泥"的做法。"并且在弘扬程序正义理念的浪潮中，民间调解这种反程序机制不恰当地被作为程序正义的对立物受到摒弃。"[②] 因此，重视人民调

---

　　① 季卫东：《调解制度的法律发展机制——从中国法制化的矛盾情形谈起》，易平译，载强世功编《调解、法制与现代性：中国调解制度研究》，中国法制出版社2001年版，第3页。
　　② 江伟、廖永安：《简论人民调解协议的性质与效力》，《法学杂志》2003年第2期。

解的程序，对提高人民调解的质量和认可度都是有益处的，最终促进纠纷通过人民调解来解决。

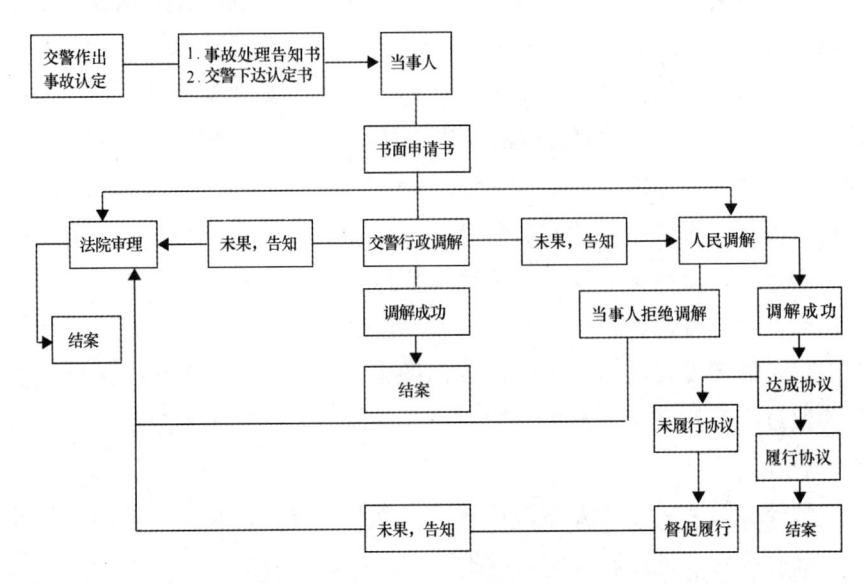

图3 宜昌市道路交通事故损害赔偿纠纷人民调解流程

参考文献

一　法律、法规与其他规范性文件

1. 1954 年《人民调解委员会暂行组织通则》。
2. 1979 年《中华人民共和国人民法院组织法》。
3. 1982 年颁布的《中华人民共和国民事诉讼法（试行）》。
4. 1982 年《宪法》。
5. 1985 年《继承法》。
6. 1987 年《村民委员会组织法（试行）》。
7. 1989 年《城市居民委员会组织法》。
8. 1994 年《劳动法》。
9. 1996 年《老年人权益保障法》。
10. 1998 年《村民委员会组织法》。
11. 1989 年《人民调解委员会组织条例》。
12. 2002 年《人民调解工作若干规定》。
13. 2007 年《关于进一步加强人民调解工作经费保障的意见》（财行〔2007〕179 号）。
14. 2010 年《关于加强医疗纠纷人民调解工作的意见》（司发通〔2010〕5 号）。
15. 2010 年《关于推行人民调解委员会调解道路交通事故民事损害赔偿工作的通知》（公通字〔2010〕29 号）。
16. 2011 年《人民调解法》。
17. 2011 年《关于深入推进矛盾纠纷大调解工作的指导意见》。
18. 2011 年《司法部关于加强行业性人民调解委员会建设的意见》（司发

同〔2011〕93号）。

19. 2003 年《湖北省人民调解工作规定》（省政府令第 252 号）。
20. 2011 年《关于加强行业性专业人民调解委员会建设的意见的通知》（鄂办发〔2011〕8 号）。
21. 2012 年《湖北省关于进一步推进人民调解工作的意见》。
22. 2012 年《湖北省关于进一步加强基层劳动争议调解组织建设的意见》。
23. 2012 年《湖北省关于进一步推进道路交通事故民事损害赔偿人民调解工作的意见》。
24. 2012 年《湖北省关于进一步推进医疗纠纷人民调解工作的意见》。
25. 2012 年《湖北省关于实施医疗责任保险的意见》。
26. 2012 年《湖北省"公调对接"工作实施办法（试行）》。
27. 2012 年《湖北省深入开展"平安医院"创建活动实施方案》（鄂卫发〔2007〕49 号）。
28. 2010 年《宜昌市医疗纠纷预防与处理办法》、2012 年《市人民政府关于修改〈宜昌市医疗纠纷预防与处理办法〉等规范性文件的决定》（宜昌市政府令第 157 号）。
29. 2010 年《关于推进医疗纠纷调解开展平安医院创建工作的意见》（宜综治办〔2010〕9 号）。
30. 2010 年《关于成立宜昌市道路交通事故损害赔偿联动调解中心的通知》（宜稳办发〔2010〕17 号）。
31. 2014 年《关于印发〈宜昌市人民调解员等级化管理实施办法〉的通知》。
32. 2010 年《关于建立当阳市医疗纠纷人民调解委员会工作方案》。
33. 2012 年《市人民政府办公室关于印发宜都市建立医疗纠纷人民调解机制工作实施方案的通知》（都政办发〔2012〕89 号）。
34. 2012 年《枝江市医疗纠纷预防与处理办法》。
35. 2013 年《国务院办公厅关于政府向社会力量购买服务的指导意见》（国办发〔2013〕96 号）。
36. 2013 年《关于政府购买服务有关与预算管理问题的通知》（财预〔2014〕13）。
37. 2013 年《关于推进和完善服务项目政府采购有关问题的通知》（财库

〔2014〕37号）。

38. 2014年《湖北省人民政府办公厅印发关于政府向社会力量购买服务实施意见（试行）》（鄂政办发〔2014〕1号）。
39. 2014年《关于转变政府职能优化发展环境的实施意见》（宜发〔2014〕4号）。
40. 2013年《关于做好政府购买服务工作有关问题的通知》（财综〔2013〕111号）。
41. 2014年《中共中央关于全面推进依法治国若干重大问题的决定》。
42. 2012年《坚定不移沿着中国特色社会主义道路前进 为全面建成小康社会而奋斗——在中国共产党第十八次全国代表大会上的报告》。
43. 《国务院办公厅发布突发事件应急预案管理办法》。
44. 《宜昌市城区城市管理行政执法实施办法》。
45. 《宜昌市城市管理执法局关于违法建设行为行政处罚自由裁量权适用规则》。
46. 《宜昌市城区违法建设行为防控和查处工作考核及责任追究办法》。
47. 《市人民政府关于印发荆门市中心城区控制和查处违法建设工作考核奖惩办法的通知》（荆政发〔2012〕2号）。
48. 2013年《宜昌市城区城市综合管理考核办法（试行）》。
49. 2013年《深化城市管理内涵为完善新型城管模式和构建和谐宜居城市而奋斗》。
50. 2013年《中共中央关于全面深化改革若干重大问题的决定》。
51. 湖南省委办公厅、省政府办公厅《关于进一步加强全省刑满释放解除劳教人员安置帮教工作的实施意见》（湘办发〔2011〕38号）。
52. 湘西州《关于进一步加强刑释解教社区矫正人员就业和社会保障工作的通知》（州政办发〔2011〕18号）。
53. 2014年1月24日铜仁市政府发布的《铜仁主城区公交体制改革实施方案》。

二 著作类

1. 《孟子·离娄上》。
2. 《论语·为政》。

3. 《韩非子·饰邪》。
4. [德]康德：《道德形上学探本》，唐钺译，商务印书馆1957年版。
5. 李龙：《法理学》，人民法院出版社、中国社会科学出版社2003年版。
6. 许崇德：《宪法学（外国部分）》，高等教育出版社2000年版。
7. 刘春成：《城市的崛起——城市系统学与中国城市化》，中央文献出版社2012年版。
8. 刘祖云：《弱势群体的社会支持——香港模式及其对内地的启示》，社会科学文献出版社2011年版。
9. 《中国劳动年鉴》编辑部编：《中国劳动年鉴（2006）》，中国劳动出版社2007年版。
10. [美]布莱克：《法律的动作行为》，中国政法大学出版社1994年版。
11. 江伟、杨荣新：《人民调解学概论》，法律出版社1990年版。
12. 李本公主编：《国外社会组织法规汇编》，中国社会出版社2003年版。
13. [美]史蒂文·苏本、玛格瑞特·伍：《美国民事诉讼的真谛》，蔡彦敏、徐卉译，法律出版社2002年版。
14. 周望：《社会治理创新的地方经验研究》，中国法制出版社2014年版。
15. 徐昕：《调解：中国与世界》，中国政法大学出版社2013年版。
16. 张礼建：《城市社会性弱势群体利益诉求研究》，西南师范大学出版社2014年版。
17. 叶传星：《转型社会中的法律治理——当代中国法治进程的理论检讨》，法律出版社2012年版。

三 论文类

1. 季卫东：《调解制度的法律发展机制——从中国法制化的矛盾情形谈起》，易平译，载强世功编《调解、法制与现代性：中国调解制度研究》，中国法制出版社2001年版。
2. 江伟、廖永安：《简论人民调解协议的性质与效力》，《法学杂志》2003年第2期。
3. 渠敬东、周飞舟、应星：《从总体支配到技术治理——基于中国30年改革经验的社会学分析》，《中国社会科学》2009年第6期。

4. 刘高林等：《"禁摩令"引发的法律思考》，《岭南学刊》2007 年第 3 期。

5. 田毅鹏、吕方：《单位社会的终结及其社会风险》，《吉林大学学报》（社会科学版）2009 年第 6 期。

6. 陆益龙：《环境纠纷、解决机制及居民行动策略的法社会学分析》，《学海》2013 年第 5 期。

7. 谢海定：《中国民间组织的合法性困境》，《法学研究》2004 年第 2 期。

8. 郑训东、冉晶：《重庆市黔江区：为社会组织服务社会创造良好环境》，《中国社会组织》2014 年第 22 期。

9. 王颖、何华兵：《政策过程理论的多维分析——以广州市"禁摩"政策为例》，《中国行政管理》2008 年第 12 期。

10. 于维政：《深化依法行政，推动行政执法标准化》，《中国检验检疫》2013 年第 8 期。

11. 杜承铭：《论迁徙自由权》，《武汉大学学报》（社会科学版）2001 年第 4 期。

12. 刘武俊：《迁徙，是用脚投票》，《宪法行政法学》1999 年第 6 期。

13. 朱福惠：《论迁徙自由》，《四川师范大学学报》（社会科学版）2001 年第 2 期。

14. 左卫民：《常态纠纷的非司法解决体系如何和谐与有效——以 S 县为分析样本》，《法制与社会发展》2010 年第 5 期。

15. 李汉林：《变迁中的中国单位制度回顾中的思考》，《社会》2008 年第 3 期。

16. 庄文嘉、岳经纶：《从法庭走向街头——"大调解"何以将工人维权行动挤出制度化渠道》，《中山大学学报》（社会科学版）2014 年第 1 期。

17. Dauer E. A. Alternatives to litigation for health care conflict claims: alternative dispute resolution in medicine, Hematol Oncol Clin North Am, 2002, 16.

18. 陆益龙：《纠纷管理、多元化解机制与秩序建构》，人大复印资料《社会学》2012 年第 3 期。

19. 吴长青：《从策略到伦理——对依法抗争的批评性讨论》，《社会》

2010 年第 2 期。

20. 于建嵘：《当代中国农民的以法抗争——关于农民维权活动的一个解释框架》，爱思想网，http：//www.aisixiang.com/data/2783 - 2.html。
21. 田先红：《乡镇司法所纠纷解决机制的变化及其原因探析》，《当代法学》2010 年第 5 期。
22. 朱俊林、骆斐：《人民调解的郴州经验》，《郴州日报》2012 年 11 月 3 日。
23. 肖作华：《宜昌：监管、培育并举 促进社会组织健康发展》，《中国社会组织》2014 年第 22 期。
24. 西北政法大学课题组：《人民调解的"福田模式"大有可为》，《法制日报》2012 年 9 月 26 日。
25. 沈德良、禹振华：《调解文化调出和谐一片天——人民调解"郴州探索"调查之二》，《湖南日报》2012 年 11 月 2 日。
26. 万育新：《现代民政管理体制的改革与实践——宜昌市夷陵区民政局社会组织建设创新》，《领导科学论坛》2015 年第 8 期。
27. 刘涛：《论我国城市管理行政执法的完善》，硕士学位论文，湘潭大学，2013 年。
28. 万育新、谭佳萍：《夷陵区努力走在社会组织建设创新前沿》，《中国社会组织》2014 年第 12 期。
29. 昆山市司法局：《昆山市探索人民调解职业化》，http：//www.jssf.gov.cn/sfzl/jcgzdt/200912/t20091211_33877.html。
30. 2014 年度宜昌市基层法律服务所和基层法律服务工作者考评合格名录。
31. 《湖北荆州"城管打人"事件追踪》，http：//news.xinhuanet.com/local/2013 - 12/11/c_118519896.htm。
32. 《湖北最严〈食品安全条例〉征民意 对小摊贩实行登记准入》，http：//www.87311111.com/index.php/News/News/id/36256。
33. 《北京城管公布行政指导措施 初次违法先予告诫》，http：//news.sina.com.cn/c/l/2007 - 05 - 27/235713088160.shtml。
34. 黄晓芹：《行政执法评议考核制度探究》，硕士学位论文，西南政法大学，2010 年。

35. 《广州拟推行城管物业化模式 聘请物业公司管小贩》, http://news.sohu.com/20090730/n265586231.shtml。
36. 《武汉城管改革样本: 聘请第三方检查考核》, http://news.sina.com.cn/c/2013-07-02/101927553704.shtml。
37. 《加强作风建设提高自身修养全面推动纪检监察工作顺利开展》, http://newpaper.dahe.cn/hnrbncb/html/2015-08/20/content_1302151.htm?div=-1。
38. 黄侦荣:《安全生产执法监察规范化体系建设研究》, 硕士学位论文, 华南理工大学, 2012年。
39. 李景平等:《中外行政监察制度比较及其启示》,《西安交通大学学报》(社会科学版) 2008年第4期。
40. 《规范执法行为 破解城管难题》, http://paper.people.com.cn/scb/html/2008-03/12/content_47903582.htm。
41. 《宜昌市城市综合管理委员会成立》, http://news.cn3x.com.cn/html/201009/2/20100902073200.htm。
42. 杜卫宏、王继君等:《联调中心, 化解事故矛盾的"金钥匙"》, 三峡晚报2014年5月29日第T03版。
43. 秦晶、徐婵:《宜昌市西陵区: 打造社会矛盾联动化解"西陵模式"》, 人民网, http://leaders.people.com.cn/n/2014/0709/c382918-25259695.html。
44. 宜昌市司法局:《宜昌市医调委准确把好角色定位真情调解矛盾纠纷》, 湖北省司法厅网站, http://www.hbsf.gov.cn/wzlm/xwdt/jcdt/yc/3489.htm。
45. 王汉生:《中国城市的调解制度及运作方式》,《北京工业大学学报》(社科版) 2007年第2期。
46. 利川市司法局:《利川市: 专业调解化纠纷, 息纷止争促和谐》, 恩施普法网, http://zw.enshi.cn/col34/article.html?Id=66911。
47. 周光会,《黔江区医调中心"四法"并举有效调处医疗纠纷》, 黔江区司法行政网, http://www.qjsfxz.gov.cn/fzzx/fzdt/2015-07-30/1338.html。
48. 李长生:《怀化: 创新社会组织登记管理体制》,《中国社会组织》

2014 年第 8 期。

49. 李红琳：《关于刑释解教人员再犯罪的调研》，《法制与社会》2012 年第 9 期。

50. 骆东平、任燕：《社区矫正运行状况实证研究——以鄂西某市为例》，《三峡大学学报》（人文社会科学版）2015 年第 2 期。

51. 方程：《我国社会组织法律规制研究》，硕士学位论文，西南政法大学，2013 年。

52. 邓曦炎：《东莞市社会组织管理研究》，硕士学位论文，华南理工大学，2013 年。

53. 季念勇：《公共产品的社会组织供给及其法律规制研究》，硕士学位论文，广西师范大学，2012 年。

54. 刘厚金：《完善社会组织直接登记制度》，《党政论坛》2014 年第 12 期。

55. 卓健：《公交改革思路辨析》，《东方早报》2014 年 5 月 13 日第 003 版。

56. 邬兴山：《是是非非"助力车"》，《三峡晚报》2009 年 6 月 8 日。

57. 邓晓：《张家界：科学管理推动社会组织发展》，《中国社会组织》2014 年第 8 期。

58. 谭家萍、任翼：《社会组织评估机制研究》，宜昌民政网，http：//www. ycmzj. gov. cn/art/2014/7/4/art_ 14693_ 542602. html。

59. 程波：《基于交通冲突的电动自行车交通安全研究》，硕士学位论文，西南交通大学，2010 年。

60. 《昨起宜昌城区电动车上牌》，《三峡日报》2011 年 9 月 16 日。

61. 冯婷：《新国标下月实施 宜昌 5 万辆电动车如何上路？》，《三峡商报》2009 年 12 月 4 日。

62. 方东云、梁成龙：《南宁电动车管理再推 10 项措施》，《南宁日报》2015 年 3 月 18 日第 5 版。

63. 陈春：《今起中心城区执行"禁行令"五万车主如何重新上路？》，《三峡商报》2011 年 9 月 1 日。

64. 《宜昌市电动自行车管理出新规》，《三峡日报》2011 年 11 月 11 日。

65. 《广州禁行电动车惹热议 专家称违背国家法律》，《法制早报》2006

年 11 月 20 日。

66. 宋迎娟:《禁摩的行政法分析》,硕士学位论文,湘潭大学,2011 年。

67. 栾时春、孙琪:《行政执法中公众参与性取证行为研究——以交通管理执法为视角》,《中共青岛市委 党校青岛行政学院学报》2010 年第 6 期。

68. 何树林:《道路交通安全管理社会化理论与实践研究》,《交通建设与管理》2011 年第 23 期。

69. 《北京:全国首部地方性电动自行车管理办法专家稿出台》,中国轻工业网,http://www.clii.com.cn/zhhylm/zhhylmHangYeZiXun/201402/t20140218_3848198.html。

70. 陈碧红、蒋君芳:《成都出台电动车管理新规 行驶时速超 15 公里将被罚》,《四川日报》2014 年 12 月 2 日第 08 版。

71. 洪奕宜、赵琦玉:《深圳等地鼓励市民抓拍交通违规行为引争议》,《南方日报》2011 年 3 月 25 日。

72. 段腾飞:《出租车经营权法律问题研究》,硕士学位论文,河北大学,2014 年。

73. 杨阳:《论公民行政法上的协助义务》,《广西政法管理干部学院学报》2011 年第 3 期。

74. 《电动车创新管理开启"柳州模式"》,《柳州日报》2013 年 5 月 2 日。

75. 《天津市交管局出台交通事故办案十三条措施》,新华网,http://www.tj.xinhuanet.com/2007-09/10/content_11102591.htm。

76. 《东莞市全面推进公交体制改革》,《广州日报》2014 年 12 月 31 日第 16 版(东莞版)。

77. 刘晓娟:《发展城市公交事业,重点改革经营体制》,《潮州日报》2008 年 3 月 26 日第 A02 版。

78. 《改出新的风景线》,中国利川网,http://www.lc-news.com/art/2014/1/20/art_24_143444.html。

79. 王慧冬:《湖北来凤全城公交停运:不满遭强行收购》,腾讯新闻网,http://news.qq.com/a/20140728/102826.htm?tu_biz=v1_hnews。

80. 田永祥:《来凤:出租车经营模式问计于民》,恩施州交通局网站,

http://www.enshijt.gov.cn/show.asp?Id=5843。
81. 卢福营:《基层社会治理的政府创新应当法治化》,《浙江社会科学》2014年第12期。

后　　记

　　2013年9月，承蒙时任三峡大学副校长（正校级）谭志松教授的信任，我牵头承担了三峡流域城市社会治理法治化一书的撰写工作。接到这个任务后，心里一直惴惴不安，因为除了自己在这方面研究能力有限之外，有关三峡流域社会治理法治化方面的资料也很少，尤其是最新的资料。为了收集到更多更新的资料，2014年7月至2015年5月，谭校长多次亲自带队深入宜昌市、恩施州、利川市、重庆黔江区、铜仁市、怀化市、湘西州、张家界市、荆州市等地进行了深入调研，并取得了大量第一手资料，这为本书的完成奠定了坚实的基础。

　　本书目前的内容与最初的研究计划略有不同，主要源于相关资料的完整性考量，以及我们一直遵从一份材料说一分话的研究态度，对于未能在本书中呈现的内容，我们将继续收集资料，争取尽早将其呈现在读者面前。在写作内容分工方面，陈军博士负责第一、二章，黄利红博士负责第六章，本人负责第三、四、五章。

　　本书是"三峡流域城市社会治理研究"这一重大课题中的一个子课题之研究成果，本书能够面世，首先要感谢本重大课题的负责人谭志松教授在课题研究过程中给予的悉心指导！同时也要感谢宜昌市、恩施州、利川市、重庆黔江区、铜仁市、怀化市、湘西州、张家界市、荆州市等地的司法局、民政局、城管和交警部门等单位及其有关工作人员为本书写作提供的宝贵资料，如果没有他们在访谈时介绍的经验和提供的有关宝贵资料，本书是难以完成的。当然，也要十分感谢毫不犹豫和我一起分担这个光荣而艰巨的任务的黄利红博士和陈军博士，以及参与资料整理工作的两位硕士研究生任燕和汪燕。最后,还要对中国社会科学出版社的编辑张林主任及所有为此书出版而付出辛勤劳动表示诚挚的谢意!

骆东平

2016 年 6 月 8 日于宜昌